KB142150

작은 꿈을 위한 방은 없다

시몬 페레스 지음
윤종록 옮김

작은 꿈을 위한 방은 없다

세계 1등 혁신국가를 만든 이스라엘의 아버지
시몬 페레스가 남긴 마지막 메시지

쌤앤파커스

NO ROOM FOR SMALL DREAMS

이스라엘과 전 세계의

차세대 지도자들에게

이 책을 바칩니다.

시몬 페레스는 타협 없는 결단과 원칙으로 이스라엘을 이끈 지도자다. 그 어떤 시련 앞에서도 그는 포기하지 않고 필사적으로 도전했다. 그의 도전은 우리 내면의 인간성과 품위를 보여주며 전 세계인에게 영감을 주었다. 또한 미래 세대와 함께 평화를 향해 손잡고 나아갈 수 있는 기틀을 마련해주었다.

— **조지 H. W. 부시**George H. W. Bush, **제41대 미국 대통령**

시몬 페레스는 가장 훌륭한 학생으로 시작해, 최고의 선생님이 되었고, 결국 가장 위대한 몽상가로 삶을 마감했다. 임종 보름 전까지 사력을 다해 집필한 그의 마지막 메시지가 바로 이 책이다. 이 책은 70년에 이르는 그의 정치역정을 통해, 평화와 번영의 미래로 나아가는 이스라엘 역사의 중요한 순간들을 재조명한다. 그 속에는 시몬 페레스가 평생에 걸쳐 간직해온 믿음과 신념이 녹아 있다. 그것은 바로 상처, 분노, 두려움을 극복하는 인간의 잠재력에 대한 낙관, 그리고 최고의 오늘을 만들고 내일의 가능성을 약속하는 긍정에 대한 신뢰다.

— **빌 클린턴**Bill Clinton, **제42대 미국 대통령**

시몬 페레스는 이스라엘 건국 세대의 거인이다. 그는 끊임없는 노력으로 평화를 지지했고, 난관에도 굴하지 않고 도전한 영원한 낙천주의자였다. 그의 삶 자체가 희망과 가능성의 증거였다. 그는 나에게 억만금의 보물과도 같은 친구였고 지혜의 원천이었다. 우리 모두는 그의 마지막 메시지를 통해 우리가 속한 시대에 대해 많은 것을 배워야 할 것이다.

—— **버락 오바마**Barack Obama, **미국 대통령, 제44대 미국 대통령**

이스라엘은 '창업국가'라는 명성에 걸맞게 세계적인 기술혁신에 엄청난 공헌을 했다. 이 책을 보면 시몬 페레스가 다른 사람들이 다 실패할 거라고 예견한 일들 속에서 왜 그토록 심혈을 기울여 기회를 찾아냈는지 알 수 있다. 해보지 않으면 알 수 없다는 것, 이것이 바로 그가 보여준 진정한 리더십이었다. 또한 이것은 혁신의 비결이기도 하다. 시몬 페레스는 그것을 정확히 간파한 사람이다.

—— **에릭 슈미트**Eric Schmidt, **구글 전前 회장**

지난 반세기 동안 시몬 페레스는 이스라엘의 가장 위대한 지도자 중 한 명이자 흔치 않은 정치인이었다. 몽상가이자 실용주의자였고, 사상가이자 행동주의자였으며, 평화와 협력에 관한 지칠 줄 모르는 운동가였지만, 한편으로는 막강한 이스라엘 군대의 창설자이기도 했다. 그는 또한 독특한 스토리텔러다. 이 책은 이스라엘과 중동의 역사나 정치 이야기만 나오는 게 아니다. 누구에게나 특별한 교훈과 즐거움을 주는 놀라운 꿈과 비전, 도전에 관한 이야기로 가득하다.

—— **아모스 오즈**Amos Oz, **작가**

성공의 진정한 비결은 감사와 용서의 마음으로 '도전에 정면으로 맞서는 것'이다. 시몬 페레스 대통령 역시 대담하게 도전해 글로벌 리더로 스스로를 변신시켰다. 이 책은 그의 인생경험을 통해 손에 잡힐 듯 생생하고 재미있는 스토리를 보여주고, 더불어 어떻게 하면 창의적으로 생각하고 용기 있는 결단을 내릴 수 있는지 그 비결을 알려준다.

— 아리아나 허핑턴 Arianna Huffington, **기업인**

시몬 페레스는 시인이자 군인이었다. 그 둘의 독특한 조합은 어마어마한 폭발력을 발휘했다.

— 바바라 월터스 Barbara Walters, **언론인**

시몬 페레스는 죽는 날까지 낙천적인 선지자였다. 그는 마지막까지 젊은 세대에게 희망의 메시지를 남겼고, 그의 이야기를 후대에 전달하는 것이야말로 우리의 중요 임무다.

— 대니얼 카너먼 Daniel Kahneman, **노벨경제학상 수상자**

이 책은 이스라엘 건국 세대의 마지막 글이다. 시몬 페레스는 포기할 줄 모르는 몽상가였다. 그는 이 책으로 불확실한 현재를 사는 우리에게 눈앞의 베일을 벗기듯 미래를 더욱 또렷하게 보여준다.

— 뉴욕타임스 New York Times

70년에 이르는 시몬 페레스의 정치인생은 역사적인 승리와 고통스러운 좌절로 점철된 시간들이었다. 그러나 그는 단 한 순간도 미래에 대한 희망과 자부심으로 버리지 않았다. 이 책은 그의 특별한 삶의 주요 장면들을 보여주며 미래의 리더가 될 젊은이들에게 그의 트레이드마크인 '낙관적 청사진'을 제시한다.

— **AP통신** Associated Press

어느 걸출한 지도자의 절절한 호소가 유대인들의 마음속에 사무치는 감동을 준다.

— **커커스 리뷰** Kirkus Reviews

'작은 꿈을 위한 방은 없다'라는 이 책의 제목은, 시몬 페레스의 목소리와 비전이 지금 이 순간에도 우리와 함께 있을 뿐만 아니라 앞으로도 영원히 강력하고 유의미할 것임을 증명한다.

— **포브스** Forbes

목차

옮긴이의 글

21세기에 쓰인 《목민심서》

"미스터 윤! '기억'의 반대말이 뭔지 아나?"

"망각 아닙니까?"

"자네 말도 맞지만, 나는 '상상'이라고 생각하네."

"아니, 왜 망각이 아니고 상상입니까?"

"'기억'은 이미 걸어온 길을 되돌아 가보는 것이지만, '상상'은 아직 안 가본 길을 미리 가보는 것이기 때문이라네."

지금으로부터 8년 전 그분을 직접 만났을 때, 이 말을 듣고 나는 온몸에 전율을 느꼈다. 당시 이스라엘의 21세기 경제 기적을 다룬 책 《창업국가》를 번역, 출간한 나에게 89세의 현직 시몬 페레스 이스라엘 대통령께서 한국 젊은이들에게 전해달라고 해주신 말씀이다. 그분은 또 이런 말씀을 이어갔다.

"나는 우리 젊은이들에게 3가지를 상상하라고 주문한다네. 그 첫째가 깊은 바다요, 둘째는 높은 우주, 셋째는 심오한 생명이라오!"

고故 시몬 페레스 전前 대통령은 폴란드의 시골마을에서 태어나 70년간 이스라엘을 위해 봉사하고 2016년에 향년 93세로 서거하셨다. 20대 중반이었던 1948년 이스라엘 초대 수상인 다비드 벤구리온의 보좌관으로 이 여정을 출발했고, 장관으로 10번, 총리로 3번, 그리고 마지막으로 국회의 추대를 받아 92세까지 대통령으로 재임하며 나라를 위해 봉사했다. 우리나라로 친다면 1948년 초대 이승만 대통령의 참모로 출발하여 2014년까지 국가를 위해 봉사한 셈이다. 또한 오슬로 협정을 맺은 공로로 1994년에 노벨평화상을 수상하기도 했다.

나는 아직도 그분을 '청년 대통령'이라고 부른다. 평생 도전을 즐기고 끊임없이 미래를 상상하는 삶을 사셨기 때문이다. 임종을 보름 앞둔 운명의 순간까지도, 화려한 과거를 기억하기보다 청년들에게 미래를 향한 대담한 상상과 도전의 메시지를 전하고자 이 책의 집필에 매달렸다. 이제 그분은 우리와 함께 공기를 나누어 마시며 호흡할 수는 없지만, 생전에 다 전하지 못한 메시지는 이 책으로 계속 이어질 것이다.

서기 70년에 함락된 예루살렘을 뒤로하고 전 세계에 흩어진 이스라엘은 1948년 유엔 결의로 독립했다. 그런데 그들은 독립을 이뤄낸 시기보다 36년이나 앞선 1912년에 테크니온 공대(이스라엘의 MIT에 해당)를 설립했다. 자신들이 국가를 세우려 했던 팔레스타인 언저리가 '젖과 꿀이 흐르는 땅'이 아니라 말라리아가 창궐하는 늪

지대와 연간 강수량이 30mm밖에 안 되는 네게브 사막지역이었기 때문이다. 이스라엘은 처음부터 부존자원이 아니라 인재들의 상상력에 의존하는 국가를 꿈꾸었다. 그래서 시몬 페레스 대통령은 초지일관 "아직 아무도 가보지 않은 미래를 상상하라."는 메시지를 전했고, 그분 자신이 실제로 그러한 삶을 사셨다.

갓난아기가 부모의 돌봄이 없이 스스로 일어설 수 있을까? 페레스 대통령은 이 책을 통해 부모 없이 갓 태어난 이스라엘이 온갖 어려움을 이겨내고 기적같이 스스로 일어서는, 안타깝지만 힘겨운 순간들을 극적으로 보여준다. 1948년, 유엔 결의로 환호성과 함께 독립한 날부터 피의 보복이 시작될 것을 준비했으며, 6일 전쟁(3차 중동전쟁)을 통해 자존심을 회복했고, 프랑스의 배반으로 욤 키푸르 전쟁(4차 중동전쟁)에서 다시 지옥으로 떨어졌으나, 과감하게 '엔테베 작전'을 성공시켜 국가적 자존심을 되살렸다.

또한 이스라엘이 한때 높은 인플레이션과 경기침체로 위기에 빠졌을 때, '무한경쟁'이라는 냉혹한 글로벌 경제의 현실 앞에서 태생부터 사회주의 국가인 이스라엘에 자본주의를 접목하는 과정에서, 노사 양측이 한 치도 양보하지 않는 순간을 돌파해야 했다. 페레스 대통령은 밤잠을 설쳐가며 정연한 논리를 만들었고, 노사 양측을 설득해 동의를 이끌어냈다(이때 '노사정'이라는 단어가 만들어진다). 이 대목은 지도자의 헌신적인 노력이 얼마나 놀라운 일을 만들어내는가를 일깨워준다. 결국 사회주의 국가였던 이스라엘은 태생적 한계를 극복하고 자본주의를 안착시켰고, 그 후 페레스 대통령은 미래 신성장동력을 발굴하기 위한 기술산업을 육성하고 창의적 교육을 밀고나갔다. 그 결과로 이스라엘은 세계 최고의 창의·혁신 경제 속에서 첨단기술 산업의 메카가 되었으며, 21세기 최고의 '창업국가'로 거듭났다.

그리고 도저히 함께할 수 없을 것 같았던 팔레스타인 지도부와 이스라엘이 극적으로 손을 잡고 평화협정(오슬로 협정)을 맺기까지, 그 누구도 실현 가능하리라고 기대하지 않았으나 그는 상상했고 실현해냈다. 이 부분은 우리의 숙명인 남북문제를 풀어가는 데 중요한 참고가 될 것이다. 팔레스타인과의 협상에서 페레스 대통령은 진정성 있는 교감을 위해 정교하고도 논리적인 대의명분을 만들어냈다.

세상에는 아무리 두드려도 열리지 않는 문이 있다. 그러나 두드리지 않고 저절로 열리는 문은 없다. 페레스 대통령은 아무리 육중한 자물쇠로 잠겨 있는 문이라도 한없이 두드리는 삶을 살아왔다. 설령 일부는 열지 못했다 하더라도 도전은 가치 있다고 믿었다.

19세기에 강진 유배지에서 쓰인 정약용의 《목민심서》를 읽고 지도자의 덕목을 깨우쳤다면, 상상을 씨앗으로 삼아 혁신을 만들어내는 '후츠파 정신'에 방점을 둔 시몬 페레스 대통령의 이야기는 '21세기 혁신경영'의 지침서가 될 것이다.

나의 친구 헤미 페레스는 이스라엘의 최대 벤처투자회사인 피탕고의 창업자이며, 페레스 대통령의 차남으로 페레스재단을 후원하고 있다. 그는 직접 서울까지 날아와 선친의 자서전을 번역해달라고 내게 정중히 부탁했다. 아버지를 그리워하는 마음이 전해져 뭉클했고, 전 세계 13개국 언어로 퍼져나갈 이 책에 기울이는 정성에 또 한 번 감복했다. 역자로서 더욱 무거운 책임감을 느낄 수밖에 없었다.

사상 최악의 폭염에 어쩌면 시몬 페레스 대통령의 열정까지 더해진 뜨거운 여름이었지만, '거침없이 상상하라.'는 그분의 메시지가 대한민국 구석구석 퍼져나갈 것을 상상하니 머릿속에 한줄기 시원한 바람이 부는 듯하다.

옮긴이 윤종록

시몬 페레스
70년에 이르는 공직의 연대표

1923년 8월 2일 폴란드 비쉬네바에서 출생.

1934년 이스라엘 땅으로 이민.

1938년 벤쉐멘 청소년 마을에 입학.

1945년 하노어 하오베드의 사무총장으로 선출됨.

1947년 다비드 벤구리온의 요청으로 하가나(지하 유대인 군대) 복무.

1948–1949년 해군 참모총장.

1949–1952년 미국 국방부 사절단장.

1953–1959년 국방부 국장.

1959–2007년 크네세트(국회) 의원.

1959–1965년 국방부 차관.

1969년 이민부 장관.

1970–1974년 교통우편부 장관.

1974년 정보통신부 장관.

1974–1977년 국방부 장관.

1977–1992년 이스라엘 노동당 위원장.

1984–1996년 이스라엘국 국무총리.

1986–1988년 부총리 및 외무부 장관.

1988–1990년 부총리 및 재무부 장관.

1992–1995년 외무부 장관.

1995–1996년 이스라엘국 국무총리.

1999–2001년 지역협력부 장관.

2001–2002년 부총리 및 외무부 장관.

2005년 부총리.

2006년 네게브와 갈릴리 지역발전부 장관.

2007–2014년 이스라엘국 9대 대통령.

여는 글

"네 아버지는 바람과 같단다."

어머니는 이렇게 말씀하시곤 했습니다.

"그 누구도 그를 멈추거나 저지할 수는 없을 거야."

어머니 말씀이 맞았습니다. 사적인 자리에서 시몬 페레스는 우리의 아버지였습니다. 공적인 자리에선 이스라엘 건국의 아버지 중 한 분이었습니다. 아버지는 평생을 '더 나은 미래'라는 끝없는 걸작을 만드는 데 헌신하셨습니다. 아버지는 항상 믿음, 인내, 끈기, 탄력성 그리고 변화와 성장을 위해 학습하는 능력이라는, 범접할 수 없는 도구들을 간직하셨습니다. 하지만 그중에서도 가장 뛰어난 도구는 언제나 '희망'이었습니다.

아버지의 삶은 당신이 사랑했던 고국의 운명만큼이나 평범하지 않았고 기이하기까지 했습니다. 아버지는 '희망'이라는 도구로 단단한 땅에 굳건한 기반을 심으셨고, 휘청거리는 사다리 위에서조차 두려움 없이 꼿꼿한 자세로 서 있었습니다. 오직 꿈 하나만으로 오를 수 있는 데까지 다다랐고, 건너야 할 곳이 있다면 기꺼이 사다리의 가로 지지대를 연결하여 모두가 두려움 없이 앞을 향해 나아갈 수 있게 하셨습니다. 이를 통해 세상을 너그럽고 살기 좋은 곳으로 만들고 주변국과 함께 번창하길 꿈꾸셨습니다. 아버지는 평화를 쟁취하고 더 나아가 이스라엘을 좀 더 좋은 나라로 만드는 것은, 조화롭고 풍요로우며 관대한 세상을 꿈꾸는 것과 같고, 세상에 이보다 더 가치 있는 것은 없다고 여기셨습니다.

아버지는 늘 이렇게 말씀하셨습니다.

"네가 가진 꿈의 수를 세어보고 여태까지 네가 이룬 업적의 수와 비교해보렴. 아직도 꿈의 가짓수가 더 많으면, 넌 아직 젊은 거란다."

아버지는 청년들에게, 그리고 나이는 들었지만 마음이 아직 젊은 다음 세대들에게 주는 선물로 생애 마지막 해에 이 책을 쓰셨습니다. 아버지는 우리가 아버지의 과거의 날들로부터 교훈을 얻고 더 나은 내일을 만들어갈 수 있도록, 낡았지만 믿을 만한 연장통 하나를 남기기를 원했습니다. 아버지의 소망에 따라, 이 선물을 독자들과 기꺼이 나누고자 합니다.

— 쯔비아Tsvia, 요니Yoni, 그리고 헤미Chemi.

Chapter 1

살아서 다시 만나자는 약속

국가의 부름

THE CALL TO SERVICE

나무에 둘러싸여 감춰진 그곳을 처음 보았을 때 나는 11살이었다. 그 소박한 집은 내 삼촌 내외분의 소유였는데, 이스라엘 땅에 정착한 후에 두 분이 직접 지었다고 한다. 1934년 당시 그 지역에 사는 유대인은 불과 몇 천 명뿐이었다. 도로는 포장도 안 된 상태였고, 대부분의 땅이 그냥 방치되어 있었다.

가까이 다가가 보니 눈에 띄는 나무들은 생전 처음 보는 종류였다. 손수 심은 오렌지 과수원이었던 것이다. 나와 내 동생 지지Gigi는 즉시 달려 나가, 통통하고 윤기 있는 과일이 100개도 넘게 열려 있는 나무들 사이를 이리저리 뛰어다녔다. 아직 남아 있는 하얀 오렌지 꽃들의 황홀한 향기가 공기를 가득 채웠다.

마음속에서 갑자기 어릴 적 난생 처음으로 오렌지를 봤던 슈테틀(shtetl, 소규모 유대인 마을 – 옮긴이)에서의 순간이 떠오르며, 마침내 우리가 아주 먼 곳으로 이주해 와 있다는 사실이 새삼 느껴졌다.

'비쉬네바Vishneva'로 알려진 우리 슈테틀은 폴란드와 러시아의 국경 근처 가느다란 모양의 땅 위에 위치해 있었다. 깊은 숲에 둘러싸인 채 겉으로는 마치 영원한 겨울처럼 보이는 곳이었다. 지독하게 차가운 바람이 좁은 자작나무 가지 사이로, 시장의 인파 사이로 무자비하게 휩쓸고 지나갔다. 그런 매서운 바람이 수 주간 계속되는 일도 잦았다. 심지어 한여름에도 태양을 거의 못 보는 날이 많았다. 하지만 그러한 추위 속에서 고립된 생활을 했음에도 불구하고 슈테틀에는 다정함과 따뜻함, 마법 같은 공동체 의식이 있었다. 우리는 서로를 의지하면서도 그 안에서 각자 서 있을 장소를 발견할 수 있었다.

그곳에서의 삶은 간소했다. 단지 3개뿐인 길 옆에는 목조주택들이 줄지어 들어서 있었다. 수도나 전기도 공급되지 않았다. 하지만 3마일 떨어진 곳에 기차역이 있었는데, 그곳에 도착한 여행자나 그들이 가져온 진기한 물건들로부터 우리는 숲 너머의 세계를 맛보거나 엿볼 수 있었다.

나는 아직도 강렬한 그 순간을, 그 첫 오렌지와의 만남을 잊을 수 없다. 어느 날, 부모님이 나를 친구분 댁으로 데려갔다. 그곳엔 이미 많은 사람들이 모여서 최근 이스라엘 땅에서 귀환한 한 젊은 남자의 이야기를 듣고 있었다. 그는 이전까지 듣지도 보지도 못한 먼 나라의 이야기를 들려주었다. 끝없는 햇볕과 이국적인 문화, 열매를 맺는 나무가 있는 사막, 그을린 피부의 강인한 유대인들이 맨손으로 일하고 싸우는 이야기에 사람들은 귀를 기울였다.

이야기를 마친 후, 젊은 남자는 몸을 돌리더니 뒤에 있던 상자를 모두가 볼 수 있게 들어올렸다. 사람들의 탄성이 방 안에 울려

펴졌다. 이러한 의식이 이전에도 여러 번 있었던 것처럼 보였다. 방 안에 있던 사람들은 1명씩 차례차례 다가가 상자 안의 물건을 골랐다. 섬세한 종이 포장지를 벗기니 나무에서 갓 딴 자파Jaffa산 오렌지가 드러났다.

내 차례가 되었을 때, 나는 무슨 잘못이라도 저지를까 봐 두려워하면서 천천히 오렌지를 골라 들고 신중하게 포장지를 벗겼다. 오렌지를 코앞에 들고 냄새를 깊이 들이마셨다. 그것이 나의 첫 오렌지였다. 진심으로 놀라운 이 색깔, 냄새, 맛의 경험은 어린 소년이 상상할 수 있는 모든 것처럼 전혀 다른 세상의 경험 같았다. 그것은 그저 한 조각의 과일이 아니라 내 희망과 염원의 상징이었다.

우리 가족은 몇 세대에 거쳐 비쉬네바 슈테틀에서 살았다. 수백 년 동안, 그곳은 실로 유대인들이 고향이라고 부를 만한 곳이었다. 하지만 그 수수한 아름다움에도 불구하고, 부모님은 두 분 다 비쉬네바를 영원한 고향이라고 여기지는 않았다. 이 마을을 고국으로 돌아가는 길에 수천 년간 거치게 될 여러 정거장 중 하나 정도로만 여기셨다. 이스라엘 땅은 단지 내 부모님의 꿈이 아니라, 우리에게 생기를 불어넣어주는 삶의 목적 그 자체였다.

그곳 사람들의 대화주제는 시온Zion을 방문하는 것, 우리가 사랑하던 슈테틀을 뒤로하고 떠나는 것, 우리의 땅을 되찾으려는 개척자들에 합류하는 것 등으로 바뀌어갔다. 우리는 자주 시오니스트Zionist 운동의 창시자인 테오도르 헤르츨Theodor Herzl에 대해 이야기했다. 그는 유대인의 미래는 종교뿐만이 아니라 언어와 국적으로 연결되어 있는 유대인 나라를 회복하는 데 달려 있다고 주장했다.

"우리 민족의 요구를 충족시키기에 충분한, 지구 위의 그저 자그마한 일부분의 지배권을 우리에게 주십시오. 그러면 나머지는 우리가 알아서 할 것입니다."

헤르츨의 꿈은 내 것이 되었다. 비쉬네바에서 만족스럽게 살고 있긴 했지만, 나는 어렴풋하게나마 우리가 아직 망명생활을 하고 있다는 것을 느꼈다. 우리는 히브리어로 말했고, 히브리어로 생각했으며, 영국 통치하에 있는 우리의 옛 영토인 영국 위임통치령 팔레스타인Mandatory Palestine으로부터 간간이 오는 소식을 간절히 읽었다. '귀향'이라는 공통된 갈망은 강력했다. 마치 머나먼 과거와 곧 다가올 미래 사이의 연옥에 있는 것 같았다. 그 갈망이 실현되는 미래가 점점 더 가까워질수록, 우리는 그것이 조금이라도 지체되는 느낌을 견딜 수가 없었다.

미래를 향해 앞으로 나아가자는 갈망과 조급함에도 불구하고, 내 유년기의 기억은 한없이 애정 어린 기억들로 가득하다. 내 어머니 사라Sara는 명석하고 다정한 분으로 사서 교육을 받았고 러시아 문학을 사랑하셨다. 어머니의 삶에 독서보다 더 큰 즐거움을 주는 것은 거의 없었고, 어머니는 그 즐거움을 나와 함께 나눴다. 나는 책 읽는 남자로 자라났지만, 그 전에 어머니 옆에서 '책 읽는 소년'으로 시작했다. 거기엔 독서 후에 이어질 토론을 위해 어머니가 읽는 것을 따라잡으려는 어린이의 만만치 않은 도전도 한몫했다.

내 아버지 이츠하크(Yitzhak, 겟젤Getzel로도 알려짐)는 할아버지와 마찬가지로 목재 상인이었다. 따뜻하고 너그러우며 사랑이 충만한 데다 활기와 근면함까지 갖춘 분이었다. 내가 집 안을 엉망진창으로 어지럽혀 놓아도 늘 환하게 웃어주셨다. 그런 아버지의 사랑은 항상 내게 자신감을 불어넣어 주었고, 그 자신감은 내게 날개를 펼칠 능력을 주었다. 나는 진정으로 축복받았다고 느꼈다.

부모님은 나를 그 어떤 경계나 울타리에도 가두지 않으셨다. 내게 일일이 무엇을 하라고 강요하지도 않으셨고, 그저 내 호기심이 나를 올바른 길로 이끌어줄 것이라고 믿으셨다. 어렸을 적에 나는 부모님과 친구들 앞에서 종종 배우처럼 연기를 하거나 연설을 했다. 마을 사람을 흉내 내거나(나는 몇몇 마을 사람들의 목소리와 행동거지를 완벽하게 따라 했었다.), 시오니즘의 본질이나 내가 좋아하는 작가의 작품에 대해 그럴듯하게 연설하곤 했다. 서툴고 어쭙잖았겠지만, 그럴 때도 부모님은 오직 격려만 해주셨다.

이런 행동이 어른들에게는 전도유망하고 조숙해 보였을 것 같다. 그러나 내 눈에는, 이러한 행동들이 나를 남들과 확연히 다른 사람, 마치 사회로부터 동떨어진 사람으로 보이게 하는 것 같았다. 사실 그때의 내 모습은 지금도 여전히 그대로일 뿐이다. 93세임에도 불구하고 나는 아직도 어려운 문제에 매혹되고, 열렬히 꿈꾸며, 타인의 의심에 굴하지 않는, 그 호기심 많은 소년이다.

부모님은 지금의 나를 만들어주셨지만, 나는 할아버지인 랍비 쯔비 멜쩰Zvi Meltzer을 가장 흠모했다. 그래서 내 삶의 가장 중요한 유대를 형성한 인물도 바로 할아버지다. 할아버지는 다부진 분이셨는데, 당시 어린 내게는 어쩐지 항상 키가 커 보였다. 할아버지는 유럽 최고의 예시바(yeshiva, 탈무드 학원 – 옮긴이)를 나오셨고, 마을의 수석 랍비로 봉사해오셨다. 또한 시오니스트 학교인 타르부트Tarbut의 설립자 중 한 분이었고 이 지역 유대인 공동체의 지도자였다. 비록 작은 마을이었지만 회당이 3개, 도서관이 2곳이나 있었는데, 하나는 히브리어 도서관이었고 다른 하나는 동유럽 유대인들 사이에서 쓰이는 이디시Yiddish어 도서관이었다. 시오니즘이 시민 생활의 중심이었다면, 유대교는 도덕적 생활의 중심이었다. 할아버지는 우리 가족의 삶의 방향을 제시해준 존경할 만한 분이셨고, 슈테틀의 모든 주민들이 지혜를 얻기 위해 찾아오곤 했다.

나는 할아버지 같은 중요한 사람이 우리 가족인 것뿐만 아니라 내게 특별한 관심을 보여주셨다는 것이 엄청나게 운 좋은 일이라고 생각했다. 할아버지는 내게 처음으로 유대인의 역사를 가르쳐주셨고, 율법Torah도 알려주셨다. 나는 할아버지를 따라 안식일마다 유대교 회당에 가서 주간 독서를 열심히 따랐다. 다른 유대인들과 마찬가지로, 나는 유대교의 속죄일인 욤 키푸르Yom Kippur를 최고의 축일이라고 여겼다. 이날은 내겐 더욱 특별한 의미가 있었는데, 이

날 자체가 가진 중요한 의미도 있지만, 할아버지의 노래를 들을 수 있는 날이었기 때문이다. 이날만은 할아버지가 선창자가 되어 소름 끼칠 정도로 아름다운 '콜 니드레Kol Nidre 기도문'을 훌륭한 목소리로 낭송하셨다. 그 노래는 내 영혼의 심부에까지 이르는 감동을 주었고, 나는 이렇게 진지한 날에 유일하게 안전하다고 생각한 장소인 할아버지의 탈리스(기도 숄 – 옮긴이) 아래 숨곤 했다. 그 어둠의 도피처에서, 나는 하나님께서 사람에게 나약함의 씨앗을 심으셨으니 우리의 모든 죄를 용서하시고 모두에게 자비를 베풀어달라고 기도했다.

할아버지의 가르침 덕분에, 할아버지가 보시기에도 나는 우리 부모님보다 훨씬 엄격하고 종교적인 어린이가 되었다. 나는 하나님의 계명을 통하여 하나님을 섬기는 것이 내 의무이고, 예외는 용납될 수 없다고 믿었다.

어느 날 아버지가, 비쉬네바에선 처음으로, 집에 라디오를 들여놓으셨다. 그 전까지는 우리 부모님이 내 헌신적인 신앙의 깊이가 어느 정도인지 완전히 알아보질 못하셨던 것 같다. 아버지는 라디오가 어떻게 작동하는지 어머니에게 빨리 보여주고 싶은 마음에 안식일 중에 라디오를 켜셨다. 안식일은 휴식과 명상의 시간이며, 유대교에서는 라디오를 켜는 행동을 비롯해서 어떠한 문명의 이기를 즐기는 행동도 금하고 있다. 나는 격분했다. 지나치게 열성적인 정의감에 사로잡혀 내 행동에 마치 인류의 미래가 달린 것처럼 라디오를 땅에 내팽개쳐 수리조차 불가능하게 박살내버렸다. 이런 행동을 했음에도 부모님께서 나를 용서해주신 것에 대해 아직도 감사하고 있다.

집이나 회당에 있을 때가 아니면, 나는 기차역으로 가는 마차에 올라타고 싶은 생각으로 가득했다. 사람들은 그 기차역에서부터 우리의 옛 조국으로 향하는 머나먼 여행을 시작하곤 했다. 마을 사람들이 전부 모여서 소란스러운 축제를 벌이며 달곰씁쓸한 방식으로 이웃들과 작별인사를 했다. 열띤 분위기 속에서 떠나는 모습을 바라보며 나 역시 환호와 경건한 기쁨에 젖어들었지만, 내 차례는 언제 돌아올까 하는 생각에 항상 약간의 슬픔을 안고 집으로 돌아왔다.

그러나 결국 시간이 흐르면서, 상황에 떠밀려 우리는 떠나야 했다. 1930년 초, 아버지의 사업은 유대인이 운영하는 회사에만 징수된 반反유대 세금 때문에 몰락했다. 빈털터리가 된 아버지는 이제 떠날 때가 되었다고 결정했다. 1932년에 아버지 혼자서 먼저 영국 위임통치령 팔레스타인으로 여행을 떠나셨다. 아버지는 당신 스스로를 개척자라 칭하며 먼저 그곳에 가서 정착했고, 우리를 데려올 수 있도록 준비하는 데 누구보다 열정적이셨다. 준비가 다 되었다는 소식을 받기까지 2년이라는 시간이 걸렸다. 참을성 없는 소년에게 그 2년은 평생처럼 느껴질 만큼 긴 시간이었다. 그때 나는 11살이었고, 어머니는 지지와 나에게 "드디어 때가 왔다."고 말씀하셨다.

우리는 마차 뒤 칸에 이삿짐을 싣고 기차역으로 향했다. 길에 널린 돌 위를 마구잡이로 달리다 보니 마차는 삐걱거리며 마구 튀어 올랐다. 어머니는 즐기지 않으셨지만, 동생과 나에겐 덜컹거림 하나하나가 즐거움이었고, 이 위대한 모험에 쾌조의 출발을 알리는 신호 같았다. 우리는 곧 필요 없어질 두꺼운 양털재킷과 무거운 겨울 신발을 신고 있었다.

기차역에 도착했을 때, 우리를 위해 기도해주고 축복해주려는 수십 명의 사람들이 기다리고 있었다. 할아버지도 거기 계셨다. 할아버지는 나이도 많으셨고 마을의 중심이었기 때문에 비쉬네바에 남기로 결정하셨다. 내가 이 고향에서 그리워할 유일한 존재는 할아버지였다. 플랫폼에서 할아버지가 어머니와 동생한테 먼저 작별 인사를 하는 것을 보았고, 나는 무슨 말을 해야 할지 모른 채 서 있었다. 회색으로 번져가는 두꺼운 수염 위로 할아버지의 눈을 보려는 순간, 할아버지의 거대한 몸은 이미 내 앞에 다가와 있었다. 그 눈은 눈물로 가득 차 있었다. 할아버지는 내 어깨에 손을 올리고 무릎을 굽혀 나와 시선을 맞추었다.

"한 가지만 약속해다오."

할아버지는 그 한결같은 위엄 있는 목소리로 말했다.

"뭐든지요, 제이데(Zaydeh, 할아버지 – 옮긴이)."

"항상 유대인으로 있겠다고 약속해다오."

할아버지는 비쉬네바에서 생을 마감하셨다. 우리가 떠나고 몇 년 후에 나치군이 숲을 통해 마을로 쳐들어왔고, 집에서 끌려나온 유대인들은 끔찍한 운명을 맞이했다. 나치군은 할아버지와 마을 사람 대부분을 회당에 가두고 바깥에서 문에 못질을 했다. 그들이 얼마나 끔찍한 공포를 겪었을지(문틈을 통해 연기가 처음으로 들어온 순간, 밖에서 건물에 불을 질렀음을 알게 한 그 타닥거리는 소리) 나는 이해하지 못한다. 내가 들은 바로는 불길이 치솟아 우리의 가장 소중한 예배 장소를 휘감아 도는 절박한 순간에도, 할아버지는 내가 욤 키푸르 의식 때 숨어 있었던 그 탈리스를 쓰고 마지막 기도를 올리셨다고 한다. 화마火魔가 다른 사람들과 함께 할아버지의 말씀과 호흡과 목숨을 앗아가기 전 마지막 순간까지 의연함과 품위를 버리지 않으셨던 것이다.

나치군은 집집마다 뒤져서 남아 있던 유대인들을 거리로 끌고 나왔고, 그들의 일상을 앗아갔다. 마을 사람들은 마치 포악하기 이를 데 없는 토네이도가 휩쓸고 지나간 것처럼 슈테틀이 파괴되는 끔찍한 현장을 두 눈으로 직접 봐야만 했다. 그러고 나서 나치는 불타는 무덤과 잔혹한 파괴의 현장을 뒤로하고 그들을 기차역으로 끌고 갔다. 내 고국으로의 여행이 시작되었던 바로 그 길은, 남아 있던 마을 사람들을 죽음의 수용소로 끌고 가는 길이 되었다.

기차가 우리 가족을 태우고 영국 위임통치령 팔레스타인으로 덜컹거리며 출발했을 때, 나는 창문 너머로 손을 흔들며 작별인사했던 할아버지를 다시 못 보게 되리라고는 상상조차 하지 못했다. 아직도 콜 니드레를 암송하던 할아버지의 목소리가 들린다. 나는 여전히 어려운 선택에 직면할 때마다 할아버지의 정신을 느끼곤 한다.

1934년, 영국 위임통치령 팔레스타인으로 떠난 우리 가족은 지중해 남쪽 항구에 도착했다. 난생 처음 본 그 바다는 끝도 없이 뻗어나갈 것만 같았다. 우리는 증기선을 타고 며칠간 고요한 바다를 건넜다. 지중해를 건너는 동안 단 한 번도 폭풍이 치거나 파도가 거칠어진 적이 없었는데, 나는 이것이 하늘의 계시라 믿어 의심치 않았다. 나는 배의 갑판으로 올라가 구름 한 점 없이 온통 푸른 하늘에 둘러싸인 채 온화한 햇볕을 느꼈다. 마치 내 꿈에 생기를 불어넣기 위해 세상이 다시 칠해지고 따뜻해지는 것 같았다.

바다 위에서 보낸 마지막 날, 나는 뱃고동 소리에 눈을 떴다. 선장은 지나가는 배들에게 우리의 도착을 알렸고, 덤으로 승객들에게도 같은 방식으로 도착을 알렸다. 지지와 나는 침대에서 허겁지겁 뛰쳐나와 우리의 새로운 삶을 제일 처음으로 보기 위해 계단을 따라 갑판으로 올라갔다. 그곳엔 벌써 승객들이 여러 명 모여 있었는데, 기쁨에 겨워 소리를 지르거나 노래를 부르고 있었다. 나는 사람들을 헤집고 나가 아무도 내 시야를 가리지 않는 난간 맨 앞에 섰다.

내 앞에 펼쳐진 것은 참으로 아름다운 자파의 해안선이었다. 바다는 파랑색으로 표현할 수 있는 최고의 색조로 채색되었으며, 밝은 사파이어색의 심해가 무지갯빛 청록색의 얕은 물과 춤추면서 새하얀 모래사장에서 찰싹거리고 있었다. 나는 해변 너머 멀리 있는 언덕(웅장하고 오래된 도시의 중심)을 볼 수 있었다. 그곳은 곶을 둘러

쌓고 있는 석조건물 무리가 밀집해 있었고 마치 경계 중인 것처럼 보였다. 그 뒤에는 가느다란 시계탑이 하늘을 향해 뻗어 있었다.

도착하기 전까지 나는 성경에서 고대의 도시로 언급된 것 외에 자파에 대해 아는 것이 별로 없었다. 곧 도시가 보이기 시작하자 직접 가봐야만 알 수 있는 나름의 특징과 활기가 느껴졌다. 붉은 페즈Fez 모자와 체크무늬 머리장식을 쓰고 있는 사람들이 많았다. 사람들은 삼삼오오 모여서 눈부신 아침을 즐겼고, 헐렁한 예복 사이로 부는 바닷바람을 느끼며 아이들과 놀고 있었다. 만灣에서 우리를 맞이하기 위해 배를 타고 나온 사람들도 있었다.

대부분의 배는 승객들에게 뭔가를 팔려는 사람들로 가득했다. 얼음조각을 띄운 레모네이드나 야자나무(숙모가 보여준 사진으로만 봤던)에서 수확한 대추야자처럼, 우리가 그 전까지 한 번도 맛보지 못한 것들이었다. 몇몇 배는 유대인들이 전세를 냈는데, 우리가 닻을 내린 곳에서 승객들을 태우고 있었다.

아버지를 찾기 위해 배들을 훑어보던 중, 나는 우리와 전혀 닮지 않은 이 지역의 수많은 유대인들을 보았다. 1년 내내 회색빛이 감돌던 비쉬네바에서 내가 알던 유대인들은 모두 창백했다. 그러나 이곳에서 뜨거운 태양 아래 땅을 경작하는 사람들은 구릿빛 피부에 중노동으로 단련된 근육을 가지고 있었다. 그들과 함께 서 있으면 나도 영웅처럼 보일 것 같았다. 나는 그들과 함께하고 싶었고, 하나가 되고 싶은 마음이 간절해졌다.

나는 곧 조그마한 아랍 어선 앞쪽에 서 있는 아버지를 발견했다. 아버지는 마지막으로 뵀을 때보다 피부가 더 그을렸으며, 동생과 나를 향해 열렬히 손을 흔들고 계셨다. 아버지 옆에는 아코디언 주름이 잡힌 널찍한 플로잉팬츠를 입은 키가 큰 아랍인 선장이 서 있었다. 지지와 나는 그 배 위로 올라가 아버지에게 달려갔고, 아버지는 2년간 억눌러온 사랑과 함께 우리를 뜨겁게 안아주셨다.

어선을 타고 아버지와 함께 해안으로 가는 중에, 나는 두꺼운 겨울재킷을 뚫고 들어오는 따사로운 햇살을 느끼며 지그시 눈을 감고 상상했다. 이 부드러운 열기는 태양이 오직 나를 위해, 나의 도착을 환영해주기 위해 아껴둔 것이라고 말이다. 잠시 후 배에서 내리고 땅에 발을 디디는 순간, 나는 내 고향에 도착했음을 알았다.

이스라엘 땅은 내게 딱 맞는 곳이었다. 시간이 지나면서 예전 생활이 나에게서 한 꺼풀씩 벗겨져 나가는 것을 느꼈다. 마치 비쉬네바가 번데기였다면, 이제 나는 과거의 껍질을 벗고 비로소 날개를 단 것 같았다. 나는 두꺼운 재킷과 넥타이 대신 반소매 셔츠를 입었고, 창백했던 피부도 맑디맑은 파란 하늘 아래에서 점점 더 발그레해졌다. 피부가 햇볕에 그을어갈수록 나는 진정한 이스라엘의 자녀가 되어가고 있다는 생각이 들었다. 또한 과거에도 강렬한 열정과 흥미를 가지고 책 읽기를 좋아했었지만, 이제는 공원의 플라타너스 나무 아래에서 또는 바닷가의 모래 위에서 책을 읽게 되었다.

우리의 사명은 단지 유대인 역사를 개척하는 것이 아니라
우리 손으로 직접 역사를 빚는 것이었다.

2007년 7월 15일, 나는 이스라엘의 9번째 대통령으로 취임했다. 어느 덧 내 나이 83세가 되었다. 이 나이까지 여러 역할을 맡으며 조국을 위해 봉사해왔다. 그중에서도 대통령 취임은 정부를 통해 내가 국민들에게 봉사할 마지막 기회의 정점이었다. 취임식 무대에 서서 취임선서를 하는 동안, 내 마음은 이 여정의 시작점이었던 비쉬네바에 대한 회상으로 가득했다. 11살 소년이었던 나는 끝없는 상상력을 가지고 있었지만, 당시 가져본 가장 대범하고 야심 찬 꿈에서조차 내가 이 자리에까지 오르게 될 줄은 상상도 못했다.

취임식이 끝나고 저녁에 축하파티가 열렸다. 일면식도 없는 한 젊은 청년이 다가와서 내게 깜짝 놀랄 만한 질문을 던졌다. 뻔뻔하면서도 당돌한 이스라엘식 솔직함, 후츠파chutzpah 정신이 묻어 있는 질문이었다.

"대통령님, 대단히 죄송하지만 오랜 세월 공직에서 활동하셨고 연세도 있으신데, 왜 아직도 일을 계속 하시는 겁니까?"

"내가 왜 나라에 봉사하느냐고?" 내가 되물었다. "아마도 난, 봉사 이외의 다른 것은 생각해본 적이 없었던 것 같네."

사실이었다. 내가 기억하는 한 시오니즘은 내 정체성의 중심이었고, 시오니즘의 성공을 위해 봉사했다. 덕분에 나는 80대에, 즉

이스라엘 정치계에서 60년을 보낸 후에 결국 대통령직에 올랐다. 하지만 내가 영국 위임통치령 팔레스타인에서 청년으로 성장하던 시기에, 내가 상상했던 봉사는, 정부에서 일하는 것이 아니라 땅을 개간하고 밭에서 농작물을 키우거나 새로운 공동체를 만드는 일 같은 것이었다. 나는 그저 키부츠니키(kibbutznik, 이스라엘의 집단 농업 공동체 키부츠kibbutz의 일원 – 옮긴이)가 되고 싶었다.

최초의 키부츠로 알려진 정착지는 데가니아Degania라고 불렸으며, 유럽에서 탈출한 젊은 개척자 무리가 1910년 요르단 계곡에 설립했다. 그들은 단지 정착지 건설이 아닌, 시오니즘이라는 꿈을 현실로 만들 원대한 계획을 품고 이곳에 왔다. 키부츠는 무엇보다도 농업 중심의 정착지였기 때문에, 돌투성이 땅을 개간하거나 끔찍한 늪지대에서 물을 빼는 등 등골 빠지게 고된 노동을 하는 곳이었다. 이 불모지에 생명을 꽃피운 건 매일매일 힘들게 일했던 개척자들이었다. 이내 데가니아 키부츠는 더 많은 사람들에게까지 영감을 주었고, 이스르엘Jezreel과 요르단 계곡의 불모지들까지 정착지로 바뀌어 번성하게 되었다. 내가 이스라엘로 이민 왔을 때는 약 30곳의 키부츠가 있었으며, 시간이 지날수록 그 수가 더 늘어났다.

개척자들은 아무리 혹독한 환경이라도 야자수와 농작물을 심고, 과수원을 만들거나 가축을 키우며 전혀 다른 새로운 곳으로 만들었다. 척박하기만 했던 사막을 아름답고 풍족한 땅으로 바꿔놓은 것이다. 그 과정을 경험하면서 배운 것은 단지 농사만이 아니었다. 더불어 우리의 미래에 무한한 가능성이 있다는 확신을 갖게 되었다.

국가가 만들어지기 몇 년 전, 우리는 강력한 리더십을 중심으로 모여 국가기관과 정부의 기반을 만들기 위해 준비하고 있었다. 그때 키부츠는 단지 정교한 농작물 수확이나 고상한 이념뿐만 아니라 정착지 관리와 이민자 관리, 방위조직 같은 중요한 책임을 맡았기 때문에, 가장 중요한 행정기관이 되었다. 키부츠들은 각각 독특한 특징을 지녔지만, 모두 자주국가 건립이라는 이상을 품고 조직되었다. 개척자들은 시오니즘의 꿈을 찾기 위해 평등과 협력, 정의와 공정, 공동소유와 공동생활로 이루어진 새로운 종류의 사회를 다시 상상해보고자 했다.

나는 텔아비브Tel Aviv에서의 삶을 즐겼다. 오후에는 자전거를 타고 거리를 질주하며 새로운 건물들을 세어보았다. 하루가 다르게 건물이 올라가는 공사장 옆을 지날 때면 '오늘은 얼마나 더 높아졌나.' 하고 층수를 세어보기도 했다.

하지만 내 마음을 가장 사로잡았던 건 멀리 떨어져 있던 키부츠들이었다. 나는 고등학교 때 청소년 운동에 가입했고, 그곳에서 유대인 나라의 위대한 선구자들의 가르침을 배웠다. 학교에서는 공부를 했지만, 청소년 운동에서는 꿈을 꾸었다. 유년시절의 대부분 동안 독립 선구자들을 떠받들었던 나는, 그들과 함께하는 것이 나의 가장 중요한 사명이며 최고의 소명이라고 확신했다. 나는 도시의 시끌벅적함보다 밭이나 농장의 고요함을 좋아했고, 척박한 땅을 탈바꿈시키는 사명을 실현하는 데 보탬이 되고 싶었다. 시간이 지나면서, 우리 그룹의 리더였던 엘하난 이샤이Elhanan Yishai는 내가 가고자 했던 길을 이해해주었고 친절하게 나를 도와줬다.

"내 생각엔 '벤쉐멘 프로그램'을 고려해보는 게 좋을 것 같구나."

어느 날 그는 내게 이렇게 말했고, 그 말은 내 인생의 방향을 바꾸었다. 벤쉐멘은 처음 들어보는 이름이었다.

'벤쉐멘 청소년마을Ben-Shemen Youth Village'은 많은 사람들에게 여러 의미를 지닌 곳이었다. 1927년 독일 물리학자이자 교육자인 지그프리드 레만Siegfried Lehmann 박사가 설립한 학교로, 이 학교는 지금까지 내가 아는 그 어느 교육기관보다 훌륭한 곳이었다.

그곳은 무엇보다도 나를 포함해서, 유럽에서 고아가 되고 어떻게든 혼자 영국 위임통치령 팔레스타인에 다다른, 용감하지만 아직 연약한 어린이들의 집이라 부를 수 있는 곳이었다. 하지만 이 학교는 집 이상이었다. 시오니즘 지식센터였으며 동시에 시오니즘 교리를 가장 실용적으로 응용하는 법을 배울 수 있는 곳이었다. 소년소녀들은 메마른 땅에 정착할 수 있는 기술, 양떼를 몰거나 소와 염소의 젖을 짜는 방법, 단단하고 소금기 있는 땅에 씨앗을 심고 양분을 주는 방법, 낫을 제대로 갈고 사용하는 방법 등을 배웠다.

또한 주변 팔레스타인의 공격에 대비해야 했기 때문에, 이곳의 소년소녀들은 군대식 훈련도 받았다. 총을 쏘는 법, 적과 싸우는 법, 별을 보면서 길을 찾는 법 등을 배웠다. 그러나 무엇보다 그들은 키부츠가 추구하는 가치, 즉 평등하게 함께 일하는 법과 공동체를 세우고 오랫동안 유지하는 법을 배웠다. 한마디로 그곳의 아이들은 지도자로 성장했다. 벤쉐멘은 유럽에서 갓 도착한 많은 어린이들을 받아들였고, 마찬가지로 유럽에서 온 사람들을 이 어린이들과 연결시켜서 아이들이 낯선 삶에 적응할 수 있게 도와주고자 했다.

내 답변을 듣기 전에, 엘하난은 마지막 정보를 주었다.

"꼭 가야 하는 건 아냐." 그는 말했다. "하지만 난 이미 널 추천했고, 너희 집의 경제사정을 알기 때문에 내가 대신해서 장학금을 신청했다는 건 알아줬으면 한다."

그때 나는 적잖이 놀랐다.

"그리고 실은…, 시몬, 넌 합격했어." 그는 미소 지으면서 말했다. "그리고 더 중요한 건, 그쪽에서 비용을 전부 지원할 거야. 그러니까 가는 건 네 선택에 달렸어."

나는 곧바로 의자에서 벌떡 일어나 집으로 달려갔다. 어머니와 아버지에게 이 사실을 전하면서 허락해주실 건지조차 묻지 않았다. 기쁨과 열정에 들뜬 15살 소년은 미래의 계획과 희망에 대해서만 신나게 말했다. 이것은 내가 확신했던 내 운명이었다. 부모님도 나와 같은 생각을 하셨던 것 같다.

그리하여 나는 1938년에 넘쳐흐르는 호기심과 학습의 열망을 안고 벤쉐멘에 도착했다. 입구를 지나 수수한 단층집들로 둘러싸인 작은 광장으로 걸어 들어갔던 순간이 아직도 기억난다. 광장의 중심엔 수백 년의 역사를 지켜봤을 법한 거대하고 아름다운 참나무가 두 그루 서 있었다. 그 아래에는 몇 명의 아이들이 선생님 주변에 모여서 초롱초롱한 눈빛으로 수업을 듣고 있었다.

나는 좁은 흙길 끝에 있는 나무 오두막을 숙소로 배정받았고, 그곳에서 두 소년과 행복하게 지냈다. 언뜻 보기엔 여름캠프 같았던 날들이었다. 우리는 농담을 하고 장난을 치며 모닥불 옆에서 노래를 불렀다. 근처 언덕의 길고 구불구불한 길을 따라 농장으로 걸어갔고, 일하는 동안 재미있는 놀이도 많이 했다. 그곳은 내가 처음으로 진정한 친구를 얻은 곳이기도 했다. 나는 텔아비브에서는 아웃사이더였지만, 벤쉐멘에서는 인기인이었다.

친구도 사귀고 때때로 재미있게 놀기도 했지만, 우리는 훨씬 더 원대한 꿈과 무거운 사명을 가진 조직의 일원임을 한시도 잊지 않았다. 우리의 사명은 단지 유대인 역사를 개척하는 것이 아니라 우리 손으로 직접 역사를 빚는 것이었다. 우리가 심고 가꾼 모든 씨앗, 농작물과 더불어 우리 자신들의 꿈도 점점 영글어가고 있었다. 그것은 이 혹독한 땅 위에 유대인 국가를 재건하는 것이었고, 향후 수백 만 명의 유대인들이 이 땅에 돌아와 함께 살아갈 수 있도록 개척하고 길들이는 것이 우리에게 달려 있었다. 만약 그들이 고향으로 돌아왔을 때 배를 채울 식량이 없으면 어떠한 안전도 제공할 수 없다는 사실을 종종 떠올렸다. 그렇기에 우리는 더욱 철저히 준비해야 했다.

낮에는 밭에서 일하거나 교실에서 공부했고, 밤에는 경비를 서야만 했다. 이웃 마을의 아랍인들은 종종 우리를 향해 무기를 발사하거나 음식과 물자를 훔쳐가곤 했다. 나는 마을 가장자리에 있는, 강화 콘크리트로 만들어진 경비초소 한 곳의 지휘관으로 임명되었다. 해가 저물면, 나는 철제 사다리를 타고 올라가서 벽에 등을 기대고 서서 소총을 들고 보초를 섰다. 나는 매일 경비를 설 때마다 조용히 밤이 지나가길 고대했지만, 마을을 향해 총이 발사되거나 어둠을 향해 총을 쐈던 날이 많았다.

경비를 서면서 나는 매일 밤 겔만Gelman 씨의 집 앞을 지나갔다. 겔만 씨는 우리에게 목공을 가르쳐주셨는데, 나는 그분이 앞마당에서 기다란 나무판자를 놓고 톱질하는 것을 자주 보았다. 어떤 때는 겔만 씨의 아내가 토마토가 얼마나 자랐는지 확인하거나 꽃에 물을 주었다. 그럴 때마다 나는 "안녕하세요." 하고 손을 흔들면서 인사했다.

그러던 어느 날 밤, 처음 보는 여자가 맨발로 겔만 씨네 문간에 서 있었다. 뒤로 땋은 갈색머리에 날카로운 눈매와 도자기 같이 고운 피부가 인상적이었다. 이제껏 한 번도 보지 못한 미모의 소유자였다. 우리는 잠시 눈을 마주쳤고, 나는 어색하게 웃었지만 한눈에 그녀에게 빠져버렸다. 마치 그 순간 그녀가 기존의 나를 부수고 다시 만들어낸 느낌이었다.

그녀의 이름은 소냐Sonia였다. 이 마을에서 자란 겔만 씨의 둘째 딸이었다. 매일 밤 나는 잔디깎기 기계 옆에서 늘 신발을 신지 않고 서 있는 그녀를 보았다. 나는 금세 그녀에게 흠뻑 매료되었다.

매일 인사만 하면서 지나치다가 얼마 후 나는 용기를 내어 그녀에게 말을 건넸다. 그녀는 내게 별로 관심이 없었지만, 그래도 나는 최선을 다했다. 그녀에게 시를 읽어주고, 심지어는 칼 마르크스 Karl Marx 책을 처음부터 끝까지 읽어주기도 했다. 그러나 그녀는 별로 감흥이 없는 듯했다. 적어도 내가 그녀에게 오이밭에 같이 가자고 제안했을 때까지는 말이다. 오이 향기나 자연의 설렘 때문이었을까? 무엇 때문인지는 몰라도 드디어 그녀가 나를 다르게 보았다. 내가 그녀를 보던 것처럼 말이다.

소냐는 내 첫사랑이자 유일한 사랑이었다. 그녀는 온화하면서 단호했고, 모든 면에서 뛰어난 지혜와 힘의 원천이었다. 소냐는 내게 꿈의 날개를 달아주었지만, 한편으로는 나를 땅에 붙잡아두기도 했다. 내가 상상력 넘치는 비전을 좇을 동안 누구보다 나를 믿고 지지해주었다. 하지만 한편으로는 나 혼자 너무 앞서 나가지 않도록 도와주었다. 그녀는 나의 나침반이자 양심이었다. 이 세상에서 나의 사랑을 받을 유일한 사람이었고, 왜인지는 모르겠지만 그녀도 이미 나를 사랑할 준비가 되어 있었다.

그곳은 벤쉐멘이었다. 낮에는 공부하고 밤에는 마을을 지키던 곳, 본연의 모습으로 우리의 목적을 좇을 수 있었던 곳, 길을 잠시 걸어 내려가면 마음 통하는 친구들이 기다리는 곳이었다. 또한 이곳은 엄청난 정치 드라마가 펼쳐지는 곳이기도 했다. 내가 처음으로 내 정치적 견해를 가다듬고 그 견해들을 유용하게 사용할 기회가 주어졌던 곳이었다. 실로 우리가 음지에서 갈고 다듬었던 견해들은, 벤쉐멘의 선생님들로부터 배운 모든 것보다 우리를 더 크게 성장시켜주었다. 벤쉐멘에는 정치적인 청소년 운동이 여럿 전개되고 있었는데, 이 조직들에 속한 학생들은 저마다 유대인의 미래와 유대국가의 필요성, 건국에 필요한 계획들에 대해 토론했다. 하지만 이러한 정치적 활동은 공식적으로 금지되어 있었기 때문에, 비밀스러운 논의와 열정적인 토론은 주로 밤에 이루어졌다.

우리는 우리 자신의 미래를 만들고자 했다. 그 대화는 허황된 말잔치가 아닌 실천의지로 무장한 가장 젊은 세대가 자신들의 미래를 만들기 위해 나눈 것이었다. 우리의 사명은 물리적으로 고국을 확보하는 것보다 더 위대한 것이었고, 새로운 사회를 상상해내는 것이야말로 우리의 책임이라고 생각했다. 이것은 키부츠를 뒷받침하는 강력한 철학이자, 우리의 확고한 신념이었다. 그리고 이 사명에 연결된 수많은 일들은 하나하나가 대단히 큰일이었고, 그 속에서 각자의 역할이 엄청나게 중요했기 때문에, 우리의 논쟁은 자주 격렬해지곤 했다.

우리는 똑같은 염원을 나눴지만 의견은 빈번하게 충돌했다. 몇몇 스탈린주의자들은 더욱 엄격한 규율과 질서를 바탕으로 한 유대국가를 주장했고, 키부츠 역시 이념적으로 집단주의를 견지해야 한다고 했다. 그들은 소련의 체제를 모방하고 싶어 했다. 반면 나는 스탈린은 마르크스의 가르침을 왜곡했으며, 스탈린 정부의 방식은 사회주의자들에게는 저주나 다름없다고 생각했다. 그래서 나는 스탈린의 정부체계(또는 다른 방식)를 모방하는 것보다는 유대교의 도덕과 교리를 기반으로 우리만의 민족정신을 반영한 독특한 정부체계를 만드는 것이 필요하다고 믿었다. 시오니즘의 선구자, 헤르츨도 이렇게 말하지 않았던가?

"우리 유대인이 옛 땅을 열망하는 것은 사실입니다. 하지만 그 옛 땅에서 우리가 원하는 것은 유대인의 정신을 새로이 꽃 피우는 것입니다."

나는 더 이상 아웃사이더가 아니었으며, 우리의 비밀스러운 모임에서 점점 더 중요한 인물이 되어가고 있었다. 청소년 운동 초기에 나는 세상을 보는 법과 내가 이 세상에서 어디에 있는지 가늠하는 법을 알게 되었다. 그런 경험들이 나를 변화시켰고, 토론장에서 더욱 주도적인 역할을 맡아서 진행할 때면 내가 이 일을 얼마나 즐기는지, 관중 앞에서 오직 설득만으로 사람들의 마음, 신념 혹은 역사마저 바꿀 수 있다는 것이 얼마나 막강한 영향력인지 깨달았다. 당시 나는 청소년이었지만 대단히 깊은 바리톤의 목소리를 가졌었는데, 그런 목소리를 물려받은 것은 큰 축복이었다. 저음의 목소리 덕분에 그다지 권위를 얻지 못할 만한 상황에서도 내 말은 권위 있게 들렸다.

벤쉐멘에서 보낸 두 번째 여름, 내가 활동했던 청소년 운동 하노어 하오베드(HaNoar HaOved, '일하는 청소년'이라는 뜻 – 옮긴이)에서 내가 선낭내회의 대표로 선출되었다. 나는 매우 기뻤다. 이 땅을 개척하고 정착을 돕는 내 꿈에 헌신할 수 있을 뿐만 아니라, 내가 다른 사람들을 설득할 능력을 가졌음을 갑자기 자각했기 때문이다. 나는 국가에 봉사하도록 부름을 받았으며, 이 상황이 내 두 번째 진로를 예비하는 것처럼 느껴졌다.

대표의 자리를 받아들이고 몇 달 후, 나는 하노어 하오베드를 대표하여 북쪽에 있는 하이파Haifa를 방문해야 했다. 처음에는 버스를 타고 갈 생각이었으나 나를 맘에 들어 한 그곳의 교사이자 위대한 시오니스트 사상가인 베를 카츠넬슨Berl Katznelson에게 말하자, 그는 더 좋은 계획을 권했다.

"실은, 완벽한 타이밍이로구나." 그는 말했다. "다음 주에 차를 타고 하이파로 가는 친구가 한 명 있단다. 그 차에 네가 탈 자리를 마련해줄 수 있어."

"좋아요. 마침 잘되었네요." 나는 기쁜 마음으로 물었다. "그런데 그 친구분이 누구신데요?"

"다비드 벤구리온David Ben-Gurion이란다." 그는 태연하게 답했다.

내 마음속의 다비드 벤구리온은, 단순히 사람이 아니라 전설이었다. 그는 영국 위임통치령 팔레스타인에 있는 유대인들의 지도자였으며, 전략가이자 철학가이기도 했다. 그는 국가건설뿐만 아니라 우리의 역사적 사명인, 인류의 모범이 되는 '국가들의 빛'이 되는 것을 완수하기 위해 유대인의 자유를 추구했다. 미래의 국가를 위한 그의 비전(안전, 안정, 민주적 사회주의)은 내게 영감을 주었고, 그가 투쟁에서 보였던 절박함은 끊임없는 감탄의 대상이었다. 그런 분과 무려 2시간 동안이나 아무의 방해도 없이 함께 있는 행운을 얻게 된 것이다.

하이파로 떠나기 전날, 나는 밤잠을 설쳤다. 그분이 내게 무슨 질문을 할지 상상했고, 그러면 내가 어떻게 대답할지 생각하느라 도저히 잠이 오지 않았다. 침대에 누워 천장을 바라보며 내가 할 답변을 조용히 속삭이며 연습해보았다. 만약 그분에게 강렬한 인상을 남길 수 있다면, 그래서 내가 우리의 쟁점을 얼마나 잘 파악하고 있는지, 대의를 위해 얼마나 열정적으로 헌신할 준비가 되어 있는지를 보여줄 수 있다면, 어쩌면 그분이 나를 기억하고 좋게 봐주시지 않을까 하는 기대에 사로잡혔다. 내 머릿속엔 온통 '사람의 앞날은 어디로 튈지 아무도 모른다.'는 생각으로 가득했다.

드디어 하이파로 가는 날, 나는 먼저 도착해 뒷좌석에 앉아 있었고 벤구리온은 내 옆자리에 앉았다. 직접 보니 그분의 머리카락은 사진보다 더 하얬고, 대부분 대머리여서 그런지 그을린 피부가 더욱 빛나고 있었다. 외투를 입고 계셨고 찌푸린 얼굴이었다.

차가 출발하자, 그분은 나를 보고 내 존재를 알았다는 표시로 고개를 살짝 끄덕이셨다. 하지만 미처 내 소개를 하기도 전에 얼굴을 돌리셨다. 창문에 머리를 기대고 눈을 감으시더니 몇 분도 채 지나지 않아 곯아떨어지셨다. 내 실망은 끝이 없었다.

그러고 나서 거의 여정 내내 주무셨다. 하지만 하이파에 가까워지자 차가 흙길 위에서 덜컹거리는 바람에 깨셨다. 곁눈질로 보니 그분은 눈을 비비고 자세를 고쳐 앉으셨다. 아무튼 내게 기회가 온 것 같았다. 그런데 그 순간 그분은 뜬금없이 나를 향해 소리치셨다.

"그거 아는가? 트로츠키는 지도자가 아니었어!"

나는 그게 무슨 얘기인지, 그리고 무슨 대답을 해야 할지 몰라 쩔쩔매고 있었다. 우리가 어떻게 그 주제에 다다랐는지, 그분은 왜 내가 트로츠키에 대해 궁금해할 거라고 생각했는지, 대체 무슨 말씀을 하려는 건지 이해하지 못했다. 나는 되묻지 않을 수가 없었다.

"왜 그렇게 말씀하시나요?" 나는 물었다.

1918년 러시아 혁명 이후, 레온 트로츠키Leon Trotsky는 소련의 첫 외무부 장관으로 취임했다. 그는 1차 세계대전에서 소련의 개입을 끝내기 위해 소련 대표단을 이끌고 평화교섭에 참여했다. 영토에 대한 권리를 점점 더 많이 요구하는 독일에 짜증이 난 트로츠키는 교섭을 완전히 중단하기로 했다. 대신, 그는 독일과의 협정에 서명하지 않은 채 일방적으로 적대 행위의 종결을 선언했다. 트로츠키는 이 제안을 '전쟁 없이는 평화도 없다.'라고 묘사했었다.

"전쟁 없이는 평화도 없다고?" 벤구리온은 분노로 얼굴이 벌게진 채 소리쳤다. "이게 도대체 뭔가? 이건 전략이 아니다. 이건 날조다. 평화를 택하고 대가를 치르든지, 전쟁을 치르고 위험을 감수하든지, 다른 선택은 없단 말이다."

나는 또다시 어떻게 대답해야 할지 몰라 쩔쩔매고 있었지만, 이번엔 의미가 없었다. 내가 조심스럽게 무어라고 말을 꺼내기도 전에, 벤구리온은 다시 눈을 감고 낮잠을 자기 시작했다. 그 후로는 도착할 때까지 아무 말도 꺼내지 않으셨다.

1941년 벤쉐멘을 졸업한 후, 우리 그룹은 이스르엘 계곡에 있는 게바Geva 키부츠로 파견되었다. 벤쉐멘에서는 땅을 경작하기 위한 기술들을 배웠는데, 게바에서는 키부츠에서 성공하기 위한 법을 배워야 했다. 나는 2가지 일을 맡았다. 첫 번째는 밀밭에서 일하는 것이었다. 이 일을 마친 후에(대부분 해가 진 후였다.) 내가 해야 할 두 번째 임무는, 요르단과 이스르엘 계곡을 가로지르는 하노어 하오베드 운동을 관리하는 것이었다. 나는 다른 지부의 일원들과 수시로 만나야 했기 때문에 거추장스러운 트라이엄프Triumph 오토바이를 지급받았다. 우리는 모임을 열고 세미나와 공개 토론회를 준비했으며, 그 외의 모든 시간은 다른 사람들에게 우리가 옳다는 것을 납득시키는 데 할애했다.

이러한 토론의 중심 주제는 영토문제였다. 1917년 중동 대부분을 지배했던 영국 정부는 이스라엘 땅에 유대인 국가를 세우는 계획을 지지하는 '밸포어 선언Balfour Declaration'을 발표했다. 하지만 곧 많은 사람들이 우려했다. 우리가 그토록 염원하는 미래의 국가가 전 세계에서 몰려올 유대인을 다 받아들이기에는 너무 작았다. 또한 아무 자원도 없는 불모지에 세워지는 것 역시 염려스러웠다. 그들은 우리가 단호한 태도로 맞서 옛 땅의 경계까지 돌려받아야 한다고 믿었다. 설령 이러한 요구가 받아들여지지 않는다고 해도 말이다.

그러나 나는 이러한 생각에 반대했다. 나는 벤구리온과 마찬가지로 이스라엘 국가가 생존하려면 우리를 받아들일 땅의 크기보다 도덕적 배려를 더 우선시해야 한다고 믿었다. 또한 우리에게 닥친 가장 큰 위험은, 국가를 세우려는 시도 자체가 실패할 수도 있다는 것이었다.

당시 키부츠마다 이러한 논쟁들이 격렬히 벌어졌다. 그동안 나와 내 친구들은 우리가 계속 훈련해왔던 임무(게바에서 25마일 북쪽에 있는 포리야산Mount Poriyad을 넘어가 알루못Alumot 키부츠의 일원이 되는 것)를 위해 떠났다.

그곳에 도착한 순간, 나는 경외심을 느꼈다. 사방에 놀라운 것 투성이였다. 포리야산 기슭에는 반짝이는 갈릴리 호수가 아름다움을 뽐냈고, 멀리 있는 둑은 지평선 너머로 시원스레 뻗어나갔다. 서쪽으로는 보랏빛으로 붓질을 한 듯 진정으로 아름다운 산등성이에 훗날 숲이 될 올리브와 대추야자의 어린 묘목들이 가지런히 심어져 있었다. 오른쪽 전망대에 오르면 요르단강의 창백한 은색 물줄기가 계곡을 따라 구불구불 흘러가는 모습이 보였다. 북쪽으로는 헤르몬산Mount Hermon이 높이 솟아 있었고, 시야가 탁 트인 곳에서 그 산도 나를 내려다보고 있었다. 돌연 내가 세상의 중심에 서 있는 것처럼 느껴졌다. 나는 오랜 시간 동안 이러한 삶을 동경했었고, 드디어 지금 내 앞에 현실로 펼쳐졌으니, 이거야말로 꿈을 가진 자만이 누릴 수 있는 가장 우아한 실현이었다.

알루못에 정착한 후, 나는 지도자로서 진정한 첫 경험이 될 일을 배정받았다. 그건 바로 양떼를 이끄는 것이었다. 사람이 아니라 양떼. 하지만 이 둘은 두드러지게 비슷한 점이 있었다. 예를 들면, 양치기가 양떼 지휘권을 가졌다 해도 양을 자기 마음대로 할 수는 없다. 양들을 언덕 아래로 몰고 갔을 때, 내가 아무리 소리 치고 명령해도 양들은 아랑곳하지 않고 들판 여기저기로 흩어져버렸다. 그런 일이 종종 일어났는데, 양몰이 기술이 숙달되기까지는 시간과 인내심이 필요했다.

우선 양과 나 사이의 공통된 언어와 이해를 찾아야 했다. 양떼를 몰고 갈 수 없는 곳과 최소한 언제 계획적으로 움직여야 하는지를 이해하기 위해 양의 입장에서 그들의 공포가 마치 내 것인 양 완벽히 알아야 했다. 나는 내 의도를 표현할 때는 양들과 공감하는 동시에 단호해져야 했다. 양들은 그런 주인을 잘 따랐다.

운이 좋은 날에는 양몰이가 오랫동안 기억에 남을 만한 아름다운 춤이자 한 편의 시였고, 리더십을 배울 수 있는 좋은 현장학습이었다. 하지만 힘든 날에는(비교적 드물긴 했지만) 내 향상된 기량만으로는 어쩔 수 없는 한갓 짐승들이라는 사실을 절감했다. 최선을 다했음에도 불구하고 최악의 상황을 경험할 때면 인내심을 가지고 그 상황에 대처하면서 새로운 교훈을 얻었다.

뿐만 아니라 알루못 생활 역시 순탄치 않았다. 계곡에서 불어오는 세찬 바람은 정착지의 상승기류까지 더해져 헛간과 헛간 사이를 맹렬하게 휩쓸었다. 흙은 농작물 생육에 치명적인 소금으로 포화되어서 처음 몇 년간은 농사도 거의 되지 않았고 수확물이 너무 적어 엄격하게 배급해야 했다. 그리고 몇 안 되는 거주자들은 20년 전 처참하게 버려진 예전 정착지에 있던 현무암 더미 위에서 지내야 했다. 그 불길한 검은색은 마치 묘비 사이에서 사는 기분이 들게 했다. 그런 열악한 환경은 우리의 노력이 언제든지 실패로 끝날 수 있음을 끊임없이 상기시켜주었다.

부족한 것투성이인 이곳 사정을 아는 외부인들은 알루못 키부츠를 쉽게 평가절하했을 것이다. 그도 그럴 것이, 우리는 텐트에서 살았고 전기나 수도는 꿈도 꾸지 못했다. 각자 작업부츠 1켤레, 카키색 바지 2벌, 셔츠 2벌(하나는 작업용, 다른 하나는 안식일용)을 지급받았다. 회색 바지 1벌과 영국군의 제식 전투복 재킷은 키부츠 공동 소유였는데, 가장 특별한 행사가 있을 때 필요한 사람들에게 빌려주었다.

하지만 그곳에서 살았던 우리들은 알루못 키부츠가 우리에게 제공한 것들에 대해 각별한 애정을 가졌다. 알루못 키부츠는 우리에게 특별한 의미와 사명감을 심어주었고, 과거에 그 어디서도 경험해보지 못한 유대감과 목적의식을 느끼게 해주었다. 그곳 생활의 어려움은 불편이 아니었고, 오히려 우리가 그곳에 있어야만 하는 이유였다. 그렇게 우리는 열심히 일했다. 흙을 파서 돌을 치우고 땅을 비옥하게 만들었다. 땅이 우리의 노력에 굴복할 때까지 척박한 흙을 갈았고 그 사이로 씨앗을 심었다.

매일 아침 해가 뜨기 한참 전에, 나는 우리를 열어서 양떼를 몰고 내려갔다. 양들은 포리야산 아래 언덕을 내려가서 군데군데 퍼져 있는 목초지 바위 사이에 난 풀을 뜯어 먹었다. 가파른 언덕이라 내려가는 길이 위험했지만(어두울 때는 더욱 위험했다.) 해가 뜬 이후에는 파리떼가 들끓어 양들을 괴롭혔기 때문에 차라리 새벽에 방목하는 게 나았다.

새벽이건 밤중이건 나는 신경 쓰지 않았다. 오히려 혼자 있는 시간이어서 더 좋았다. 바위 위에 앉아서 아래의 잔잔한 수면 위로 쏟아지는 별빛을 볼 수 있었기 때문이다. 헤아릴 수 없이 많은 밤을 그렇게 보냈다. 그때마다 나는 시인이나 건축가가 되어, 언어로 혹은 돌로 무언가를 만들어내고 싶었다. 만약 작가가 되고 싶은 사람이라면 그곳이야말로 시상이 떠오르는 최적의 장소일 것이다.

어쩌면 내 삶에서 가장 행복한 순간이었던 것 같다. 소냐가 다시 내 삶의 일부가 되었을 때 그곳에서 보낸 나날은 더욱 뜻깊은 시간이 되었다. 2차 세계대전이 발발하자 소냐는 간호사로 영국군에 입대했고 이집트에 배치되었다. 복무를 마치고 갓 돌아온 그녀는 알루못에 있는 나와 함께하기로 했다. 1945년 5월 1일, 우리는 유대인 축일인 라그 바오메르Lag BaOmer의 날에 간소한 하얀 추파(chuppah, 유대인 신랑신부가 결혼할 때 아래에 서 있는 일종의 지붕 – 옮긴이) 아래서 결혼식을 올렸다. 알루못에서 정장바지와 재킷을 빌렸는데, 이 옷들이 내게는 좀 짧았다. 게다가 결혼식 하루 전 날 구두약으로 회색 재킷을 검은색으로 염색해야 했다.

그러던 어느 날 아침, 벤구리온의 가장 가까운 고문인 레비 에슈콜Levi Eshkol이 벤구리온의 뜻을 전하러 이웃 키부츠로부터 알루못에 왔다. 훗날 총리가 된 에슈콜은 그 당시 운동권에서는 이미 거인이자 선망의 대상이었는데, 그를 가까운 데서 직접 보는 것 자체가 정말로 큰 영광이었다. 게다가 그가 나 때문에 이곳에 왔다는 걸 알았을 때는 더욱 큰 충격을 받았다.

벤구리온은 젊은 세대가 그가 꿈꾸는 이스라엘 국가로부터 너무 멀어져가고 있다고 걱정했다. 그는 유대인의 운명이 자신이 논쟁에서 이기는 데 달렸다고 믿었다. 그가 에슈콜을 보낸 이유는, 나에게 알루못 키부츠의 농업 임무에서 빠지고 저녁때만 해왔던 하노어 하오베드 일에 전념하라는 메시지를 전달하기 위해서였다. 벤구리온은 젊은 세대가 미래를 대표한다는 것을 알았으며, 그 세대는 또래의 설득이 더 잘 먹힌다는 것을 느꼈을 것이다. 적어도 나는 그렇게 생각했다. 벤구리온이 그 수많은 사람들 중에 나 같은 풋내기를 이 중요한 임무에 참여시키려 한다는 것이 어떻게 가능할 수 있는지 나 스스로도 납득하기 힘들었기 때문이다.

내가 텔아비브에 있는 하노어 하오베드 본부에 도착한 순간에야 에슈콜이 왜 나를 찾아왔는지 정확히 이해했다. 하노어 하오베드 사무국에는 12명의 구성원들이 있었는데, 벤구리온이 주장하는 자주 국가로의 접근법을 마음에 들어 하는 사람은 나뿐인 것 같았다. 거기 모인 사람들은 지나치게 한쪽으로 치우쳐서 벤구리온의 입장에서는 별로 쓸모가 없는 자들이었다.

그들은 나를 에슈콜의 대변자로만 여겨 매사에 의심의 눈초리를 보냈다. 내 제안은 곧바로 거부당했으며, 내가 제기한 논쟁은 언제나 침묵으로 대응했다. 이러한 상황을 타개하고 대의에 도움이 되는 유일한 방법은, 사무국 구성원 자체를 바꿔야 하는 것이라고 결정하는 데 그리 오래 걸리지 않았다. 허나 이 방법은 하노어 하오베드 전당대회에서 대의원 과반수의 지지를 얻어야만 가능했다. 이 대의원들이 누구일지는(그리고 최후에 이 대의원들이 지지하는 자가 누구일지는) 아직 모르는 일이었다.

그래서 나는 하루 종일 그들한테 치이기보다 현장에서 사람들을 만나 일일이 설득하는 데 집중했다. 나는 허름한 오토바이를 타고 텔아비브 본부가 아닌 하노어 하오베드의 각 지부를 찾아다녔다. 나를 받아주는 곳이라면 어디든지 찾아가서 내 정치적 견해를 이야기했고, 더 이상 기다릴 여유가 없는 사람들을 대신하여 유대인 국가 건국의 절박함을 강조했다. 나는 수백 명의 사람들과 만났고 내 이야기를 들어주는 사람들에게 내 주장을 펼쳤다. 나는 그들에게 전당대회에 벤구리온 지지파인 대의원들을 보내달라고 부탁했고, 사무국에 투표하지 말고 대신 우리 편에 서줄 것을 부탁했다.

1945년 9월 28일, 텔아비브의 무그라비 극장Mugrabi Cinema에서 하노어 하오베드 전당대회의 개회가 선언되었다. 나는 깊은 불안에 휩싸였다. 대회장 내에는 대의원들 외에도 벤구리온의 정당인 미플레겟 포알레이 에레츠 이스라엘Mifleget Poalei Eretz Yisrael('이스라엘 땅의 노동당'을 뜻하며 흔히 마파이Mapai로 알려져 있다.)의 유명한 지도자들이 있었다. 대의원들이 대회장으로 쏟아져 들어올 때, 나는 등록 데스크를 지키고 서서 참석자와 각자의 투표 성향을 적어 내려가며 목록을 준비했다. 목록은 만들었지만 결과가 어떻게 나올지는 확신하지 못했다.

의제의 첫 순서 중 하나는 '공약' 선정이었다. 대의원들에겐 2가지 선택지가 주어졌다. 첫 공약은 하노어 하오베드의 사무총장인 빈야민 초츨로브킨Binyamin Chochlovkin의 것으로, '위대한 이스라엘'의 입장을 대표하고 있었다. 그에 맞서는 제안은 내 것이었는데 마파이의 입장을 대변했다. 빈야민은 사무국과 시오니스트 운동의 과반수의 지지를 얻고 있었다. 하지만 그의 예상과 달리(솔직히 말해서 내 예상과도 다르게), 나는 대회장에 있는 사람들로부터 지지를 받고 있었다. 대의원들은 내일의 '위대한 이스라엘'보다 오늘의 '분할된 팔레스타인'이 더 명확하게 낫다고 결정했다. 투표 결과, 내 제안이 승리했다.

두 진영 모두 이러한 결과를 전혀 예측하지 못했기 때문에 투표가 끝난 후 대회장에 있던 사람들은 혼란에 빠졌다. 나는 마파이 지도자들에게 승리자로 환영받았다. 전당대회가 끝나고 나는 하노어 하오베드의 사무총장으로 선출되어 운동의 지도자가 되었다. 내가 위대한 영웅들로 칭송했던 사람들이 갑자기 내 이름을 알게 되었다. 이제 나는 더 이상 하이파로 차를 얻어 타고 가는 무명의 소년이 아니었다.

"내가 할 기도는 이것뿐입니다. 살아서 다시 만납시다."

1946년 10월 20일, 나와 소냐는 첫 아이를 가졌다. 예쁜 딸 아이었고, 이름은 내가 사랑했던 돌아가신 할아버지의 이름을 따서 쯔비아Tsvia라고 지었다. 비로소 우리는 텐트에서 나와서 작은 집으로 이사를 했다.

그 해 연말에 제22회 시오니스트 회의Zionist Congress가 스위스 바젤에서 열릴 예정이었는데, 홀로코스트 이후 처음 열리는 회의였다. 2차 세계대전이 시작되기 수일 전에 열린 제21회 회의는 시오니스트 단체Zionist Organization의 회장이자 훗날 이스라엘의 초대 대통령이 될 하임 바이츠만Chaim Weizmann의 의미심장한 말과 함께 폐회했다.

"내가 할 기도는 이것뿐입니다. 살아서 다시 만납시다."

세계는 전쟁을 시작하기 전부터 이미 돌이킬 수 없게 변했다. 1939년 5월, 영국 정부는 '백서White Paper'를 발표했는데, 이는 유대인을 배신하는, 도저히 납득하기 어려운 내용이 담긴 정책 문서였다. 이 백서는 1917년 '팔레스타인 안에 거주하는 유대인을 위한 국가의 설립'을 지지하는 영국 외무장관의 밸포어 선언을 부인했다. 유대인이 영국 위임통치령 팔레스타인에 살고자 한다면 영구적 소수집단으로 살아야 한다고 결정한 영국 정부는, 유대인 이민에 엄중한 제한을 내걸었고 정착할 땅을 계속해서 매입할 수 있는 권리마저 동결해버렸다. 이것은 유대인 국가에 대한 사형선고나 다름없었다. 또한 이민을 막음으로써 나치의 손아귀로부터 벗어나려는 무수한 유대인들에게 사형선고를 내린 것이나 다름없었다. 우리는 우리의 자유를 얻으려면 영국과 싸워야 했다.

1939년 9월, 히틀러는 폴란드를 침공하면서 세계정복과 유대인 말살의 길에 올랐다. 이틀 후, 영국은 독일에 선전포고를 함으로써 역설적으로 우리의 가장 중요한 우방임과 동시에 두 번째로 가장 위험한 적이 되어버렸다. 벤구리온은 이 관계의 복잡함과 새로운 시오니스트 목표를 다음과 같이 확실하게 피력했다.

"우리는 마치 '백서'가 없었던 것처럼 우선은 밉지만 영국군을 도와야 하며, 향후에는 전쟁이 없었던 것처럼 또다시 영국의 백서와 맞서 싸워야 한다."

하지만 유대인을 적대시하는 세력들이 여기저기에서 준동하고 있음에도 불구하고 벤구리온의 태세변화에 반대하는 좌파가 많았다. 벤구리온은 영국에 대해 공격적으로 접근해야 한다고 주장했는데, 그들은 반대로 천천히 그리고 꾸준히 타협을 해나가야 한다고 주장했다. 그들의 주장에 벤구리온은 격분했다. 독립을 향한 2,000년에 걸친 우리의 열망이 영국에 의해 좌절될지도 모르는 마당에, 아무 행동도 하지 않고 손 놓고 바라만 보는 것은 도저히 용납할 수 없었기 때문이다.

1946년, 전쟁이 끝나고 다시 바젤에 모일 시간이 되었다. 마파이는 2명의 젊은 구성원을 대폭 확대된 대의원단에 포함시켜 보내기로 결정했다. 곧 나는 벤구리온이 그중 1명으로 나를 택했다는 것을 알게 되었다. 다른 1명은 나보다 나이가 약간 많은, 잘생기고 멋진 청년으로 나만큼이나 벤구리온의 분신 역할에 헌신해온 인물이었다. 그의 이름은 모셰 다얀Moshe Dayan이었다.

우리는 1946년 12월에 함께 배를 탔다. 나는 자파에 도착한 지 10여년 만에 처음으로 외국으로 여행을 가는 것이었다. 거의 모든 시오니스트 지도자들이 그 배에 탄 것이나 다름없었고, 마침내 내가 그들 사이에 서 있었다.

모셰와 나는 갑판에서 함께 많은 시간을 보냈다. 우리는 배 안에서 가장 어린 두 사람이었고, 여기까지 오게 된 경로는 서로 달랐지만 즉시 친구가 되었다. 우리는 서로를 존중하며 벤구리온과 좌파의 논쟁에 대해, 시오니스트 회의에서 기대하는 것에 대해 여러 시간 동안 몰두해서 대화를 나누었다. 우리는 벤구리온과 같은 입장이었다. 영국이 불법으로 간주한다 해도 기꺼이 무력을 사용하여 영국 위임통치령 팔레스타인으로 오는 이민자들을 지원해야 한다는 것이었다. 심지어 다얀은 고국으로 돌아가려다 붙잡힌 유대인을 잡아가둔 영국군들의 막사를 불 태우자고 제안하기도 했다. 전략가이자 전사이기도 한 다얀은 나의 동료이자 멘토였고, 나는 그를 깊이 존경했다.

대회장 안으로 들어가는 순간, 내 마음은 믿기 힘들 정도로 뭉클했다. 거의 50년 전, 이곳은 테오도르 헤르즐이 첫 시오니스트 회의를 소집했던 곳이었다. 역사는 이 방 안에 살아 있었고, 불확실한 미래의 성패 역시 이곳에서 결정될 것이다. 바이츠만, 에슈콜, 그리고 벤구리온은 세계 각지에서 모인 시오니스트 운동의 주요 인물들과 연단에 있었다.

1939년에 바이츠만은 "살아서 다시 만납시다."라고 기도했지만, 그 기도가 닿지 못한 홀로코스트 희생자들의 좌석은 비어 있었다. 훗날 바이츠만은 회고록에서 시오니스트 회의를 주재하는 "끔찍한 경험"과 의회장 연단에 서서 "과거 회의를 장식했던 친근한 얼굴들을 거의 찾아볼 수 없었다는 것"의 참담함에 대해 썼다. 대다수의 대의원단은 영국 위임통치령 팔레스타인과 미국에서 왔으며, 몇몇 예외를 제외하고 유럽 쪽 홀로코스트 희생자들의 자리는 텅 비어 있었다. 대회장 전체가 으스스할 정도였다.

하지만 영국으로부터 영국 위임통치령 팔레스타인으로의 입국을 거절당한 수천 명의 홀로코스트 생존자들이 있었음에도 불구하고, 회의는 마치 별일 없었다는 듯이 차분히 진행되었다. 생존자들을 고국에 보내기 위해 필요한 행동을 해야 하는지에 대해(그리고 수단과 방법을 가리지 않을지의 여부도) 진심 어린 토론이 이루어졌다.

그 자리에서 벤구리온은 열의가 없는 대의원들의 태도에 몹시 화가 나 있었다. 사소한 문제에 집착하거나 회의적으로 반응하는 관료들도 못마땅했고, 용기와 헌신을 찾아볼 수 없다는 점에 화가 잔뜩 난 것이었다. 첫 회의가 끝날 즈음, 벤구리온의 제안은 지지를 얻지 못했다는 것이 명확했고, 그는 극도로 불만스러워졌다.

다음 날 아침 회의가 재개되었을 때 벤구리온이 보이지 않았다. 나는 마파이당에서 주도적인 목소리를 내는 사람이자 벤구리온의 친구인 아르예 바히르Arye Bahir 옆에 자리를 잡았다. 우리는 회의에 대한 불만을 이야기하고 있었는데, 갑자기 벤구리온의 아내 폴라Paula가 어두운 낯빛으로 대회장에 들어오더니 빠른 걸음으로 우리에게 다가왔다. 그녀는 바히르 앞에 와서 몸을 기울이고 그에게 이디시어로 정신없이 속삭였다.

"아르예, 그가 미쳐버렸어요." 나는 그녀가 말하는 것을 들었다. "그를 제발 붙잡아주세요." 그녀가 간청했다. "그가 떠나려고 해요."

나와 바히르는 회의에 대한 벤구리온의 불만에 공감하고 있었지만, 벤구리온이 가버리면 심각한 문제가 되리라는 것을 본능적으로 알고 있었다. 벤구리온은 그를 가장 격렬하게 비판하는 사람들에게도 탄력적으로 유연하며 비전이 있는 지도자로 인정받았고, 이스라엘 독립운동에 필수불가결한 인물로 여겨졌다. 그리고 그는 동료 당원들에게 미래의 국가를 위한 계획을 지지하도록 설득할 수 있는 유일한 사람이었다. 우리는 논쟁을 끝내기 위해 소집된 것이 아니라 독립운동을 위해 소집된 것이었다.

바히르는 폴라와 같이 일어섰고 나에게도 따라오라고 신호했다. 우리는 대회장을 나가서 벤구리온이 지내는 호텔방(헤르츨이 1897년 첫 회의 때 묵었던 그 방이다.)으로 올라갔다. 우리가 도착해서 문을 몇 번이고 두드려도 안에서 아무 대답이 없었다. 어디서 그런 대담함이 나왔는지 모르겠지만, 나는 곧바로 손잡이를 돌리지 않으면 안 된다고 생각했다. 마침 문은 잠겨 있지 않았다. 문을 열고 들어가 보니 그곳엔 벤구리온이 등을 돌리고 서서 화난 채로 여행가방 안에 옷들을 쑤셔 넣고 있었다.

"샬롬, 벤구리온."

바히르가 망설이며 말했다. 답변은 없었다.

"샬롬?"

또 답이 없었는데, 우리가 있다는 것을 인식하지 못한 것 같았다. 드디어 벤구리온이 말했다.

"나와 같이 갈 건가?" 그가 물었다.

"어디로 가시려고요?" 바히르가 물었다.

"새로운 시오니스트 운동을 만들러 갈 거야." 그는 고함쳤다. "나는 이 회의를 더 이상 신뢰하지 못하겠어. 삼류 정치가와 한심한 패배주의자들로 가득 차버렸지. 그자들은 지금 당장 필요한 결정들을 내릴 용기조차 없어."

"유대인의 3분의 1이 사라져버렸어." 그는 계속해서 말했다. "남아 있는 생존자들은 고향에서 새로운 나라를 재건하는 것 외에는 아무런 희망이 없다네. 그 땅이 유일하게 대문을 활짝 열고 그들을 환영해주어야 할 곳이야. 그런데 어떻게 그런 사람들을 버릴 수가 있지?"

나는 눈을 동그랗게 뜨고 바짝 얼어 있었다. 그는 23살 풋내기인 나를 잠시 바라봤다.

"오직 젊은 유대인들만이 이 문제에 맞설 용기를 줄 수 있다네."

그가 말했다.

바히르는, 물론 우리는 그와 함께할 것이고 그가 어디로 가든 따라갈 것이며 그가 없으면 시오니즘에 희망이 없다고 벤구리온에게 차분히 말했다. 우리가 진정으로 그의 편이라는 이야기를 듣고 난 후에, 벤구리온은 대화를 나눌 수 있을 정도로 진정되었다.

우리가 그에게 말한 것은 사실이었다. 그는 시오니즘 운동의 핵심이었으며, 우리에게 꼭 필요한 지도자였다. 하지만 그가 이 회의장을 떠나서 새로운 운동을 시작하는 것은 당장 시급한 문제를 해결할 수 있는 방법이 아니었다. 새로운 운동을 조직하려면 수년이 걸릴 텐데, 지금 우리는 단 몇 시간도 지체할 수가 없었다. 그래서 나와 바히르는 우리가 생각해낼 수 있는 유일한 선택을 제안했다. 우리는 벤구리온에게 회의장을 떠나기 전에 마지막으로 한 번만 더 그의 비전을 마파이에게 납득시켜달라고 요청했다.

"만약 과반수가 당신을 지지한다면 우리 모두 남으면 되지요. 그리고 만약 그게 안 되면, 우리 말고도 당신의 뜻을 따라올 사람이 있을 것이고, 아마 더 많은 사람들이 당신을 따를 겁니다."

진지하게 고심한 끝에, 벤구리온은 드디어 동의했다.

같은 시각, 마파이 사이에 벤구리온의 분노와 의도가 퍼지는 데는 그리 오래 걸리지 않았다. 이 싸움에서 벤구리온을 잃는다는 것의 의미를 아는 사람은 바히르와 나뿐만이 아니었다. 그날 저녁, 마파이 회의가 소집되었다. 의장을 맡은 골다 메이어Golda Meir는 이미 시오니스트 운동권에서 거물급 존재였으며 벤구리온의 가까운 친구이자 조언자였다. 그녀는 훗날 이스라엘의 독립선언문에 서명할 단 2명의 여성 중 1명이자 4번째 총리가 될 사람이었다. 마파이 회의는 밤새 계속되었다. 무자비할 만큼 치열한 논쟁과 말다툼, 감정싸움이 오갔고, 결국 해가 뜰 무렵에 마지막 투표가 끝났다.

골다가 개표를 마치고 결과를 발표했다. 벤구리온이 면도날 차이의 과반수로 승리한 것이다. 행동주의적 접근의 승리였고, 운동은 이제 불씨가 되살아난 셈이었다.

이 승리는 굉장히 중요했고, 당면한 정책에만 국한된 것이 아니었다. 우리의 사명을 달성하는 데 아무도 벤구리온의 길을 막을 수 없음을 새삼 느꼈다. 그날 나는 유대인 국가가 또다시 갓 태어난 것 같은 느낌을 받았고, 내 안의 새롭고 강렬한 무언가가 깨어나는 경험을 했다. 처음으로 시인이나 양치기의 삶이 내 꿈을 담기엔 역부족이었다는 것을 내 자신에게 시인했다. 나는 선구자들과 합류하기를 간절하게 원했다. 하지만 벤구리온이 했던 것처럼(절박하고, 창의적이며 도덕적인 지도력과 함께) 유대인의 국가를 위해 싸우는 것도 마찬가지로 아직 척박하기 그지없는 미개척지였다. 그럴수록 나는 국가를 위해 봉사하리라 마음을 다잡고 있었다.

소냐와 쯔비아가 있는 집으로 돌아가면서 나는 벤구리온의 승리를 되돌아보지 않을 수 없었다. 물론 그 논쟁은 벤구리온의 훌륭한 논리와 달변, 내가 굳게 믿었던 그의 설득력 있는 주장 덕분에 승리했다. 하지만 거기에서 나는 다른 것을 보았다. 그것은 훗날 내가 가진 리더십에 강력한 영향을 끼쳤다. 벤구리온은 불만과 실망으로 격분해서 당장이라도 떠나려던 순간에, 경험도 없고 지혜도 없는 풋내기 젊은 청년의 주장에 귀를 기울였다. 그의 유연하고 개방적인 태도는 무척 인상적이었다.

또한 그는 회의에서 벌어진 큰 논쟁은 거의 포기했지만, 토론 자체에 대한 기대와 신뢰를 포기하지는 않았었다. 나 역시 60년 넘게 정치에 몸담아오면서 분노와 불신으로 가득 찬 정당들에 치이고, 모든 문이 닫혀 있는 듯한 상황을 자주 겪었다. 벤구리온은 경청하는 습관이 그저 좋은 리더십의 한 요소가 아니라 열쇠 그 자체임을 내게 보여주었다. 그러한 자세는 격렬한 분쟁과 체념으로 꼭꼭 닫힌 문들을 다시 열 수 있음을 증명해 보여주었다.

그리고 호텔방에서의 그 순간을, 내가 얼마나 자주(그리고 얼마나 빨리) 다시 떠올리게 될지 그때는 미처 몰랐다.

Chapter 2

불가능한 꿈을 좇다

독립, 동맹 그리고 안보를 위한 싸움

INDEPENDENCE, ALLIANCE, AND THE FIGHT FOR SECURITY

1947년 5월의 어느 화창하고 아름다운 오후, 나는 산비탈에 앉아서 염소 2마리를 돌보고 있었다. 저 아래 있는 킨네렛Kinneret 호수 위로 거대한 안개가 피어오르면서 바람을 타고 섬세하게 퍼져나가고 있었다.

"시몬, 시몬!"

뒤돌아서서 보니 친한 친구가 나를 향해 정신없이 뛰어오고 있었다. 깜짝 놀란 나는 걱정스럽게 일어나 물었다.

"무슨 일이야?"

"레비 에슈콜을 대신해서 요셉 이즈라엘리가 또 왔어." 그는 헐떡거리면서 말했다. "벤구리온의 편지를 가지고 왔던데."

"무슨 내용인데?"

그는 숨을 돌리기 위해 잠시 멈췄다.

"너." 그는 말을 더듬었다. "너, 너에 관한 거야."

요셉 이즈라엘리는 에슈콜의 메시지를 들고 나를 데려가기 위해

온 것이었다. 키부츠의 모든 구성원이 갑작스럽게 회의를 하기 위해 모였고, 편지의 내용이 공개되었다. 벤구리온은 또다시 나를 키부츠의 임무 대신 새로운 임무를 수행할 수 있게 보내달라는 부탁의 내용을 편지에 썼다. 그 다른 임무는 지하 유대인 군대인 하가나(Haganah, 훗날 이스라엘 방위군Israel Defense Forces, IDF의 모태가 된다.)에서 복무하는 것이었다. 비록 벤구리온이 부탁을 하는 것이었지만 알루못의 구성원들이 투표를 해서 나를 보내줄지 여부를 정하는 것이 이곳의 규칙이었다. 그래서 벤구리온이 편지를 쓴 목적은 명령이 아니라 설득하는 것이었다. 그는 독립을 위한 전쟁이 가까워지고 있음을 확신했고, 그것은 군사적 대비와 안보에 주력하는 것이 향후 가장 긴요한 일이라는 것을 뜻했다.

"이것이야말로 키부츠의 많은 과제 중 하나이며, 새로 일할 텃밭이라고 여겨주십시오."

그는 키부츠 구성원들에게 이 새로운 임무는 그들의 임무 중 하나이며 그것 역시 중요하다는 것을 납득시키기 위한 내용을 편지에 썼다. 짧은 숙고 끝에, 구성원들은 공동의 대의를 위해 벤구리온의 요청을 존중하기로 했고, 나를 보내는 것에 투표했다. 나는 텔아비브의 하야르콘 거리HaYarkon Street에 있는 빨간 집, 즉 하가나 본부(창의성 없게도 정말 '빨간 집The Red House'으로 알려져 있었다.)로 갔다.

개인적으로는 영광스러운 일이었지만, 솔직히 내가 거기서 무슨 도움이 될지는 나도 잘 몰랐다. 나는 코딱지만 한 벤쉐멘을 방어하는 것 이상의 훈련은 여태껏 해본 적이 없었다. 당연히 군대를 세우거나 전쟁을 준비하는 것에 대해 아무것도 몰랐다.

빨간 집에 도착해 안으로 들어갔을 때, 아는 얼굴인 알루못 키부츠의 동료들이 눈에 띄어 일단 안도했다.

“혹시 제가 어디로 가야 하는지 알고 있나요?” 나는 물었다.

“아니.” 그는 말했다. “아무도 네가 온다고 말해주지 않았는데…. 네가 뭘 해야 하는지는 알고 왔니?”

“아뇨, 몰라요. 벤구리온이 저를 이리로 보내서 왔을 뿐이에요.”

“그렇구나. 참모총장인 야콥 도리Yaakov Dori가 많이 아파서 그의 책상과 의자가 비어 있어. 당분간 거기에 앉아 있는 게 어때?”

몇 시간 후, 벤구리온이 양옆에 군사고문을 데리고 사무실에 들어왔다. 그가 걸어가면서 곁눈으로 나를 힐끔 쳐다보았다.

“좋아. 시몬, 왔구나.”

그는 주머니에서 구깃구깃한 종이 몇 장을 꺼내서 내게 주었다. 종이에는 2가지 목록이 써져 있었는데, 하나는 짧았고 다른 하나는 길었다.

“이건 현재 우리가 가진 무기들이고,” 그는 짧은 목록을 가리키며 말했다. “이것들은 앞으로 우리에게 필요한 무기들이다. 우리가 지금 가지고 있는 무기만으론 우린 끝장이야.” 긴 목록을 가리켰다.

“제가 뭘 하면 되죠?”

나는 벤구리온이 긴 목록을 건네는 중에 물어보았다.

“간단하지.” 그는 말했다. “이 무기들을 최대한 빨리 찾아주면

된다.”

나는 빌린 책상으로 돌아가서 종이에 적힌 무기 목록을 검토했지만, 마치 내가 모르는 언어로 쓰여 있는 쇼핑 리스트를 읽는 것 같았다. 메모지와 연필을 찾으려고 책상서랍을 열어보니, 서랍 안에서 야콥 도리 장군이 감춰둔 게 분명한, 벤구리온에게 보내는 편지가 있었다. 참모총장 자리를 제안 받았지만 그 자리를 거절한다는 내용이었다.

“나는 단 6일짜리 참모총장이 되기를 원하지 않습니다.” 그는 편지에 이렇게 썼는데, 내가 동료한테 물어보기 전까지는 이해가 되지 않았던 내용이었다.

“왜 장군이 참모총장 자리를 거절한 거지?” 나는 물었다.

“이유야 많지.”

“예를 들면?”

“총알 말이야.” 그가 말했다.

“무슨 뜻이야?”

“목록을 봐.” 그는 우리가 이미 가지고 있는 무기 목록을 가리키면서 말했다. “600만 개의 총알.”

“와, 엄청나게 많은 양인데!” 내가 놀라며 말하자 그가 웃었다.

“전쟁이 시작되면, 총알이 하루에 100만 개는 필요할 거야.” 그는 떠나기 전에 덧붙였다. “쉬운 일이 아니지.”

이것이 장군이 의미하던 바였다. 그는 1주일 치도 안 되는 탄약으로 방어전을 펼칠 의향이 없었다. 이것은 나에게 2가지 충격을 주었다. 첫째, 나는 국가가 전쟁을 하게 되면 우리 모두가 위험에 빠질 것을 알았다. 심지어 큰 위험이 될 수도 있었다. 하지만 심각한 위험이라면? 장비와 보급이 불충분해서 1주일이 지나기도 전에 탄약 비축량이 고갈된다는 것은 끔찍한 전망이었다.

하지만 이 폭로된 사실 자체보다 더 충격적이었던 것은, 이 분야의 전문가인 사람에게 중요한 대의를 위해 도움을 요청했음에도 어려워 보인다는 이유로 거절했다는 것이었다. 벤구리온은 별로 중요하지 않은, 부수적인 계획을 위해 도움을 청하는 것이 아니었다. 그는 핵심적인 계획, 즉 아직 탄생하지 않은 국가의 방어와 시오니스트 꿈의 실현을 위해 장군에게 도움을 요청한 것이었다. 물론 압도적으로 대담한 도전 같아 보이지만, 이러한 도전에 단호하고 희망적인 "예!"라는 대답 말고 우리 역사(그리고 우리의 미래)에 어울릴 만한 대답이 있었을까?

나는 내 마음속에서 울리는 할아버지의 음성을 들을 수 있었다.

"항상 유대인으로 있어다오."

유대인으로 있다는 것은 내게 여러 의미를 가졌지만, 무엇보다도 먼저 유대인을 위해 필요한 일을 할 수 있는 도덕적 용기를 가지는 것을 의미했다. 그 당시에 나는 벤구리온의 목록에 있는 무기가 무엇인지도 몰랐다. 탄약과 동맹, 무기와 전쟁에 관한 결정이 내려져야만 했고, 경험도 부족하고 지위도 낮은 나였지만, 나는 이 도전 앞에서 도망가지 않고 온전히 받아들이기로 했다.

우리 자신을 지킬 유일한 방법은, 금수 조치를 깨고 무기를 불법으로 구입하며 몰래 고국으로 밀수하는 것뿐이었다.

많은 사람들이 나를 엄청난 모순덩어리라고 여긴다. 지난 40년간 나는 이스라엘에서 가장 강력하게 평화를 외치는 비둘기파 중 하나였고, 평화에 몹시 집중하는 사람으로 알려져 있었다. 하지만 나의 정치생활 중 첫 20년 동안에는 평화를 좇는 게 아니라 전쟁을 준비하는 데 모든 시간을 쏟았다. 당시에 나는 이스라엘의 가장 적극적인 매파 중 하나로 불렸다. 이 사실을 반추해볼 때, 내 노력과 인생관은 외부환경의 격동적 변화와 그에 따른 전면적인 도덕적 변화에 의해 유동적일 수밖에 없었던 것 같다. 시적인 표현처럼 들릴지 모르겠지만, 실제로는 매파든 비둘기파든 딱히 아무것도 존재하지 않는다는 모순이 있다. 즉 내가 변한 게 아니라 상황이 변한 것이었다.

평화는 추구해야 할 합당한 목적이지만, 전쟁은 마지못해 태어난 기능이다. 이성적인 사람이라면 어느 누가 전쟁을 좋아하겠는가? 나는 평화의 가능성이 보였을 때 전력으로 그것을 좇았다. 아랍의 지도자들이 협상에 개방적인 태도를 보였을 때, 나도 협상을 선호한다고 말했다. 선지자들의 예언은 평화와 정의, 도덕과 관용에 대한 것이었다. "그리고 그들은 칼을 쟁기로, 창을 가지치기의 낫으로 다시 만들 것이다." 토라는 말한다. "국가는 다른 나라를 향해 칼을 들지 않으며, 다시는 전쟁을 배우지 않을 것이다." 이것이

유대인들을 이끄는 비전이었다.

하지만 우리의 상황은 상당히 다를 때도 있었다. 이웃의 아랍 국가가 협상 대신 우리를 말살하려고만 했을 때 말이다. 한때 이스라엘은 적에 둘러싸여 무방비하게 내팽개쳐 있었으며, 큰 위험이 끊임없이 닥쳐왔다. 평화가 불가능했던 시기였고, 내가 타협 없는 매파였던 시절이었다.

우리가 거의 확실하게 파멸을 맞이할 뻔한 이유는, 이웃 국가의 악의적인 의도 외에도 또 있었다. 중동은 서방의 무기 금수 조치 하에 있었으며 영국과 미국, 프랑스는 중동 사태에 중립적인 태도를 취하기로 약속했다. 그러나 실제로는 오직 이스라엘만 금수 조치의 진정한 피해자였다.

서방은 우리에게 무기를 공급하지 않았지만, 소련은 우리의 멸망을 노리는 아랍 국가들에게 무기를 공급하는 데 열심이었다. 우리의 적들은 이미 거대한 군대를 무장시킬 수 있는 무기를 자유롭게 사들여왔지만, 우리는 6일치 탄약과 정식 훈련을 받지 않은 의용군(대부분 농부들과 홀로코스트 생존자들로 이루어진)뿐이었다. 공격에 대응할 무기들을 구할 방법조차 없었다.

우리 자신을 지킬 유일한 방법은, 금수 조치를 깨고 무기를 불법으로 구입하며 몰래 고국으로 밀수하는 것뿐이었다.

며칠 전만 해도 나는 키부츠에서 소의 젖을 짜고 있었다. 하지만 이제 나는 내 인생의 가장 극적인 시기로 내던져졌다. 나는 무기

판매상과 친분을 맺고, 무기 밀수업자와 동업해야만 했다. 위조여권을 이용하여 비밀임무를 수행했고, 음지에서 내가 살 수 있는 한 최대한의 무기를 샀다.

이윽고 나는 우리가 찾고자 했던 무기의 극히 세부적인 사항까지 숙지했고, 뿐만 아니라 그 무기를 얻기 위해 필요한 거래의 전문가가 되었다. 나는 특정 종류의 소총이 가진 사소한 결함부터 거대한 전함이 대서양을 가로질러 무기를 운반하는 데 필요한 연료량에 이르기까지 무기에 관한 모든 것을 배웠다. 그리고 나는 최고의 장비를 제시간에 운반하는 데 필요한 여러 가지 요소들을 교묘하게 조합하여 유추하는 일에 정통하게 되었다.

당시 오직 한 국가만이 우리에게 직접 무기를 팔겠다고 했다. 체코슬로바키아였다. 철의 장막 뒤에 있던 소련의 다른 위성국가들은 무기 보이콧에 참여했지만, 스탈린은 오히려 서방의 금수 조치에서 기회를 엿보았다. 그는 무기를 판매함으로써 이 신생 사회주의 국가를 자신의 공산주의 제국에 가까워지게 할 수 있다고 믿었다. 그래서 스탈린은 체코슬로바키아로 하여금 우리가 그토록 원하던 무기들을 제공하도록 허락했다.

그때 우리가 받았던 무기에는 충격적인 상징성이 담겨 있었는데, 대부분의 무기가 점령당한 체코슬로바키아 영토에 나치가 세운 공장에서 생산되었다는 점이다. 한때 우리에게 발포된 그 무기가 이제는 우리를 보호하는 데 쓰이게 된 것이다.

하가나 본부에 도착한 지 6개월 만에, 나는 겨우 시간에 맞춰 상당한 양의 무기를 비축할 수 있었다. 1947년 11월의 마지막 한 주 동안, 유엔 총회의 '유엔 결의안 181'에 대한 두 달간의 토론이 최고점에 다다랐다. 결의안이 채택될 경우, 영국의 통치가 끝나고 팔레스타인을 아랍과 유대인의 두 국가로 분할함으로써 우리의 독립 선언과 이에 따른 즉각적인 무장충돌이 이어질 상황이었다.

하지만 우리 정부 내외에선 결의안 투표가 가결될지 부결될지 아무도 장담하지 못했다. 결의안이 채택되려면 회원국가 3분의 2 이상이 찬성해야 했는데, 이것은 산을 오르는 정도가 아니라 절벽을 등반하는 것과 같은 험난한 도전이었다. 11월 26일, 우리는 라디오에서 각국 대표들이 우리의 운명을 손에 쥐고 토론하는 것을 들었다.

아랍 국가들은 한결같이 결의안에 반대했으며, 유엔이 사태를 중재할 권한조차 없다고 주장했다. 사우디아라비아의 대표는 결의안을 "노골적인 공격행위"에 비유했고, 뒤이어서 시리아의 대표는 "역대급 정치 스캔들"이라 불렀다. 한 번 분할계획을 반대했었던 소련은 첫 번째로 결의안을 지지했으며, '하나의 국가'라는 해결책은 "실행 불가능하며 비현실적"이라 주장했다. 같은 연설에서 소련의 대표는 아랍 국가들의 주장들을 일축하면서 유엔은 국제적인 평화의 이름 아래 개입할 권한이 있을 뿐만 아니라 유엔의 헌장에 의거한 의무가 있다고 주장했다.

토론이 끝날 때까지 우리가 충분한 지지를 얻었는지 장담할 수가 없었다.

"오늘 저들은 길에서 춤을 추겠지.
내일 저들은 길에서 피를 흘릴 것이다."

1947년 11월 29일, 투표 당일에도 의사를 밝히지 않은 나라가 7곳이었다. 그리고 수많은 국가의 지지약속을 얻었음에도 불구하고 그 모든 약속이 지켜질지는 누구도 장담하지 못했다.

텔아비브에 황혼이 내려앉을 무렵, 수많은 사람들이 투표상황을 청취하기 위해 확성기가 설치된 마겐 다비드(Magen David, 다윗의 별 – 옮긴이) 광장에 모였다. 확성기로 유엔 총회의 상황이 들려왔다. 장내를 정리한 후 총회의 의장인 오스발도 아라냐Osvaldo Aranha가 결의안의 투표를 개시했다. 우리는 전 세계의 유대인 공동체와 함께 가슴 졸이며 투표 상황에 귀 기울였다.

"아프가니스탄? 반대. 아르헨티나? 기권. 오스트레일리아? 찬성."

모든 국가가 불리고 이어지는 답변이 귓속에 울렸다. 숨이 완전히 멎는 것처럼 느껴질 지경이었다. 벤구리온과 나는 마치 걸으면 시간이 빨리 가기라도 하는 듯이 서성거리면서 방송을 들었다.

"엘살바도르? 기권. 에티오피아? 기권. 프랑스? 찬성."

순간 장내가 소란스러워졌고, 의장은 의사봉을 내리쳤다.

"방청객 여러분께 부탁드립니다. 투표를 방해하는 행위를 삼가 주시길 바랍니다." 의장은 방청석에 모인 관중에게 경고했다. "저는 여러분이 이 의회에서 내려진 결정에 대해 예의를 지켜주실 것을 확신합니다." 그는 준엄하게 경고한 후 회의를 계속했다.

시간이 흘렀다. 광장의 사람들은 남은 투표가 행해지는 동안 서로를 꽉 껴안고 무언가 놀라운 일이 곧 일어나기를, 아직 믿어지지 않더라도, 바라고 있었다.

"우루과이? 찬성. 베네수엘라? 찬성인가요? 예멘? 반대. 유고슬라비아? 기권."

또다시 우리는 투표종료를 의미하는 의사봉을 내리치는 소리를 들었다. 그리고 유대인 장구한 역사의 흐름을 바꾸기에는 너무나도 짧고 단순한 선언을 들었다.

"결의안은, 채택 33표, 반대 13표, 기권 10표입니다."

군중들의 요란한 환호가 터져 나왔다. 광장에는 따뜻한 포옹과 믿을 수 없다는 웃음, 희망과 기쁨의 눈물, 그리고 심사숙고의 순간들이 있었다. 텔아비브 전역으로 소식이 퍼져나가면서 사람들이 모두 거리로 쏟아져 나왔다. 벤구리온과 나는 수천 명의 유대인들이 서로 손을 잡고 계속해서 호라hora를 추는 것을 보면서 같이 서 있었다. 2,000년의 망명 기간 동안 우리에게는 단 한 번이라도 고향으로 돌아가는 꿈, 그보다 더 절실한 꿈은 없었다. 테오도르 헤르츨이 "유대인 국가를 보호해줄 집의 주춧돌을 쌓는" 시오니즘 운동을 시작한 지 50년이 갓 지난 후였다. 세계 역사를 기준으로 보면 우리는 현저하게 빠른 속도로 이 목표를 달성했다. 하지만 유대인의 최근 역사(가장 최근에는 유럽의 유대인들이 거의 멸종할 뻔한 것과 600만 명의 무고한 사람들이 학살된 것)를 기준으로 보면, 우리는 아슬아슬한 순간에 결승선에 들어왔음을 절대로 잊을 수 없었다.

이 기쁘고 경이로운 순간에 쉽사리 휩쓸릴 수도 있었지만, 벤구리온과 나는 축하는 아직 이르다는 것을 잘 알았다. 단지 유엔 결의안만으로는 유대인 국가를 보증할 수 없었기 때문이다.

"오늘 저들은 길에서 춤을 추겠지. 내일 저들은 길에서 피를 흘릴 것이다." 그는 자신의 수첩에 이렇게 썼다.

그의 말이 맞았다. 결의안이 채택된 지 불과 며칠도 지나지 않아, 우리는 아랍 민병군이 정착지의 유대인들을 공격한다는 보고를 받았다. 중동 여기저기에서 투표에 대한 보복으로 유대인들이 공격받는다는 참혹한 전보가 도착했고, 대대적인 파괴의 상세정보(시리아에서 회당과 집이 잿더미로 변한 것, 이집트부터 레바논까지 유대인들이 폭력적인 군중에게 쫓기는 것)가 뒤따랐다. 아랍연맹은 결의안 제정을 막고, 유대인들을 강제로 내쫓으며, 이스라엘 국가가 지도에 그려지기도 전에 파괴하려는 자신들의 의도를 드러내기 시작했다.

이러한 상황이었지만 벤구리온은 정식 독립선언문의 초안을 작성하기로 했다. 11월 결의안이 통과되자마자 영국은 그 지역에서 통치권을 상실했지만, 떠나는 날짜가 확실하게 정해지지는 않았다. 영국은 1948년 5월 14일 금요일 밤, 자정을 알리는 종이 울리자마자 마지막으로 남아 있는 군대를 이스라엘에서 철수시킬 것으로 보였다. 벤구리온은 영국의 통치가 끝나고 우리의 자유가 시작되는 역사적인 순간에 틈이 생기지 않도록 하기 위해, 영국군이 떠나기 바로 직전에 독립을 선언할 생각이었다.

이처럼 정신없이 돌아가는 날들 중에도 나에게는 드물게 조용한 순간이 찾아왔다. 그런 순간에 내 머릿속을 가득 채운 건 앞으로 해야 할 일이 아니라, 부모의 사랑밖에 모르던 내 첫 딸 쯔비아였다. 쯔비아는 이제 막 말을 배워 "아바Abba, 아바Abba!" 하고 나를 불렀다. 나를 부르는 쯔비아의 목소리가 머릿속에서 한시도 떠나지 않았고, 그럴수록 앞으로 다가올 싸움에 걸려 있는 그 무엇이 더욱 간절해졌다.

1948년 5월 14일 오후, 안식일 전 마지막 몇 시간 동안 나는 책상에 앉아서 전쟁을 준비했고 벤구리온은 텔아비브 미술관의 단상 중심에 서서 우리의 국가를 축성할 말을 준비했다. 엄청난 보안 위험 때문에 우리는 참석할 손님과 기자들에게조차 행사가 시작되기 몇 분 전까지도 이 행사의 존재와 행사장 위치를 비밀로 했다. 장관들이 하가나 의장대 사이로 사진기자들의 플래시 세례를 받으며 지나갔고, 이 소동과 더불어 환호하는 관중들 역시 거리로 나왔다. 참석자들은 곧 명명될 이스라엘 교향악단의 연주소리와 함께 미술관의 화랑 중 한 곳을 통해 입장했다. 미술관의 벽들은 텔아비브의 시장인 메이어 디젠고프Meir Dizengoff의 개인 소장품으로 채워져 있었다. 수많은 유대인 화가들이 망명생활 2,000년 동안의 유대인의 삶을 묘사한 작품들이었다.

13명의 임시 장관들이 연단 위에 선 벤구리온의 양옆에 자리를 잡았다. 이 순간까지 유대인을 이끌어온 남자 뒤에는 50년 전 이 모험을 시작한 남자의 초상화가 걸려 있었다. 헤르츨은 이제 액자

속에서 우리 모두가 바랐던 꿈의 정점을 지켜보고 있었다.

벤구리온은 의사봉을 두드리며 정숙을 명했지만, 이곳에 모인 사람들은 걷잡을 수 없는 열광에 사로잡혀 있었다. 이내 누가 먼저랄 것도 없이 영국이 금지했던 '하티크바(Hatikvah, 이스라엘 국가 – 옮긴이)'를 부르기 시작했다. 그리고 벤구리온은 그 자리에 모인 모든 사람들이 일평생 동안 듣기를 기다려왔던 말을 시작했다.

"우리는 이로써 팔레스타인 내에 이스라엘이라 불릴 유대인 국가의 수립을 선언합니다."

화랑은 우레와 같은 승리의 박수와 함께 조용한 슬픔의 눈물이 터져 나왔다. 지난 2,000년간 우리가 얼마나 멀리 돌아왔는지, 얼마나 많은 것들이 희생되었는지가 떠올라 북받치는 감정을 억누를 수가 없었던 것이다.

행사의 마지막 순서로 관현악단이 '하티크바'를 연주하는 동안 관중들은 경의를 표하며 침묵했다. 그들이 조금 전까지 열광하며 함께 불렀던 것은 국가를 위한 행동이라는 소명이었고, 공통된 꿈으로 흩어졌던 사람들을 다시 뭉치게 만든 것이었다. 이제 이 노래는 훨씬 더 큰 의미를 지니게 되었다. 단지 '희망'이라는 단결된 외침이 아닌 역사적 정당성의 선율이며, 단지 독립운동의 찬가가 아닌 주권국의 국가國歌였다.

이스라엘 공영 라디오 방송국은 이 행사를 생방송으로 중계했다. 이 선언은 굉장한 속도로 전국을 넘어서 전 세계로 퍼져나갔다. 엄청난 불확실성의 한가운데에서 이스라엘의 시민들은 각 가정에서 벤구리온의 말을 들었다. 나치의 손에 죽은 수백만 명의 사람들을 대신해서, 그 시각까지도 여전히 세계 각지에서 끊임없이 위협에 시달리는 수백만을 대신해서, 우리의 독립선언을 들은 것이다. 또한 그들은 과거를 대신해서, 위기의 순간에 상상력을 발휘해 길을 만든 사람들, 고향을 향한 모험을 처음으로 시작한 개척자들을 대신해서 들었다. 그리고 수백 년간 지속되어온 이 싸움의 중요한 목적 중 하나인 다음 세대의 유대인들과 아직 태어나지 않은 자손들을 대신해서 들었다.

예상대로, 우리가 자유를 얻자마자 사방에서 전쟁이 일어났다. 5월 15일에 시리아, 이집트, 요르단, 이라크가 공격을 감행했다. 북쪽에서는 시리아가 킨네렛 호수 반대편에 있는 유대인 정착지를 공격하기 위해 탱크와 장갑차로 무장한 여단과 포병대대를 보냈다. 이집트군은 남쪽에서 침략했고 인근의 도시와 정착지, 키부츠들을 공격했다. 그들은 이스라엘 비행장과 남부 정착지에도 폭격을 감행했으며, 결국에는 텔아비브 시내 한가운데에 위치한 버스 정류장까지 폭격했다. 그동안 요르단은 아랍 연합군을 예루살렘 내로 진격시켜 전쟁 중 가장 규모가 큰 전투를 부추겼고, 그 과정에서 보급을 끊으면서 병사들뿐만 아니라 도시에 살고 있던 사람들을 심각한 식량부족과 물부족으로 몰아넣었다.

수적으로도, 화력으로도 열세였지만 우리는 일방적으로 당하고만 있지는 않았다. 우리 군은 거점을 사수하기 위해 온갖 수단과 방법을 가리지 않았다. 예컨대 데가니아 키부츠에서 시리아군은 화염병과 수류탄으로 무장한 이스라엘 저항군에 막혀 진군을 멈추었다. 그런 식으로 집단 정착지마다 이스라엘군의 반격으로 아랍군은 진격을 멈추는 양상이 되었다. 체코슬로바키아로부터 애타게 기다리던 무기를 실은 선박이 도착하자, 이스라엘 공군은 하늘에서 강력한 공격을 퍼부으며 대응할 수 있었고, 이에 진군하던 이집트군은 혼란에 빠져 퇴각했다.

영국이 더 이상 국경을 통제하지 못하게 되자, 유대인 이민자들이 이스라엘로 홍수처럼 몰려왔다. 몇몇은 나치 수용소에서 바로 난민 수용소로 보내졌는데, 그들은 이스라엘로 들어갈 수 있는 허가가 떨어지기를 기다려야 했다. 예를 들면 키프로스에서는 약 2만 2,000명의 유대인들이 2년 동안이나 기다렸다. 다른 사람들은 근처의 아랍 국가로부터 강제로 쫓겨났다. 그들은 집도 없는 채로 국경 지역에 도착했거나 위험한 여행을 마친 직후였지만, 바로 돌아서서 새로운 국가를 위해 싸웠다. 1948년 5월 전쟁을 시작할 당시 우리의 병력은 3만 5,000명도 안 되는 수준이었다. 하지만 1949년 전쟁이 끝날 무렵에는 10만 명이 넘는 사람들이 시오니스트 대의를 위해 무기를 들었다.

최전선에 있던 이스라엘 방위군은 벤구리온의 명령에 따라 싸웠다. 사령부에서 내리는 전략대로 움직이는 것은 엄청난 용기가 필요한 일이었다. 사령부는 전쟁계획을 짜고 명령을 내리며, 군사정보들을 처리하고 분석했다. 전선의 위대한 영웅들이 노력으로 고동

치는 심장이라면, 사령부는 뇌와 같았다. 풍전등화인 상황에서 우리는 체계적으로 준비하거나 면밀하게 정보를 분석할 시간이 없었다. 이제 막 일어서는 새 국가의 군대는 해볼 수 있는 모든 시도를 다 하고 있었다. 휴식은 승리만큼이나 멀어 보이는 꿈이었다.

당시 벤구리온과 나는 직책상으로 보면 아무리 좋게 봐줘도 하늘과 땅 차이였다. 하지만 그의 사무실과 내 사무실 사이의 거리는 얇은 합판 두께 정도에 불과했다. 덕분에 벤구리온과 나는 몇 달 동안 힘겨운 시간을 보내며 신뢰를 쌓았고, 결국 나는 그를 가장 열렬하게 숭배하던 사람에서 그의 가장 가까운 조언자가 되었다.

이토록 놀라운 전환은 불과 몇 달 전만 해도 상상조차 하지 못했다. 하지만 위기의 순간에서 맺어진 유대는 굉장히 강력했다. 처음에 우리의 협력관계는 꽤 편안하게 발전했다. 벤구리온은 내가 혼신을 다해 일하는 것, 사명완수를 위해 잠까지 줄여가며 매진하는 것을 좋게 본 것 같았다(어느 날 벤구리온은 "시몬, 불 끄는 것을 잊지 말고!"라고 직접 쓴 메모를 올려두었는데, 나는 그 메모조차 버리지 않고 내 책상 위에 모셔두었다). 시간이 지날수록 그는 나를 믿고 의지하기 시작했다. 나보다 더 경험이 많고 직위가 높은 사람들이 놀라워할 정도로, 그들보다 내 말을 더 귀 기울여 들었다.

"왜 그 청년을 믿지요?" 그들은 자주 이렇게 물었고, 벤구리온의 답변은 항상 같았다.

"3가지 이유가 있지. 그 청년은 거짓말을 하지 않는다. 그 청년은 다른 사람들을 흉보지 않는다. 그리고 그 청년이 내 방문을 두드릴 때는 대부분 새로운 아이디어를 가지고 온다."

나를 폄하하는 사람들을 설득하기엔 너무나 단순한 대답이었지만, 내겐 나 자신에게 자주 묻던 질문, "왜 나일까?"에 대한 완벽한 대답이었다. 이윽고 정부에서의 직위가 올라갈수록 나와 벤구리온의 관계는 개인적인 신뢰에서 공식적인 책무로 확장되었다. 하지만 벤구리온이 살아 있는 동안 내 공식적인 지위는 우리 사이에 형성된 유대의 깊이와는 아무 상관이 없었다.

1949년 초에 이르러서 아랍 국가들은 방어태세를 취했다. 군사들은 부상을 입고 퇴각했으며, 전쟁에 지쳐 있었다. 이스라엘에 부족했던 무기와 자원은 체계적인 준비로 보충이 되었다. 그리고 적들이 풍부하게 지녔던 자원은, 다행히도 혼란 속에서 이미 소진되어버린 후였다. 1949년 2월, 이집트가 마침내 현실을 받아들이고 휴전협정에 서명하면서 전쟁을 포기했다. 한 달 후, 레바논이 협정에 서명했고, 4월에 요르단도 따랐다. 최후까지 저항했던 시리아는 1949년 7월 20일에 굴복했다. 사실 그 즈음에는 우리도 무기를 많이 소모해 비축량이 위험 수위까지 떨어졌었다. 하지만 그 후로 당분간 전쟁은 일어나지 않았고, 대신 취약하고 불안한 휴전으로 대체되었다. 우리가 잃은 것(전쟁에서 잃은 무고한 목숨들)을 위해, 우리가 얻은 것만큼은 그 어떤 의심의 여지도 없이 확고히 지켜야만 했다. 그것은 바로 우리만의 영토와 운명을 지배하는 것이었다.

하가나 사령부에서의 첫날, 독립전쟁과 유엔 결의안 가결 전에 나는 이례적인 만남을 가졌다. 나는 책상에 앉아서 문서들을 검토하고 있었는데, 레비 에슈콜의 사무실에서 우레와 같은 성난 목소리가 터져 나오는 것을 들었다. 당시 미국에서 하가나의 임무를 이끌고 있던 테디 콜렉Teddy Kollek이 텔아비브로 다시 날아와 있었다. 몇 달 동안 그는 사령부의 커뮤니케이션 체계에 불만을 제기했다. 그는 에슈콜을 찾아가서 특히 텔아비브로 보낸 수십 개의 전보가 무시당하고 답변이 없었던 것에 대해 격렬히 항의했다.

콜렉은 에슈콜에게 미국에 있는 지하의 연줄이 중요한 무기 공급처 중 하나가 되었음을 상기시켜주었으며, 이러한 커뮤니케이션 혼란은 작전실패로 이어질 수 있다고 주장했다. 마침내, 콜렉은 에슈콜에게 최후통첩을 했다. 그의 전보에 즉각 답할 수 있는 사람을 배정하든가, 자신의 사퇴를 받아들이든가.

에슈콜이 문틈으로 내 별명을 불렀을 때, 나는 그러한 앞뒤 사정을 전혀 알지 못했다.

"융어만Jungermann!" 그는 이디시어로 '청년'을 뜻하는 말로 다시 한 번 내게 소리쳤다.

"융어만!"

내가 에슈콜의 사무실로 얼른 뛰어 들어갔을 때, 콜렉은 아직도 화를 버럭버럭 내고 있었다.

“오, 좋아. 여기 왔군.” 에슈콜은 히브리어로 말했다.

“융어만, 자네 영어 할 줄 아는가?” 그는 물었다.

“아니요.” 나는 답했다.

“미국에 가본 적은 있나?”

“아니요.” 나는 다시 답했다.

에슈콜은 희미하게나마 흡족한 미소를 지었다.

“음, 완벽해.” 그는 말했다. “자네가 딱이야.”

콜렉은 도무지 믿을 수 없다는 표정(그리고 그 즉시 격분했다.)이었지만 에슈콜은 신경 쓰지 않았다.

“걱정 말게나.” 그는 별일 아니라는 듯 무덤덤하게 말했다. “이 청년은 누구보다 일을 잘할 거야.”

그 말과 함께 그는 나를 사무실에서 내보냈고, 나는 약간 난처한 기분으로 내 책상으로 돌아왔다. 결국 전쟁이 지속되면서 콜렉은 내가 성실하고 신중하게 그의 전보에 답한다는 것을 알게 되었고 나를 믿어주었다. 그럼에도 불구하고 그날 아침의 기억은 마치 척수에 꼬집힌 신경처럼 남았고, 종종 내 짧은 가방끈과 부족한 영어실력을 상기시키려는 듯이 나를 쿡쿡 찔러댔다.

이러한 결점은 확실히 나의 부족한 점이 되었다. 영어를 모른다는 것은 세계의 대부분과 소통할 수 있는 공통언어가 없다는 뜻이고, 이는 나의 앞날을 방해할 것이 분명했다. 물론 영어는 어쩌면 내 수많은 결점 중 하나일 수도 있다. 전쟁 중에 벤구리온은 내 조언에 의지했는데, 나는 조언을 길어낼 내 우물(역량)이 충분히 깊지 않으면 어쩌나 하고 두려워했다. 나는 국제 정세와 역사 지식이 필수인 세계, 경제학과 정치학이 지혜의 전제조건인 세계로 내던져졌다. 나는 대학에 가본 적이 없었다. 심지어 고등학교 졸업장도 받지 못했다. 내가 선천적으로 지니고 있던 재능은 이 시점까지는 충분했을지 몰라도, 이제 곧 한계에 부딪힐 것 같았다. 내가 알기로 나는 이미 그런 상황이었다.

이스라엘의 자유가 보장된 1949년 봄, 나는 벤구리온에게 이러한 사정을 얘기하고 그에게 허락해주기를 부탁했다. 나는 뉴욕에 가서 교육을 끝마치는 동시에 미국에 남아 국방부 사절단의 일부분으로서 이스라엘을 대표하고 싶다고 말했다. 다행히 그는 열렬하게 지지해주었고, 1949년 6월 14일, 나는 소냐와 쯔비아를 데리고 지구 반대편으로 떠났다.

뉴욕에 도착한 후, 우리는 맨해튼의 어퍼 웨스트사이드와 리버사이드 드라이브의 모퉁이에 위치한 7개의 방이 있는 아파트로 이사했다. 우리는 아파트를 '키부츠'라 불렀는데, 함께 살았던 사람들 대부분이 이스라엘 정부를 위해 일했기 때문이다. 소냐는 일요일에 모두에게 아침을 만들어주곤 했고, 그들은 번갈아가면서 쯔비아를 돌봐주었다. 우리는 창문 밖으로 웅장한 느릅나무들과 그 뒤로 펼쳐진 허드슨강, 강물 위에 반짝반짝 빛나는 태양을 볼 수 있었다.

나는 뉴스쿨New School for Social Research 대학의 야간수업에 등록했는데, 이곳은 정말 놀라운 곳이었다. 이곳 교수진 중에는, 가

끔이지만 야심찬 강의로 전학생을 황홀하게 했던 펠릭스 프랑크퍼터Felix Frankfurter 대법관 같은, 세계에서 가장 유명한 지식인들도 포함되어 있었다. 뉴스쿨 대학교는 나의 지적, 학문적 발전에 가장 큰 영향을 준 곳이었다. 60년이 지난 지금까지도 여전히 그곳은 나의 학습의 원천이다.

물론 처음 몇 달간은 어려움이 많았다. 능숙한 영어가 필요한 과목들을 듣는 동시에, 영어 자체를 새로 배우려다 보니 때때로 좌절감을 맛보았다. 하지만 몇 개월이 지나자 나는 다른 사람들과 편안하게 대화할 수 있었다. 그러자 내 앞에 진정한 뉴욕이 펼쳐졌다. 나는 그곳 사람들이 타인을 높게 평가하고, 기꺼이 타인의 공로를 인정하는 데 놀랐다. 또한 친절한 성품과 태도, 참신한 문화 역시 좋았다. 그리고 도시를 가득 채운 무수히 많은 나라 사람들(영어회화를 배우려는 외국인들이 늘 많았다.)의 생경한 억양들을 좋아했다. 미국에 온 모든 이들의 마음속에 미국의 야심 찬 약속이 살아 있는 것처럼 보였다.

나는 수업이 끝난 후에 '키부츠'로 돌아와서 아침이 올 때까지 계속 교과서를 읽곤 했다. 이 혼자만의 시간들은 황홀했던 지적 향연이었다. 잠잘 시간이 고작 몇 시간뿐이었지만, 나는 매일 일어나 할 일을 계속했다.

전쟁은 끝났지만 미국 사절단의 자세는 변하지 않았다. 이스라엘은 자국을 보호할 무기가 없었다. 비축해둔 무기들은 전쟁으로 고갈되었고 오직 남은 건 부품이 맞지 않는 대포와 임시변통의 항공기뿐이었다. 방어역량은 전문적인 수리기술을 가지고 있는 기술자 팀에 거의 전적으로 의존하고 있었다. 하지만 서방의 금수조치는 계속 제자리에 머물러 있었다. 심지어 처음부터 너그럽게 유대인 국가를 인정했던 미국조차 전쟁 초기에는 무기판매를 거부했다. 절체절명의 위기의 순간에 우리는 선택지가 별로 없는 상황에 놓였고, 살아남을 수 있는 유일한 길을 택했다. 나는 다시 낯선 암시장 무기거래에 뛰어들었고, 국방군을 세우는 작업을 시작했다.

무수한 모험들이 나를 기다리고 있었다. 한번은 쿠바의 트로피카나 호텔에서 무기 판매상과 만날 약속을 잡았다. 무기상은 12시에 오라고 했다. 하지만 그날 점심에 내가 호텔에 도착해서 들여보내달라고 부탁하자 경비는 대놓고 나를 비웃었다. 그의 유창하지 못한 영어를 듣고서 나는 그가 왜 웃는지 깨달았다. 약속시간은 정오가 아니라 자정이었던 것이다. 정말 풋내기로 보였을 것이다.

언젠가 나는 콜롬비아 정부로부터 영국제 구축함 2대를 구입하는 거래를 주선했다. 그들에게는 더 이상 필요가 없는 함선이었다. 나는 보고타에서 콜롬비아 대통령, 외무부 장관과 거래를 성사시켰지만, 거래에 서명하기 전에 카르타헤나 항구로 비행기를 타고 가서 직접 함선을 확인해야 했다. 콜롬비아 장군이 나를 공항으로 안내했고 우리는 낡은 비행기에 탑승했다. 그런데 비행기가 이륙한 지 1시간쯤 지났을 때, 빽빽한 밀림 어딘가의 상공에서 비행기 왼쪽 엔진에 불이 붙었다. 건장한 장군은 공포에 질린 채 나를 보았다.

"뭘 할지는 자네가 정해야 하네." 그가 말했다.

"우리가 선택할 수 있는 게 뭔데요?" 나는 평정을 유지하려 애쓰면서 물었다.

"밀림에 불시착할 수도 있지만, 그러면 숲에서 빠져 나오는 데 몇 주가 걸릴 수도 있네."

"다른 선택은 무엇입니까?"

"계속 카르타헤나로 비행하면서 비행기가 폭발하지 않길 기도하는 것이지."

나는 잠시 멈추었다.

"저는 두 번째를 선택하겠습니다."

우리는 숨 막히는 공포 속에서 이후 말 한 마디 없이 위험한 여행을 계속했다. 다행히도 여행은 활주로 위에서 안전하게 끝났다. 그리고 다행히 주문한 구축함들도 상태가 아주 좋았다.

국제적으로 주목할 만한 큰 거래가 종종 있음에도 불구하고, 우리가 성사시킨 대부분은 미국에서 중개할 수 있는 거래들에 집중돼 있었다. 미국에서 우리는 수상쩍고 불길해 보이는 사람들로부터 탱크와 항공기, 모든 종류의 대포들을 자주 샀다. 그다음에는 이것들을 부품으로 분해해 밀반출해야 했는데, 이 부분은 전적으로 트럭 운전사 노동조합인 팀스터즈와 협력관계를 잘 구축해둔 덕분에 가능했다. 우리에게 가장 호의적으로 도움을 준 사람은 디트로이트 지역 팀스터즈 지부의 책임자인 지미 오파Jimmy Hoffa라는 남자였다.

"자전거도 만들지 못하는데 미치지 않고서야 어떻게 비행기를 만들 수 있다고 생각하는가?"

수년간 같이 일했던 모든 사람들 중에 우리 활동에 가장 중요했던 사람은 알 쉬머Al Schwimmer였다. 그는 훈장을 받은 유대계 미국인으로 조종사이자 항공 기술자였는데, 정말 재미있고 활력이 넘치는 사람이었다. 알은 독립전쟁 중에 활기찬 미국인 동료 조종사들과 함께 이스라엘 공군에 입대했는데, 그들은 그곳에서 조금 무모하고 소란스럽지만 굉장히 용감하다는 평판과 함께 빠르게 인정받았다.

전쟁이 끝나고 알은 캘리포니아로 돌아갔지만, 그 후로도 신생국가를 지켜내고자 하는 우리의 대의에 기꺼이 동참하고 깊이 헌신했다. 그는 로스앤젤레스 바로 북쪽에 있는 조용한 비행장의 외진 구석에 있는, 창고보다 약간 더 큰 비행기 격납고를 하나 빌렸다. 몇 가지 연장 세트를 구입했고, 믿을 만한 사람들을 몇 명 고용했다. 그중에는 전쟁에 함께 참전했던 조종사들도 있었다. 격납고 안에는 아무리 좋게 봐주려고 해도 아마추어들이 임시변통으로 탄생시킨 작업물 같은 것들뿐이었지만, 알과 그의 팀은 믿을 수 없이 빠른 속도로 비밀리에 우리를 위한 정비공장을 만들어냈다.

언뜻 보기엔 알의 팀이 새로 설립된 이스라엘 항공사 엘알(El Al, "하늘로 향한다."는 뜻이다.)의 첫 항공기를 만든다는 것은 도저히 불가능해 보였다. 그들이 하고자 했던 것은 바로 고물 부품들을 어엿한 항공기로 개조하는 것이었다. 지금 되돌아보면 기도 안 차게 놀랍고도 무모한 일이었다. 나는 평생 동안 엄청난 재능을 가진 수많은 사람들을 만났지만, 알 쉬머만큼 기술에 능숙했던 사람은 쉽게 떠오르지 않는다. 극히 적은 자원으로도 그와 그의 팀은 어떤 상황에서도, 어떠한 비행기라도 고쳐 날게 만들었다.

한번은 미군의 고물 머스탱 전투기 30대를 폐기되기 전에(이러한 군수품은 다른 용도로 사용할 수 없도록 파괴해서 폐기하는 것이 기본이었다.) 구입하려고 시도했지만 실패했다. 파쇄를 막지 못했던 전투기들은 두 동강 났고 한 술 더 떠서 날개도 절단되었다. 하지만 알의 팀에게는 그저 사소한 문제에 불과했다. 그들은 재빨리 텍사스의 고물 야적소에서 그것들을 다시 구입해와 재조립한 후 시험비행을 해보았다. 우리는 시험비행에 성공한 전투기들을 또다시 분해해 이스라엘로 선적하여 보냈다.

시간이 흐르면서 알과의 동맹은 더욱 단단해졌고 가장 중요한 관계가 되었다. 나는 미국에서 구입한 비행기를 전부 알에게 보냈다. 가끔 그는 완성된 항공기를, 안전하지는 않지만 분명히 최단거리인, 북극을 통하여 직접 이스라엘까지 조종해서 옮기기도 했다.

우리는 미국에서 비행기들을 밀반출하기 위해 그것들이 영화 소품이라는 변명을 포함해 온갖 계획을 만들어냈다. 비행기가 이륙하는 것이 실사 촬영 장면의 일부분이라는 인상을 만들어내기 위해 알은 실제로 가짜 영화사를 세웠고 나는 엑스트라들을 고용했다. 하지만 이 비행기들은 활주로로 되돌아오지 않은 채 체코슬로바키아로 날아가 그곳에서 무기와 탄약들을 싣고 이스라엘로 갔다.

언젠가 내가 캘리포니아를 방문하던 중 알은 구조작전을 도와달라고 나에게 요청했다. 우리의 최고의 조종사들 중 1명인 로이 커츠Roy Kurts가 이스라엘로 비행기를 운송하던 중 캐나다 뉴펀들랜드에서 추락했다는 것이다. 알은 수색 구조작전을 시작하려고 했지만 그러려면 이스라엘 항공기에 비밀리에 접근해야 했다. 엘알은 이 위험한 임무에 자신들의 항공기를 제공하는 데 주저했다. 결국 그들은 나에게 1가지 조건을 받아들이면 허락해주겠다고 했다. 그 조건은 내 시야에서 비행기가 벗어나지 않도록 하는 것이었다.

7일 동안 알과 나는 얼음 황무지 위를 샅샅이 돌며 비행했다. 커츠의 비행기가 추락했을 거라 생각되는 지역 위에서는 크나큰 원을 그리며 돌았다. 밤이 되면 캐나다 래브라도의 구스 베이에 있는 활주로에 착륙했고 아침이 되면 다시 하늘로 향했다. 하늘 높이 떠 있는 시간들은 지루했지만 강렬한 경험이었다. 우리는 아래에 있는 땅을 조사하면서 며칠간 심오한 대화에 빠졌다. 대화의 내용은 우리가 가장 열망하는 것들과 우리를 가장 불안하게 만드는 것들, 이스라엘의 현재와 미래에 관한 것들, 본질적으로 지속 불가능하기에 위태로운 현재의 국가안보에 관한 것이었다.

그렇게 하늘 위에서 7일을 보낸 후, 우리는 커츠를 찾을 수 없다는 비극적인 현실과 마주해야 했다. 하지만 나는 우리의 임무가 결코 헛된 것이 아니라고 생각했다. 비록 커츠는 사망했지만 그의 애

국심은 알과 나를 더욱 가까워지게 했기 때문이다. 툰드라 위를 날며 커츠를 찾는 동안, 알과 나는 이스라엘 안보를 바꿀 수 있는 야심찬 결론에 이르렀다. 스스로를 방어하려면 이스라엘은 항공기를 자체적으로 수리하고 만들 수 있어야 한다는 것이다. 우리는 캘리포니아에 있는 알의 격납고를 이스라엘로 옮겨야 했고, 그다음에는 대규모 확장에 투자하여 자그마한 신생기업이었던 엘알을 제대로 된 항공기 회사로 바꿔야 했다. 그렇게 하면 우리가 사들였던 항공기들의 수명도 연장시킬 수 있을 것이었다(우리가 어디로부터 사들였든지 간에). 게다가 이스라엘에는 전쟁 중에 파손되었지만 수리가 가능한 항공기들이 있었기에 수리할 수 있는 시설이 필요했다. 또한 알은 수익을 창출할 기회가 있다고 주장했다. 전 세계에는 아직도 2차 세계대전 시절의 항공기들이 수천 대나 남아 있다. 알은 그것들을 사들여서 고치고 다시 다른 나라에 수출하면 군사적인 기능을 수행하는 것 외에도 상업성 있는 후방산업을 만들 수 있다고 믿었다. 우리는 심지어 자체적으로 비행기를 설계하고 만드는 환상을 갖기도 했다.

그것은 아름다운 꿈이었다. 나는 알의 독창적인 아이디어와 영향력이 아무 막힘없이 뻗어나가고 발휘되길 바랐다. 이스라엘의 텔아비브에 알과 그의 팀이 자리 잡으면 어떤 모습일까 상상했다. 우리가 구입한 항공기들의 수명이 두세 배로 연장되면 우리 함대의 규모도 늘릴 수 있을 것이다. 그것만으로 이스라엘의 모든 안보문제를 한 번에 해결할 수는 없겠지만, 여러 가지 문제들을 해결할 가능성을 열어둘 수는 있을 것이었다.

이러한 상상은 마치 나이 먹는 별처럼 내 마음속에서 점점 더 팽창하더니 대단한 열기와 웅장한 광채로 다른 생각들을 밀쳐냈다. 우리가 함께했던 나머지 비행 동안, 그리고 그 후로 수일, 수주에 걸쳐 나는 알과 내가 함께 상상해낸 세상을 실현시키기 위한 전략적인 문제들을 해결하는 데 집중했다.

그러나 호사다마라 했던가. 이렇게 대담한 발상은 역풍을 맞게 되었다. 독립전쟁이 끝나고 몇 년 후, 이스라엘은 금융위기에 빠져들었다. 이스라엘은 엄청나게 많은 돈이 들었던 전쟁에서 회복하는 중이었고, 동시에 자국으로의 대규모 이민을 장려하는(그리고 경험하는) 중이었다. 3년 만에 이스라엘의 인구는 60만 명에서 120만 명으로 2배 증가했지만, 우리는 이를 지탱할 수 있는 국가를 아직 만들지 못했다. 새로 도착한 사람들은 텐트촌보다 약간 나은 수준의 이민자 수용소에서 근근이 살아야 했다. 음식은 공용식당에서 정부가 제공했지만 엄격하게 배급되었다. 새 이민자 수용소 중 몇몇 곳은 50명 당 단 1개의 화장실이 있었다. 아무리 봐도 혹독하고 비위생적인 환경이었지만, 그럼에도 1952년경에는 22만 명 이상이 이러한 방식으로 살아야 했다.

이스라엘에 일찌감치 정착한 사람들도 상황은 크게 다르지 않았다. 정부는 음식을 얼마만큼 살 수 있는지, 심지어 신발을 몇 켤레 사도 되는지까지 하나하나 지시했다. 엄격한 배급으로 빈곤이 계속

되었고, 이는 신생국가의 크나큰 아픔이었으며 급히 손봐야 할 국가적 비상사태였다.

그러니 당장 굶어 죽게 생긴 마당에 항공 산업을 세우자는 내 주장이 얼마나 황당하게 들리겠는가? 동료들이 회의적인 태도로 비웃으리라는 것을 나 역시 알고 있었다. 이상주의적인 청년의 터무니없는 생각이라며 일언지하에 묵살될 것 역시 예상했다. 그럼에도 나는 내 자신이 옳다는 것을 알았고, 그들의 불신과 회의 때문에 이처럼 중요한 발상을 접어버린다는 것은 어불성설이라고 생각했다. 내가 옳다면 나는 기꺼이 홀로 서야만 했다.

그래서 나는 항공 산업을 밀어붙이기로 결정했다. 벤구리온은 국가의 역량을 키우는 데 투입하고자 나를 불렀기 때문에, 나는 그 누구보다도 그를 설득하고 싶었다. 운 좋게도 그 즈음에 벤구리온이 총리 자격으로 미국을 처음으로 방문해, 캘리포니아에서 단기간 체류할 예정이라는 소식을 들었다. 나는 벤구리온이 알의 발상을 믿으려면 우선 알을 믿어야 한다고 생각했다. 이 발상의 가능성을 직접 눈으로 봐야만 설득에 성공하리라는 것을 알고 있었다.

알의 작업장에 도착했을 때 벤구리온은 크게 놀라워했다. 격납고에서 알과 나는 그와 동행하면서 이 팀이 만들어낸 최고의 작업물 중 일부를 선보였다. 그리고 잠시 후, 알은 항공기를 수리하고 재건하는 데 쓰인 장비를 가리켰다.

"뭐라고?" 벤구리온은 완전히 놀라면서 물었다. "고작 이 정도의 기계를 가지고 비행기를 개조할 수 있다고?"

쉬머가 끄덕였다.

"이스라엘에는 바로 이런 게 필요하네." 벤구리온이 답했다. "더 나아가서 진정한 항공 산업이 필요해. 이스라엘은 자주적이어야 하네." 내가 듣고 싶어 했던 말이었다.

"제 생각에도 맞는 말입니다." 알이 답했다.

"그렇게 생각해주니 기쁘군." 벤구리온이 말했다. "이스라엘로 돌아와서 우리를 위해 항공 산업을 세워줄 것을 기대하겠네."

벤구리온은 곧장 이스라엘로 돌아가서 군사고문들과 내각 관료들을 모았다. 그들과 함께 항공 산업의 계획을 추진하는 것에 대한 대화를 시작했다. 오래지 않아, 그는 뉴욕으로 전보를 보냈다. 이제 바야흐로 알이 이스라엘로 떠날 시간이자, 나도 다시 고향으로 돌아갈 시간이 되었다.

나는 이스라엘로 귀환해 더욱 장려한 임무로 옮기길 고대하고 있었다(하지만 나는 몇 학점만 더 얻으면 학위를 딸 수 있었기에 그 부분은 솔직히 실망스러웠다). 소냐와 나는 짐을 싸면서 우리가 이 도시에서 지낸 시간을 떠올리며 추억에 잠겼다. 두 사람 모두에게 정말로 축복된 시간이었다. 이곳을 떠나는 게 어떤 점에서는 힘들겠지만, 언젠간 다시 방문하러 돌아올 거라고 생각했다. 하지만 그 시원섭섭한 마음은, 이스라엘 흙을 다시 밟는 것에 대한 흥분과 비교도 되지 않았다.

고국에 돌아와서 알과 나는 군 지휘관들과 만났다. 예상했던 대로 그들은 이러한 계획이 어리석고 무모하며 터무니없다고 말했다. 공군 참모총장은, 이스라엘은 우리가 설명한 계획이 필요도 없고 그것을 수용할 만한 능력도 없다며 손사래를 쳤다. 경제학자들과 산업 전문가들 역시 마찬가지였다. 이스라엘이 자체적으로 비행기를 만들어 세계 시장에 수출할 수 있다는 것은 웃기는 생각이라고 했다. 그들은 어떤 이스라엘산 제품도 팔리지 않을 것이라며 회의적인 눈으로 바라봤다. 심지어 누군가는 "이스라엘의 유일한 산업은 자전거지."라고 소리쳤다. "그리고 자네들도 자전거 산업이 최근에 망한 걸 잘 알고 있지 않은가? 자전거도 만들지 못하는데 미치지 않고서야 어떻게 비행기를 만들 수 있다고 생각하는가?"

우리는 이스라엘에 전문 기술이 없다고 확신하는 기술자들과 얘기해야 했다. 그들은 비행기처럼 이렇게 복잡한 것을 만들고 관리할 사람이 없다고만 계속 이야기했다. 또한 각료들은 비용 문제를 물고 늘어지며 계속 화를 내고 있었다.

"우리가 무슨 돈으로 그 많은 비용을 댈 수 있겠는가?" 한 장관이 부르짖었다. "혹시 잊었을까 봐 말하는 건데, 이스라엘은 미국이 아니야. 우리는 예산이 없어. 인력도 없고. 그리고 우리는 확실하게 그게 필요가 없다네!"

거의 모든 사람들이 똑같이 말하는 상황이었다. 공손하지만 단호하게 거부당했다. "이 발상은 믿기지 않을 정도로 장대했다." 나는 수년 전 이렇게 기록했다. "또한 실체도 없고 모호해서 그들은 듣는 즉시 일축해버릴 수 있었다." 그럼에도 불구하고 나는 부족함 때문에 도전을 포기해버린다면 절대로 굉장한 것들을 달성하지 못한다는 것을 알았다. 더욱 강하고 번영하는 국가를 건설하기 위해서는 우리의 일시적이고도 현실적인 한계보다 더욱 높은 곳을 향해 시선을 두어야 했다.

보통의 상황이라면 이러한 반응들은 우리가 계획을 시작하기도 전에 가해진 치명타와 같았을 것이다. 하지만 이 시기에는 벤구리온이 엄청난 영향력을 가지고 있었고, 막대한 압력을 행사할 수 있었다. 나는 이번만큼은 그에게 반드시 성사시켜달라고 간청했다. 그가 제안한 것은 내가 예상했던 것을 훨씬 뛰어넘었다. 그는 계획을 추진할 것을 승인할 뿐만 아니라 내가 직접 계획을 감독하기를 기대한다고 말했다. 나는 그때 겨우 29살이었지만 갑자기 국방부 부국장으로 임명되었다.

1952년 1월, 우리 가족은 미국에서 돌아와 텔아비브의 작은 아파트로 이사했다. 7개월 후, 소냐는 우리의 첫 아들인 요니Yoni를 출산했다. 축하와 기대로 충만한 시절이었다. 집에는 아름다운 가족과 대단한 사랑이 나를 지켜주었고, 직장에서는 나의 멘토이자 영웅인 그분 곁에서 열정적으로 일하며 성취했다. 그는 내가 불가능해 보이는 계획을 추진할 수 있도록 늘 축복해주었다.

해결해야 할 난관은 끝이 없었다. 그중에서도 재무부로부터 우리의 초기예산을 절반으로 깎겠다는 통보를 받은 날은 절대로 잊지 못할 것이다. 정말로 선견지명이 없는 결정이었고, 신생국가나 신생산업에는 특히 더 치명적인 발상이었다.

스스로가 작고 약하면 우선 이걸 먼저 물어봐야 한다. 어떤 종류의 투자를 키울 것인가? 여기서 말하는 '투자'는 여러 가지를 뜻할 수 있다. 시간과 돈, 그리고 (가장 중요할지도 모르는) 마음이다. 누구나 인생을 살면서 끊임없이 앞으로 나아가고 도약하길 원한다. 실패할 가능성은 최대한 피하고 싶어 한다. 하지만 실상은 '위험을 두려워하는 것'이 가장 큰 위험인지도 모른다.

물론, 우리가 팀의 일부라면, 우리를 제외한 다른 사람들은 위험을 감당하기보다는 피하는 쪽에 표를 던질지 모른다. 그럴 땐 어떻게 해야 할까? 우리의 노력을 접는 대신 나는 다른 방법을 모색했다. 아직까지 생각해내지도 못했고 존재하지도 않는 제3의 대안을 반드시 찾아내야 한다고 생각했다. 내 권한 내에서 나는 부족한 예산의 일부분을 충당하기 위해 국방부 예산을 약간만 따로 챙겨두었다. 그리고 나는 내가 감수하고자 하는 위험의 필요성을 본능적으로 알아차릴 만한 개인 기부자들에게 연락을 취했다. 우리는 이러한 경로를 통해 수백만 달러를 모았으며, 관료들의 반발을 피해서 계획을 힘차게 시작할 수 있게 되었다. 우리는 히브리어로 '정비'를 뜻하는 베덱 항공 Bedek Aviation이라고 사명을 지었고, 1954년 첫 격납고의 건축을 개시했다.

기공식은 쏟아지는 비판을 감수할 수밖에 없었다. 건축을 끝내기도 전에 시작한 정비작업도 마찬가지였다. 그래도 나는 우리가 이 계획을 시작한 순간부터 성공하리라고 확신했다. 그리고 5년 만에 항공기 사업은 이스라엘에서 가장 많은 사람들을 고용하는 사업이 되었고, 시끄럽던 비판의 목소리는 조용한 속삭임이 되어 점점 사라져갔다. 하늘에서 탄생한 이 발상은 순항하고 있었다.

1959년에 우리는 '6일 전쟁'으로 알려진 '제3차 중동전쟁'에서 국가를 방어하는 데 사용했던 이스라엘의 첫 항공기를 만들었다. 이윽고 우리는 우리의 비전 중 가장 대담하고 야심찬 부분까지 이루어냈다. 바로 항공기를 자체적으로 생산해 전 세계로 수출하는 것이었다(최근에는 심지어 러시아에도 수출했다). 알이 처음으로 렌치를 든 지 수십 년이 지난 후, 이스라엘 항공 산업은 제품라인에 우주위성이 추가된 것을 기념하기 위해 이스라엘 항공우주 산업Israel Aerospace Industries, IAI로 개명했다. 오늘날에는 전 세계 대부분의 국가들이 위성 서비스를 이용하지만, 이스라엘은 여전히 위성을 스스로 궤도에 올릴 수 있는 손에 꼽히는 몇 안 되는 나라들 중 하나다.

하지만 처음 몇 달 동안, 나는 항공 산업 역시 우리가 가진 여러 문제들 중 일부분만 해결할 수 있다는 것을 상기했다. 수리받기 위해 줄 서 있던 비행기들은 정비공장이 아니라 항공역사박물관에 있어야 할 것처럼 보였다. 다시는 하늘을 날면 안 되는, 전 세계로부터 온 퇴역한 항공기들의 전시회 같았다. 내가 뉴펀들랜드 상공에서 고심했던 문제(어떻게 이스라엘의 안보를 유지할 것인지)는 부분적으로 답이 나왔다. 우리는 여전히 취약한 상태였다.

인구가 200만 명도 안 되는 나라가
세계의 초강대국들과 어깨를 나란히 한다는 발상은
틀림없이 대담한 용기가 필요했다.

1950년대 초에 나는 이 문제와 끝없이 씨름했으며, 벤구리온이 1953년에 정부 업무를 임시로 그만뒀을 때 더욱 전념했다. 그는 수년간의 투쟁으로 육체적으로나 정신적으로 지쳐 은퇴 의사를 밝혔고, 네게브Negev 사막에 있는 스데 보케르Sde Boker 키부츠로 하야하기로 결정했다. 그 당시에 우리는 그의 은퇴가 고작 1년 조금 넘게 지속될 줄을 전혀 알지 못했다. 우리는 어쩌면 이 노인이 영원히 끝났다고 생각했던 것 같다. 벤구리온은 떠나기 전에 그의 무임소 장관인 핀하스 라본Pinhas Lavon을 새 국방부 장관으로, 나를 국방부의 사무총장으로 임명했다. 나와 함께 바젤로 가는 배를 탔던 모셰 다얀은 국방부의 참모총장으로 임명되었다. 외무부 장관인 모셰 샤레트Moshe Sharett는 새 국무총리가 되었다.

앞에서도 언급했지만 모셰 다얀은 내가 평생 동안 가장 흠모한 사람이었다. 그는 훌륭한 군사 전략가였으며 나의 가장 친한 친구 중 하나였다. 그와 함께 일하게 된 것은 무척 기뻤지만, 벤구리온이 더 이상 우리 곁에 없다는 사실과 우리가 이스라엘을 군사강국으로 도약시켜야만 하는 과업을 맡았다는 사실은 나와 모셰에게 굉장한 압박감을 주었다. 나는 밤늦게까지 사무실에 붙어 있었고, 집에 가서도 수없이 많은 밤을 지새우며 일했다. 군사력을 늘리려고 고군

분투했을 때에는 적어도 벤구리온의 지도력이 있었다. 그러나 그의 부재로 인해, 우리가 다시 공격당하기 전에 의지할 만한 무기의 공급처를 찾을 수 있다는 내 자신감은 곤두박질쳤다.

우리에게 필요했던 것은 파트너(동맹)였다. 역할을 제대로 하고 있는 국제연합과 그나마 가장 비슷했던 것은 체코슬로바키아와의 은밀한 무기거래 관계였는데, 이쪽은 전적으로 비밀도 잘 유지되고 있었다. 어떤 면에서 우리는 홀로 헤쳐 나가는 것에 대단한 자부심을 느꼈고, 그 어떤 박해에도 유대인은 굴복하지 않는다는 증거로서 국가를 처음부터 세워나갔다.

우리는 늘 다른 국가들의 선의를 받아들일 준비가 되어 있었지만, 국제정세가 요동치는 상황에서 그들이 선뜻 친선을 요청해오기까지는 요원해 보였다. 오히려 우리 쪽이 더 노력을 해야 했다. 우리는 전 세계를 대상으로 우리의 평판을 바꿔서 다른 나라들의 눈에 친구처럼 보여야 했다.

인구가 200만 명도 안 되는 나라가 세계의 초강대국들과 어깨를 나란히 한다는 발상은 틀림없이 대담한 용기가 필요했다. 우리는 속국이 아니라 그나마 주권국가로라도 보여야 했다. 하지만 영국은 이스라엘을 불신과 악의을 갖고 대했으며, 중동으로의 무기수출 금지 조치를 확고히 했다.

한편 미국은 이스라엘을 인정했고, 가장 중요한 순간에 이스라엘에게 정당성을 주었다. 하지만 드와이트 아이젠하워Dwight Eisenhower 대통령은 미국이 아랍-이스라엘 간 갈등에 개입하는 걸 원치 않았으며, 중립을 유지하고자 했다. 이는 이미 결정된 사안이었고 얼마 동안 유지되었다. 우리는 우리의 삶(유대국가의 존재)을 위한 불확실한 교전을 지속했고, 세계가 문을 걸어 잠근 상황에서 고군분투했다. 필사적으로 동맹을 찾던 나는 오직 하나의 가능성에 매달릴 수밖에 없었다. 심사숙고 끝에 나는 프랑스로 눈을 돌렸다.

프랑스도 영국이나 미국과 마찬가지로 금수 조치를 발동하는 중이었다. 하지만 나는 프랑스가 우리를 비밀리에 돕도록 설득할 만한, 그들과의 감정적인 연결점을 찾을 수 있지 않을까 하고 생각했다. 당시 프랑스 정부를 쥐고 있던 급진당Radical Party은 나치의 잔혹한 손아귀 아래에서 살았던 저항군의 여러 영웅들을 지도자로 삼고 있었다. 몇몇은 실제 강제 수용소에 수용되어 고통을 겪기도 했다. 우리에게 남은 마음의 흉터는, 물론 같은 것은 아니었지만, 같은 악에 의해 남겨진 것이었다. 나는 이 점에서 공통된 유대감을 찾을 수 있지 않을까 하고 기대했다.

게다가 나는 프랑스가 동맹을 맺을 만한 실질적인 이유를 보았다. 프랑스의 민간 방위산업은 항공기와 탱크를 포함한 다양한 종류의 무기를 제조해왔으며, 이스라엘을 새로운 고객으로 받아들일 가능성이 있었다. 뿐만 아니라 이집트의 대통령인 가말 압델 나세르Gamal Abdel Nasser는 프랑스와 이스라엘에 위협이 되었는데, 이집트가 그 당시 프랑스 영토였던 알제리에 있는 반군에게 무기를 제공하고 있었기 때문이다. 한편 나세르는 여전히 이스라엘 국가를 파괴하기 위해 주변 국가들을 선동했다. 이스라엘을 멸망시키는 것이 위대한 미덕이라 설파하며 국경을 수시로 급습했다. 만약 공통된 유대감만으로 부족하다면, 나는 공통된 목적을 위해 프랑스와 동맹을 맺을 수도 있다고 생각했다.

벤구리온은 프랑스와 협력관계에 대해 항상 회의적인 태도를 보였었다.

"프랑스놈들?" 내가 매번 프랑스를 언급할 때마다 그는 소리쳤다. "프랑스놈들 말이냐? 그놈들은 전쟁에서 패배하지 않았느냐! 왜 전쟁에서 패배했는지 걔네들한테 물어봐라. 나도 알고 싶구나."

"제가 확인해봤고, 제가 내린 결론은 이거였습니다." 나는 답했다. "적이 협력하지 않아서예요."

얼마 후 벤구리온이 스데 보케르로 떠났기 때문에, 나는 신임 총리인 샤레트, 라본과 상의했다. 하지만 그들도 비슷한 반응이었다. 라본은 프랑스와 협력하는 작전을 "바보같다."고 표현했다. 그는 영국과 미국의 마음을 바꾸는 데 집중해야지 다른 데 신경 쓰는 것은 쓸데없는 짓이라고 주장했다.

예루살렘에서는 모셰 다얀만이 나에게 지지와 신뢰를 보내주었다. 그 외에는 아무도 나를 지지하지 않았다. 보통의 상황이라면 이러한 모든 국제적 외교활동에 대해 외무부가 발 벗고 나서서 도와주었겠지만, 나는 아무 지원도 받을 수가 없었다. 그럼에도 내 상상력의 불꽃은 여전히 타오르고 있었다. 모든 장애물을 무릅쓰고 나는 길을 나섰다.

큰 꿈을 좇고 그 대가를 치르든가,
다른 사람들에게 비웃받지 않고 무난하게 어울리기 위해
자신의 야망을 줄이거나 포기하든가, 둘 중 하나다.

처음 파리로 출발했을 때, 나는 불어를 한 마디도 못했고 프랑스의 문화나 생활방식 역시 전혀 몰랐다. 아무 준비 없이 무작정 길을 떠난 어리숙한 바보로 보였을 것이다. 그럼에도 나는 희망으로 가득 찬 채 비행기에 탑승했고, 모든 사람이 불가능하다고 결론내린 일을 과연 내가 해낼 수 있을지 시험해보고 싶었다.

파리에 도착하자마자 나는 대외 무기판매의 책임자로 알려진 부총리 폴 레노Paul Reynaud의 사무실로 전화했다. 나는 통역사를 통해서 근처에 있으니 만나서 얘기하고 싶다고 전했다. 그는 즉시 나를 자신의 사무실로 초대했다.

우리는 훈훈하지만 한편으로는 꽤 긴장감 있는 대화를 나눴다. 어쨌든 결론은 생산적인 대화였다. 대화를 마칠 무렵 그는 이스라엘에 장거리 대포를 판매하겠다고 했다. 우리는 그가 제시한 수량보다 훨씬 더 많은 양의 무기가 필요했지만, 그래도 이러한 종류의 합의는 일종의 분수령이 되었다. 이스라엘이 강대국과 맺은 첫 무기 거래이자 진정한 동맹을 향한 첫 걸음이었기 때문이다. 어찌 기뻐하지 않을 수 있겠는가?

나는 자리에서 일어나 레노와 악수하면서 그의 공감과 지원에 감사를 표했다. 그가 나를 사무실의 문까지 배웅해줄 때, 나는 갑자기 질문이 떠올라서 발걸음을 멈췄다.

"부총리님, 실은 제가 정부 간에 거래를 할 때 비용을 어떻게 지불하는지 그 구체적인 절차를 전혀 모릅니다."

나는 우선 100만 달러를 프랑스 국방부 계좌에 입금하고, 나중에 잔액을 지불하면 어떻겠느냐고 제안했다. 레노는 동의했다.

그 후로 수년간, 나는 이스라엘과 프랑스를 자주 오가며 이스라엘 방위군의 무기와 장비를 구입했다. 그러면서 프랑스의 장군들, 정치인들, 내각 구성원들과도 만났다. 프랑스 국무총리실의 경제학자였던 조르주 엘고시Georges Elgozy라는 알제리 출신 유대인의 도움도 받았는데, 그가 프랑스 정부에 이스라엘에 더 많은 종류의 전투기를 공급해달라고 설득했다. 이 전투기들은 1967년 제3차 중동전쟁에서 승리를 거머쥐는 데 중요한 역할을 했다.

여담이지만, 어느 날 엘고시가 자신의 노모께서 손금을 보실 줄 안다며 나를 자신의 아파트로 초대했다. 그의 집으로 들어가 보니 엘고시의 어머니께서 마치 거실이 당신의 법정인 양 신비롭게 앉아 계셨다. 인사를 건네며 내 소개를 하자 어머니는 손바닥을 내밀어 보라고 했다. 그리고 마치 내 영혼의 지도를 살피는 것처럼 내 손바닥의 선과 주름을 찬찬히 뜯어보았다. 잠시 후 그녀는 아들을 올려다보고 간단히 네 마디를 했다.

"그가 원하는 대로 해주렴."

엘고시는 어머니의 말씀을 깊이 새겨듣는 것처럼 보였다. 그래서인지 다음 날 국무총리인 피에르 멘데스 프랑스Pierre Mendes France의 사무실과 지척 거리에 있는 자신의 사무실을 나에게 사용하라고 권했다. 그 후 나는 엘고시를 통해 프랑스 정치계에 출입할 자격을 얻었고, 그곳에서 국무총리를 비롯한 수십 명의 프랑스 지도자들과 친분을 쌓을 수 있었다.

불어는 한 단어도 모르고, 프랑스의 문화나 예의 역시 전혀 모르는 채로 왔지만, 프랑스 지도층은 그런 나를 길 잃은 아이처럼 따듯하게 받아주었다. 거들먹거리거나 거부하기는커녕 나를 프랑스 사교계의 가장 핵심적인 자리에 데려가 주었고, 위대한 정치인들과 장군들, 작가들, 미술가들도 소개시켜주었다. 그들은 내 안에서 그들 자신의 모습을 보았으며, 거기에서 우리는 형언할 수 없는 유대감을 형성했다.

이것은 단지 개인적인 친분이나 유대감만이 아니었다. 독일의 점령은 정치적 위기뿐만 아니라 존재에 관한 위기이기도 했다. 점령과 부역의 유산은 프랑스인으로서의 정체성에 대해 오랫동안 고심해온 사람들의 영혼을 위태롭게 만들었기 때문이다. 또한 멘데스 프랑스를 비롯한 수많은 프랑스인들이, 이스라엘의 투쟁을 보며 자신들의 과거의 상처와 맞서는 듯한 동질감을 느꼈을지도 모른다.

우리의 새로운 친선의 유일한 장애물은 언어였다. 첫 여행에서는 통역사가 필요했지만, 나는 그 후로 프랑스에 갈 때마다 불어를 배울 기회로 삼고 집중적으로 공부했다. 이스라엘에 있을 때는 주

이스라엘 프랑스 대사와 대화를 연습했으며, 어떤 때는 혼자서 불어로 대화연습을 하기도 했다. 그리고 얼마 후 드디어 나는 통역사 없이 다닐 수 있게 되었다.

한번은 파리에 갔을 때 프랑스군 참모총장이 나를 저녁식사에 초대했다. 나는 그의 아내 옆 자리에 앉았는데, 식사를 시작 전에 그녀는 나에게 이렇게 속삭였다.

"페레스 씨, 저에게는 당신의 정당성을 설득시키지 않으셔도 됩니다."

"뭐라고요?"

"당신이 왜 여기 있는지, 뭘 위해 싸우는지 설명하지 않으셔도 된다는 말씀입니다."

"네? 왜 그렇습니까?" 나는 물었다.

그녀는 알맞은 단어를 찾으려는 듯이 잠시 멈추었다. 그러더니 갑자기 블라우스 소매를 살짝 걷어 올려서 팔뚝을 보여주었다. 내 질문에 대한 말없는 대답이었다. 그녀의 팔에는 가축처럼 문신으로 번호가 찍혀 있었다. 나치가 강제수용소에서 새긴 것으로 그녀는 홀로코스트 생존자였던 것이다.

프랑스 사교계 사람들을 만나 친분을 쌓았던 내 노력은 그저 한가하고 평화롭던 시절에 한 일이 아니었다. 고국에선 국경을 따라서 시시각각 긴장상태가 악화되고 있었으며, 특히 이집트 쪽이 심했다. 나세르는 가자Gaza의 테러리스트 부대를 지원하고 있었다. 페다인Fedayeen이라 알려진 이 테러리스트 그룹은 국경을 몰래 넘어서 이스라엘 민간인들을 공격했다. 우리는 매번 공격당할 때마다 반격했지만, 반격할 때마다 또 다른 공격이 되돌아왔다. 이처럼 국경지역의 긴장이 고조됨에 따라 전쟁은 피할 수 없는 것처럼 느껴졌고, 이집트가 공격계획을 세우고 있다는 첩보를 입수한 후에는 더욱 확실해졌다.

우리의 우려는 1955년 9월에 현실이 되었다. 나세르가 체코슬로바키아와 무기거래를 조인했다는 것을 우연히 알게 되었던 것이다. 그 협정에는 수백 대의 항공기, 탱크, 잠수함, 구축함은 물론이고 중대포와 무수히 많은 탄약상자가 포함돼 있었다. 이는 하룻밤 사이에 이집트를 군사강국으로 만들기엔 충분한 양이었으며, 이스라엘을 전멸시키려는 나세르의 위협이 실현되고도 남을 정도였다. 우리는 치를 떨며 분노했다. 한 달 후, 나세르는 홍해에서 에이라트Eilat로 이어지는 티란해협Straits of Tiran을 봉쇄하는 도발행위를 감행했다. 이스라엘로서는 절대적으로 확보해야만 하는 곳이 티란해협이었다.

그 즈음에 벤구리온은 정부로 귀환하여 다시 국무총리 겸 국방부 장관이 되었다. 그는 티란해협을 봉쇄하는 행위를 전쟁 도발로 간주했으며, 군사력을 이용하여 해협을 재개방하는 계획을 제안했다. 하지만 내각은 벤구리온의 계획에 회의적이었고 과반수가 반대표를 던졌다. 어쨌든 당분간 이 도발에 대한 대응은 없었다.

그동안 나는 프랑스에 대해 걱정했다. 프랑스와 협력관계는 세웠지만, 내부의 정치적 협력과 대립으로 얼룩진 이 관계를 시간이 흐름에 따라 어떻게 유지해 나가야 할지 고민스러웠다. 프랑스 정부는 갑작스럽게 혹은 어느 정도 규칙적으로 무너지는 패턴을 보였고, 때때로 이념의 양극 사이에서 미친 듯이 여야가 뒤바뀌기도 했다. 1956년 1월에 선거가 예정되었으며, 나는 현재의 정부인 급진당이 살아남을 수 있을지 궁금했다.

나는 이후 몇 달간 파리에서 개인적으로 기회를 모색해보기로 했다. 일단 야당과 관계를 맺어야 했다. 만약 선거 후에 야당이 정권을 잡을 경우를 대비하려면 야당 지도자와도 친분이 있어야 하니까 말이다. 그중 가장 중요했던 만남은 기 몰레Guy Mollet와의 사적인 저녁식사였다. 그는 야당의 우두머리이자 대단히 흥미로운 인물이었는데, 우리는 조그만 파리식 카페에서 처음 만났다.

몰레는 사회주의자였고, 내가 사회주의자라는 사실 역시 알고 있었다. 실제로 우리가 처음 만나 식탁에 앉았을 때, 그는 나를 '동지'라 부르면서 환영했다. 우리는 우리가 공유했던 세계관에 대해 진심으로 공감하며 유대감을 느꼈다. 이윽고 우리는 본론으로 들어갔다.

"당신이 원하는 것이 뭡니까?" 그는 물었다.

나는 급진당과의 일을 이야기했으며 내 걱정에 대해 솔직하게 말했다. 또한 그의 이념적인 관점에 공감하지만, 만약 그가 프랑스 정부를 장악할 경우 이스라엘의 입지가 취약해지는 것이 두렵다고도 이야기했다.

여러 코스의 요리들과 여러 잔의 와인이 오가며 식사가 계속되었고, 몰레는 종종 생각에 잠긴 듯한 표정으로 내 이야기를 진지하게 들어주었다. 저녁 식사가 끝날 즈음에, 그는 약속했다.

“만약 내가 당선된다면,” 그는 말했다. “당신이 도와달라는 요청에 응답하겠소.”

물론 고마운 말이었지만, 나는 어딘지 좀 석연치가 않았다. 내가 눈에 띄게 의심하는 태도를 보이자 그는 되물었다.

“왜 내 말을 의심하는 거요?”

“개인적으로, 당신을 의심하는 것이 아닙니다.” 나는 말했다. “하지만 나는 사회주의자들을 잘 압니다. 그들은 야당에 있을 때는 세상에 약속을 합니다. 하지만 권력을 가지게 되면 그 약속을 잊어버리죠.”

“누가 당신에게 그런 짓을 했소?”

나는 영국 정치인인 어니스트 베빈Ernest Bevin의 이야기를 들려주었다. 베빈은 야당에 있을 때는 이스라엘의 좋은 친구였다. 하지만 그가 외무부 장관이 된 순간, 엄밀히 따지면 영국이 폐기했음에도 불구하고 1939년에 유대인의 팔레스타인 이민을 금지시킨 ‘백서’를 집행하면서 이스라엘의 큰 적이 되었다.

“나는 베빈이 되지 않을 것이오.” 몰레가 답했다. “나를 믿어도 좋소.”

1956년 1월 2일, 나는 정말로 그를 믿어야 한다는 것을 알게 되었다. 급진당은 패배했고 몰레가 정부를 구성하는 임무를 맡게 되었다. 나는 충격을 받았고, 당시 우리가 나누었던 훈훈한 대화를 떠올려봤지만, 그럼에도 불구하고 그가 최종적으로 그 약속을 기꺼이 이행할지, 그리고 그럴 능력이 될지 상당히 걱정스러웠다.

수개월 후 그의 약속을 시험해볼 수 있는 기회가 찾아왔다. 내가 긴급연락을 받은 건 자정이 훨씬 지나서였다. 벤구리온이 나에게 즉시 자신의 집무실로 와달라고 요청하는 내용이었다. 가자에서 이집트군과의 무력충돌이 점점 격해짐에 따라 곧 나세르가 총력전으로 공격을 개시할 거라는 소식이 들려왔던 것이다.

"자네가 즉시 프랑스로 가줘야겠네." 벤구리온은 다급하게 말했다. "몰레한테 전할 편지가 있어. 그가 우리를 도울 수 있는지 알아봐주게." 편지는 나세르에 관한 이스라엘의 우려와, 그가 실질적으로 엄청난 양의 소련 무기들을 공급받고 있다는 것, 그리고 그의 행동이 "이스라엘 국가에 대한 공포스러운 위협"을 상징한다는 내용을 담고 있었다. 벤구리온은 프랑스의 긴급 원조를 요청했으며, 몰레의 지원 없이는 이스라엘의 국운이 위험에 빠진다는 것을 명료하게 인식했다.

나는 곧장 비행기에 올랐고, 도착하자마자 이번에는 카페가 아니라 국무총리 관저인 호텔 마티뇽Hotel Matignon에서 기 몰레를 다시 만났다. 나는 우리의 상황에 대해 간곡하게 이야기했다. 그러자 그는 시원스럽게 대답했다.

"아무것도 걱정할 필요가 없소. 우리는 당신들을 도울 수 있소."

그는 말했다. 그는 내가 그 말에 안도하는 것을 보았고, 미소와 윙크를 보내며 내게 한 가지 더 속삭였다.

"내가 베빈이 되지 않겠다고 당신에게 말하지 않았소?"

1956년 6월, 모셰 다얀과 나는 파리로 가서 군 고위 지도자들과 회담을 가졌다. 다얀은 침착하고 열렬하게 나세르가 곧 이스라엘을 공격할지도 모른다는 주장을 했으며, 프랑스와 합동작전의 가능성을 제시했다.

"우리는 나세르에 대항하기 위해 프랑스와 함께 행동할 준비가 되어 있습니다." 그는 설명했다. "프랑스가 우리에게 협력해주는 정도만큼 말입니다." 그 자리에 참석한 프랑스 장교들은 수긍했다. 적어도 원칙적으로 말이다.

"준비를 하려면," 내가 끼어들었다. "우리는 재무장을 해야 합니다. 이것이 유일한 방법입니다."

나는 프랑스 장교들에게 우리에게 필요한 무기와 장비 목록을 건넸다. 교섭의 여지를 남겨두기 위해 기대한 수량보다 부풀려서 적어놓았다. 놀랍게도 장교들은 움찔하거나 반박하지도 않았다.

다얀과 나는 더욱 커진 자신감을 느끼며 고국으로 돌아왔고, 곧 프랑스로부터 새로운 무기들을 받았다. 우리는 국경 급습을 막아내면서 나세르 쪽 병력의 움직임을 지속적으로 관찰했다. 1956년 7월, 나세르는 운명적인 결정을 선포했다. 그는 수에즈 운하를 국유화할 계획이었다.

이 운하는 영국과 프랑스의 공동 사업인 수에즈운하회사가 운영하고 있었고, 두 나라는 이 교역로를 통해 석유와 다른 필수품들을 운송했다. 이집트가 이 운하를 장악한다는 것은, 두 서방 세력에게 중대한 경제적 위기를 뜻했다. 프랑스는 이미 나세르와 전쟁을 치를 준비가 되어 있었다. 이제 영국도 비슷한 방향으로 기울어지고 있었다.

나세르가 교전을 선언했을 당시 나는 파리에 있었으며, 그다음 날 프랑스 국방부 장관 모리스 부르쥬-모누리Maurice Bourges-Maunoury와 회담을 가졌다. 그리고 그다음 날 오후에 이스라엘로 돌아왔는데, 공항에는 이미 벤구리온과 모셰 다얀이 나를 차에 태우러 와 있었다. 예루살렘으로 차를 타고 가던 중에 나는 두 사람에게 프랑스에서 내가 나눈 대화를 간략히 설명했다.

프랑스와 영국 둘 다 이스라엘과 협력하여 이집트의 위협을 제거하는 데 관심이 있었다. 영국은 이스라엘이, 영국과 조약을 맺은 요르단을 공격하지 않는 한, 협력할 의사가 있다고 했다. 아직 세부 상황 자체가 정해지지 않은 군사작전도 문제였지만, 작전을 개시하는 시기도 문제였다. 프랑스는 즉각적인 행동을 선호했지만, 영국은 정치적 해결점을 찾기 위해 2개월 더 기다리자고 했다. 벤구리온은 일반적으로 대화를 선호했지만, 영국이 전쟁에 가담하는 것에 대해서는 회의적이었다. 이집트의 공격 가능성이 점점 높아지고 있었기 때문에 그는 작전 시기에 관해서는 프랑스 쪽을 지지했다.

나는 논의를 계속하기 위해 곧 다시 프랑스로 건너갔다. 전쟁을 개시할지 여부를 넘어서, 군사작전을 어떻게 실행할지 세부계획을 논의하기 위해서였다. 나는 당시 외무부 장관으로 임명된 골다 메이어와 동행했다. 골다는 나를 가장 큰 골칫거리로 여겼다. 자신이 숭배해온 벤구리온으로부터 내가 신뢰를 얻어냈다는 게 그녀의 불만이었다. 또한 내 발상들을, 심지어 그녀가 보기엔 무모하고 공상적인 발상들을 벤구리온이 귀담아 들었다는 것 역시 불만이었다.

통상 외무부에서 이루어져야 했을 프랑스와의 외교관계를, 외무부 밖에서 맺은 것도 못마땅하다며 불만을 표했다. 나는 그녀가 나를 불신하고 미워해도 어느 정도는 그럴 수도 있다고 생각했다. 그녀는 수년간 벤구리온 곁에 있었고 나는 갑자기 나타났으니 말이다. 그녀의 입장이었다면, 나도 마찬가지로 속상했을 것 같았다.

프랑스에서 첫 회담은 우리의 관계를 개선하지 못했다. 놀랍게도 기 몰레는 회담에 참석하지 않았는데, 때문에 골다는 화가 많이 났다. 군사적 협력 가능성에 대한 의심도, 나에 대한 경멸도 고조되었다. 하지만 골다의 불만이 분노로 바뀐 건 프랑스 측이 제안한 전투계획을 듣고 나서였다. 그들이 제안한 시나리오는 훗날 '이스라엘의 명분Israeli pretext'으로 알려지게 되는데, 프랑스와 영국이 이 갈등에 개입할 타당성을 얻기 위해 이스라엘이 이집트를 선제공격하길 원한다는 내용이었다.

"이스라엘이 이집트를 공격해 전쟁을 시작하면," 프랑스 측 참석자 중 1명이 설명했다. "우리가 쌍방을 분리시키기 위해 개입할 것입니다. 이스라엘이 물러나고 이집트가 안 물러나면, 우리가 수에즈 운하에서 이집트를 축출할 명분이 생깁니다."

골다는 이거야말로 완전히 터무니없고 가망 없는 생각이라며 경악했다. 그녀는 프랑스가 기꺼이 우리와 협력하겠다고 약속한 것은 내가 과장한 것이고, 당혹스럽게도 내가 이스라엘을 위험하고 불확실한 길로 끌고 가려 한다고 여기는 것 같았다. 그리고 벤구리온 역시, 개인적으로 골다가 나에 대해 내린 평가에는 동의하지 않았지만, 그럼에도 불구하고 마찬가지로 프랑스의 제안에 우려를 표했다. 그는 '이스라엘의 명분'이 국제사회에서 이스라엘의 평판을 위태롭게 만들 것이라고 했다. 실상은 이집트가 이미 이스라엘에 전쟁도발을 한 번 했고, 침략도 여러 번 자행했는데 오히려 국제사회는 이스라엘이 전쟁을 일으켰다고 볼 거라는 걱정이었다. 그렇게 걱정하는 게 당연했다. 하지만 모셰 다얀은 내가 보기에도 꽤 설득력 있는 반박을 했다.

"영국과 프랑스에게는 우리가 필요 없습니다." 그는 벤구리온에게 솔직하게 말했다. "그들은 이집트 공군을 말살시킬 전투기를 충분히 보유하고 있습니다. 우리가 이 사태에 대해 가진 유일한 이점이자, 영국과 프랑스가 가지지 못한 유일한 것은, 그들이 군사작전에 참가하는 데 필요한 명분을 제공할 능력입니다."

벤구리온은 회의적이었지만 아직 합의가 가능하다고 믿었다. 그는 직접 파리로 가서 영국과 프랑스를 만날 때가 되었다고 결론지었다. 나는 즉시 파리로 전보를 보내 회담 날짜를 잡았다.

그 주 일요일에, 파리로부터 온 비행기가 우리를 회담장에 데려가기 위해 텔아비브에 착륙했다. 소수의 인원이 비밀스럽게 변장한 채 공항으로 갔다. 벤구리온은 그 특유의 흰머리를 가리기 위해 챙이 넓은 모자를 썼다. 다얀은 누구나 쉽게 알아볼 수 있는 안대를 벗고 대신에 어두운 선글라스를 착용했다(그가 프랑스와 무장협력을 계획하게 된 것은 꽤나 아이러니한 일이었는데, 그는 1941년에 프랑스 저격수가 쏜 총알을 맞고 한쪽 눈을 잃었기 때문이다).

우리가 공항에 착륙한 후, 벤구리온은 회담이 열릴 장소인 세브레Sevres의 별장으로 곧장 이동했다. 센 강변에 자리 잡은 세브레는 조용하고 유서 깊은 마을이었다. 격조 있는 저택에서 시작된 회담은, 극도로 심각한 난제를 눈앞에 두고 있었지만 그 자체로는 매우 훈훈했다. 벤구리온은 존경 어린 시선으로 그를 대하는 프랑스인들에게 그의 반대논리와 요구사항들을 설명했다. 대화는 화기애애하고 편안하게 진행되었고, 실로 아름다운 광경이었다. 하지만 영국 외무장관인 셀윈 로이드Selwyn Lloyd가 도착했을 때, 마치 얼음폭풍이 갑자기 들이닥친 것 같았다.

벤구리온과 로이드가 악수한 순간부터 회담장은 싸늘하게 얼어붙었다. 한눈에 봐도 서로가 서로를 싫어한다는 것이 명확했다. 로이드는 불친절하고 퉁명스럽게 말했고, 유연함이나 상상력이라고는 눈곱만큼도 찾을 수가 없었다. 어떤 때는 대놓고 불쾌한 표정을 지으며 적대적으로 대응했다. 그는 벤구리온을 미래의 동맹이 아니라 과거의 적으로 간주했고, 자발적으로 동맹을 선택했다기보다는 어쩔 수 없이 협력하는 상대로 취급했다. 이건 벤구리온도 마찬가지였다.

회담이 이틀째로 접어들었을 때, 벤구리온은 여전히 '이스라엘의 명분'을 포함해 어떠한 계획도 받아들일지 말지 정하지 못했지만, 전략논의는 그가 최종적으로 받아들일 것을 전제로 진행되고 있었다. 우리들 사이에 여러 제안들이 오고 갔지만, 회의가 끝날 때는 오직 한 가지 제안만이 실현 가능하다는 것이 명확해졌다. 이 시나리오에 따르면, 10월 29일에 이스라엘은 이집트를 공격하고 시나이Sinai로 진격한다. 그러면 다음 날, 프랑스와 영국은 이스라엘과 이집트에게 모든 군사행동을 중지하고 수에즈로부터 퇴각할 것을 요구할 것이다. 나세르가 예상대로 이러한 조건들을 거절하면, 프랑스와 영국은 이집트를 직접 공격할 것이다.

모셰와 내가 세브레를 떠났을 때, 벤구리온은 여전히 마음을 못 정한 상태였다. 우리 둘은 가까운 카페로 가서 와인을 홀짝이면서 앞으로의 선택지에 대해 상의했다. 우리는 벤구리온이 무슨 생각을 하고 있는지 전혀 짐작할 수가 없었고, 둘 다 영국과 프랑스를 전쟁에 개입시키길 바랐지만, 그렇다고 해도 벤구리온의 선택이 결코 가볍지 않음을 잘 알고 있었다. 근거는 여러 불완전한 사실들뿐이었고, 결과는 광범위한 영향을 미칠 수 있는 어렵고 복잡한 결정이었다.

그리고 벤구리온은 모든 전쟁에는 일부 목적에 맞지 않는 요소가 있음을 알면서도 결정을 내려야만 했다. 패배한다면 당연히 프랑스와 영국에 경제적·정치적으로 심각한 손해를 끼칠 것이었다.

하지만 이스라엘에게는 국제사회에서의 위상과 생존이라는, 상상을 초월할 정도로 높은 판돈이 걸려 있는 문제였다. 벤구리온의 손에 '잔인한 운명의 시계'가 있었고, 그가 결정을 내리기 전에 시간이 빠르게 흘러가버린다면 국가뿐만 아니라 유대인 전체의 미래도 끝장날지 모를 일이었다. 누구도 그런 역할은 맡고 싶지 않았다.

다음 날 아침, 우리는 다시 세브레로 호출되었다. 우리가 도착했을 때, 벤구리온은 별장 밖 웅장한 정원에 있는 나무 아래에 앉아 있었다. 우리가 다가오는 것을 보고 벤구리온은 우리에게 던질 몇 가지 질문들을 적은 종잇조각을 주머니에서 꺼냈다. 그가 질문들을 소리 내어 읽는 걸 보면서, 모셰와 나는 결론이 났음을 즉시 알아차렸다. 그는 전략과 시기, 병참, 정치적으로 고려할 사항들에 대해서 우리들에게 질문하고 있었다. 이렇게 질문을 제기하는 행동 자체가 결정을 내렸다는 뜻이었다. 그는 이스라엘의 선제공격으로 전쟁을 하기로 결정했다.

대화를 계속하면서, 벤구리온은 모셰에게 마음속에 그려온 군사작전의 지도를 보여달라고 부탁했다. 하지만 바깥의 정원에는 종이가 없었기에 나는 주머니에서 담뱃갑을 꺼내서 다얀에게 건넸다. 그는 담배종이에 시나이 반도를 그렸고, 그 위에 비행경로와 낙하산부대의 투하 위치를 표시했다. 논의가 끝났을 때, 역사적인 군사작전의 첫 지도가 탄생했다. 우리 셋은 그 지도에 차례차례 서명했고, 그 지도는 다시 내 주머니로 들어왔다.

5일 후, 전쟁이 시작되었다. 수개월 전 우리가 앉아서 가능성 있는 작전들을 논의했을 때, 프랑스 국방부 장관은 시나이를 정복하는 데 얼마나 걸릴지 내 생각을 물어보았다.

"3~4일 정도입니다." 나는 그에게 말했다. 하지만 그는 최소 3~4주는 걸릴 것이라 확신했었다. 결국, 시나이 정복은 내가 예상했던 것보다 불과 몇 시간 더 걸렸다. 이스라엘 방위군은 엄청난 속도와 민첩성으로 시나이를 가로질러 행군하면서 이집트군을 퇴각시켰고, 이집트의 대규모 호송대 차량까지 반대방향으로 도망가게 만들었다. 전투 중에 망가진 항공기들은 1,000명 이상의 직원들이 밤낮으로 정비 일을 하던, 이스라엘 자체의 항공 시설에서 말끔하게 수리되었다. 실제로 전투는 너무나도 신속하게 진행되어서 프랑스와 영국이 침공을 시작했을 때 싸움은 이미 끝나 있었다.

"시나이에 있는 이집트군 완전 궤멸." 나는 파리로 전보를 보냈다. "모든 전선에서 이스라엘 방위군의 훌륭하고도 완벽한 승리."

전쟁이 끝났을 땐, 거의 모든 이집트 공군이 괴멸되면서 티란해협 봉쇄도 끝났다. 페다인의 기지들은 난장판이 되었고, 임박했던 공격의 위협도 사라졌다.

승리와 더불어 우리는 프랑스와의 협력관계를 견고하게 했는데, 이 동맹은 제3차 중동전쟁 전날까지 지속되었다. 사람들이 "작은 이스라엘"로 간주했던 나라가 보여준 신속한 용기는 우리에게 새로운 자신감을 심어주었고 탁월한 전략이었다는 명성도 얻었다.

그리고 이스라엘은 그 후로 10년 이상을 큰 전쟁 없이 지낼 수 있었다.

내게는 개인적으로 심오한 발전의 시간이었고, 지구의 맨틀 깊숙한 곳에 있는 다이아몬드처럼 엄청난 압박 속에서 지혜가 형성된 시간이기도 했다. 나는 상상력의 정점에서 내리는 창의적인 의사결정이 가진 대단한 가능성과 잠재력을 알게 되었다. 프랑스와의 동맹은 내 '불가능한' 꿈이었지만 나는 끝까지 그것을 좇았다. 항공산업 역시 알과 나의 '불가능한' 꿈이었지만 우리가 함께 만들어냈다. 우리는 민첩하고 창의적인 자세로 대담한 야심을 품었고, 결국 그 꿈과 야심으로부터 보상을 찾아냈다.

하지만 나는 꿈을 가지는 데도 대가가 있음을 깨우쳤다. 처음에는 내가 추진하고자 했던 아이디어와 발상들이 조롱당했고 쏟아지는 포화를 대부분 내가 직접 맞아야만 했다. 나는 위험할 정도로 순진해 보여서 공격받고 무시당했으며, 온갖 종류의 비난을 다 받았다. 나를 비방하는 사람들은 내가 마치 수작을 부려 벤구리온의 머릿속에 들어간 것처럼, 또한 마치 그들이 숭배하던(나도 숭배했지만) 그로부터 어떻게 스스럼없이 나를 다시 꺼낼 수 있는지에 대해서 오해할 수밖에 없었을 것이다. 그리고 내가 했던 대부분이 일들은 비밀리에 행해졌기 때문에(무기 거래, 프랑스 동맹, 수에즈 군사 작전 등) 나는 어쩔 수 없이 음지에서 살아야 했다. 나를 비난하는 사람들은 이야기의 절반밖에 몰랐다. 앞으로도 어쩌면 평생 절반밖에 모를 것이다.

이러한 경험을 통해서, 나는 리더십의 심부에 존재하는 선택을 이해하게 되었다. 큰 꿈을 좇고 그 대가를 치르든가, 다른 사람들에게 미움받지 않고 무난하게 어울리기 위해 자신의 야망을 줄이거나 포기하든가, 둘 중 하나다. 내게는 오직 하나의 선택뿐이었다. 나는 다른 사람으로 사는 법을 몰랐기에 내 자신으로 남기로 선택했으며, 이렇게 함으로써 나 자신보다 위대한 대의를 섬기게 되었다.

나는 그 대의를 완수하는 것이야말로 다른 모든 것 즉, 남들의 인정, 대중적 인기, 높은 직위나 명예보다도 더 중요하다고 결심했다. 물론 내가 그런 것들을 원치 않았던 것은 아니었다. 위험을 감수하지 않고, 용기 있게 행동하지도 않은 채 이러한 것들을 얻는 것이 공허했기 때문이다. 평범한 것을 추구하는 데는 쉬운 방법들이 많다. 하지만 위대한 것들은 쉽게 얻어지지 않는다. 그래서 나는 편안한 길에 안주하거나 내 꿈이 아닌 다른 것에 주의를 빼앗기지 않고, 우리의 신생국가가 나아가야 할 길에 대해 창의적이고 독창적으로 고민하기로 했다. 나는 이 나라가 번창하길 원했으며, 공정하고 평화로우며 도덕적인 국가가 되기를 바랐다. 그래서 나는 꿈을 꾸었으며 냉소에 굴복하는 걸 거절했다.

그 과정에서 실망한 적이 왜 없었겠는가? 나는 그 큰 꿈들 때문에 잠 못 이루는 밤과 한시도 쉴 수 없는 날이 계속되었다. 꿈 때문에 선거에서 패배했고, 친구를 잃기도 했다. 하지만 이러한 시련들은 내 상상력을 꺾지 못했다. 성공은 내게 자신감을 심어주었고, 실패는 내 의지를 견고하게 다져주었다.

나는 살면서 많은 경험을 통해 냉소주의에 대해 3가지를 배웠다. 첫째, 냉소주의는 모든 사람들의 염원을 짓밟을 수 있는 강력한 힘이다. 둘째, 냉소주의는 보편적이고 근본적으로 인간의 본질의 일부분이며, 세상 어디에나 존재하는 글로벌한 질병과 같다. 셋째, 냉소주의는 다음 세대의 지도자들이 반드시 피해야 할 단 하나의 치명적인 위협이다. 심각한 난제들이 수도 없이 존재하는 세상에서, 새로운 아이디어와 야망을 좌절시키는 것보다 더 위험한 것이 어디 있겠는가?

나는 평생 수많은 사람들에게 (다양한 언어로) 너무 낙관적이라고 (세상과 세상을 살아가는 사람들을 너무 장밋빛으로만 바라본다고) 비난받았다. 그런 말을 들으면 나는 그들에게 "낙관론자와 비관론자 둘 다 결국은 죽지만, 낙관론자가 희망적이고 행복한 사람들을 이끄는 동안 비관론자는 부정적이고 짓밟힌 존재들에게 인생을 낭비한다."라고 말한다. 비관론의 대가는 너무나 크다.

게다가, 낙관주의는 전진의 전제조건이다. 특히 힘든 시기에 우리에게 필요한 영감을 준다. 또한 우리의 가장 웅대한 야심들을 마음속 조용한 금고 안에 가두지 않고, 꺼내어 날개를 달아줄 수 있도록 격려한다.

위 : 내 할아버지와 후손들. 1932년 폴란드 비쉬네바. 나는 맨 뒷줄 오른쪽에서 3번째에 서 있다. GPO

아래 : 나(오른쪽), 내 남동생 거손(Gershon, 지지Gigi), 그리고 부모님인 사라 퍼스키Sarah Persky와 이츠하크 퍼스키Yitzhak Persky. 1928년 비쉬네바. 시몬 페레스 기록 보관소.

타부트Tarbut 학교. 1931년 비쉬네바. 나는 맨 앞줄 가장 왼쪽에 앉아 있다. 시몬 페레스 기록 보관소.

위 : 14살 때의 나. 우리의 선조들의 땅에서 나는 청소년이었고, 이스라엘국 건국까지 아직 10년 넘게 남아 있었던 때다. 시몬 페레스 기록 보관소.

아래 : 신혼시절의 소냐와 나. 1945년 5월 텔아비브. 시몬 페레스 기록 보관소.

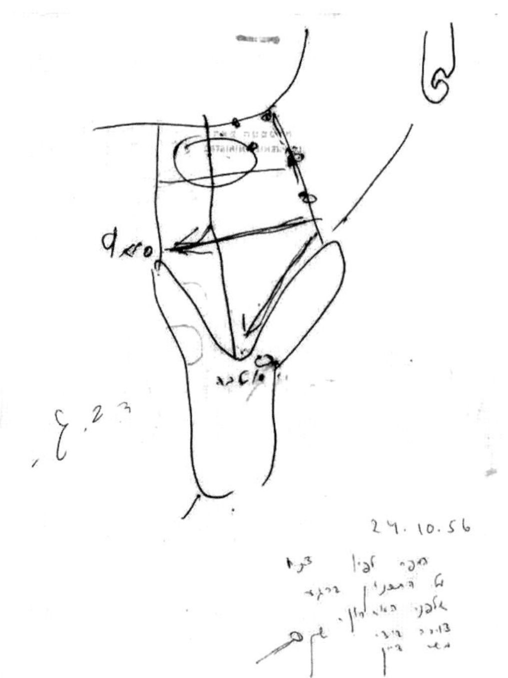

1956년 시나이 작전을 위한 계획. 모셰 다얀이 그렸고 다비드 벤구리온이 서명했다. 이스라엘 방위군과 방위 사업체 기록 보관소의 허가를 받고 책에 수록함.

나와 소냐, 츠비아, 요나단(요니)이 아기인 네헤미아(헤미)를 보고 감탄하고 있다.
1958년. Avraham Vered, 〈Bamahane magazine〉, 이스라엘 방위군과 방위 사업체 기록 보관소의 허가를 받고 수록함.

디모나에서 다비드 벤구리온 국무총리와 함께, 1950년대 후반. 시몬 페레스 기록 보관소.

나와 이츠하크 라빈 국무총리가 엔테베 작전 이후 인질들을 환영하며 맞이하고 있다. Uri Herzl Tzahik, 이스라엘 방위군과 방위 사업체 기록 보관소의 허가를 받고 수록함.

엔테베 작전 이후 인질들과 대화를 나누고 있다. Uri Herzl Tzahik, 이스라엘 방위군과 방위 사업체 기록 보관소의 허가를 받고 수록함.

베르셰바에서 안와르 사다트 이집트 대통령과 만나고 있다. 1979년. Sa'ar Ya'acov/GPO.

1985년 경제 안정화 계획에 서명하고 있는 히스타두르트의 의장 이스라엘 케사르Yisrael Kessar와 함께. 이츠하크 모다이Yitzhak Modai 재무부 장관과 가드 야코비Gad Yaacobi 경제부 장관이 곁에 있다. Nati Harnik/GPO.

워싱턴 D. C.에서 오슬로 협정에 서명하고 있다. 1993년 9월. Avi Ohayon/GPO.

왼쪽 : 1980년대 중반에 국무총리직을 맡을 당시 내가 가장 자랑스러웠던 업적 중 하나는 에티오피아에 있던 유대인들을 비밀리에 안전하게 이스라엘로 데려오는 모세 작전이었다. 우리가 구출한 8,000명의 사람들 중 1,500명이 어린이였다. Nati Harnik/GPO

위 : 이츠하크 라빈 국무총리와 팔레스타인 자치정부의 의장인 야세르 아라파트와 함께 노벨평화상을 받고 있다. 1994년 10월. Sa'ar Ya'acov/GPO.

오른쪽 : 공항 활주로에서 이스라엘을 방문하는 프란치스코 교황을 반기고 있다. Avi Ohayon/GPO.

위 : 베를린에서 독일 수상인 앙겔라 메르켈Angela Merkel과 함께. Amos Ben Gershom/GPO.

아래 : 캘리포니아에 있는 페이스북 본사에서 페이스북의 창업자 마크 주커버그 곁에서 내 페이스북 페이지를 개설하고 있다. 2012년. Moshe Milner/GPO.

버락 오바마 대통령으로부터 '대통령 자유의 메달'을 받고 있다. 2012년 6월.
Amos Ben Gershom/GPO.

독립기념일에 대통령 관저에서 열린 군인들을 위한 행사에 참여하고 있다. 2013년.
Amos Ben Gershom/GPO.

Chapter 3

작은 꿈을 위한 방은 없다

디모나의 전설과 유산

THE LEGEND AND LEGACY OF DIMONA

1993년 9월 13일 아침, 나는 복잡한 벽화가 그려진 동그란 방에 몇몇 사람들과 함께 서 있었다. 고풍스러운 시계가 11시를 알리자 우리는 자리를 정돈하고 열을 맞추어 섰다. 이스라엘과 팔레스타인의 역사적인 첫 평화협정을 알리는 의식이 시작될 참이었다. 나는 평화를 위해 힘써준 미국 전직 대통령 조지 부시와 지미 카터를 따뜻하게 맞이했다. 그들은 앞에 서 있었고, 내 뒤에는 빌 클린턴 대통령, 팔레스타인 해방기구의 지도자 야세르 아라파트, 이스라엘 총리 이츠하크 라빈Yitzhak Rabin이 평화를 위한 역사적인 약속을 준비하고 있었다.

"국민 여러분, 미합중국의 부통령 앨 고어, 이스라엘의 외무부 장관 시몬 페레스, 팔레스타인 행정기구의 행정 위원회 임원 미스터 압바스입니다!"

우리는 백악관에서 나와 남쪽 잔디로 향했다. 그곳에는 수천 명의 관중들과 더불어 전 세계 방송사에서 나온 촬영 카메라와 기자들로 가득 차 있었다. 빌 클린턴 대통령이 서 있는 무대로 향하자 그는 '희망의 역사'를 알리며 우리를 맞이해주었다. 나는 평화를 위해 걸어왔던 길고 험난한 길에서 내렸던 첫 결심을 떠올려보았다. 그 순간 내 마음에는 팔레스타인 사람들에게 비밀리에 연락을 취하려던 결정도, 우리의 적과 협상하려 했던 시도도 아닌, 40년 전 벤구리온과 야당에서 외롭게 싸워왔던 순간이 그려졌다.

때는 1956년 10월 24일이었다. 수에즈 작전에 대해 최종 계획을 세우기 위해 프랑스와 이스라엘의 지도자들이 만났던 센 강변 어귀 세브르의 한 저택에서 벤구리온과 함께 있었다. 그곳은 한때 무도회장이기도 했고, 미술 박물관이기도 했으며, 호화로운 술집이기도 했었다. 테이블 건너편에는 프랑스 외무부 장관인 크리스티앙 피노, 국방부 장관 모리스 부르쥬 모누리가 심각하게 대화를 나누고 있었다. 그들 말고는 아무도 없었다. 완벽한 순간이었고, 나는 기회를 잡아야겠다고 생각했다.

나는 벤구리온에게 돌아서서 조용하게 속삭였다. "제 생각에 지금 끝낼 수 있을 것 같습니다." 그는 짧게 끄덕였다.

친애하는 동료였던 피노와 모누리, 두 사람에게 다가가 말을 꺼냈다. 핵 시대를 맞이해 이스라엘의 가장 야심 찬 염원에 대해 긴히 논의하고 싶다고 말이다. 우리가 프랑스에게 요청하려 한 것은, 역사상 한 국가가 다른 국가에게 넘겨준 전례가 없는 빅딜이었다.

벤구리온과 나는 예전부터 원자력 에너지에 엄청난 지적 호기심을 갖고 관심 있게 주시했다. 세브르에서 이 주제를 꺼낸 운명적인 순간 이전부터 그랬다. 물론 둘 다 원자력 에너지 전문가는 아니었지만, 최소한 열렬한 지지자이긴 했다. 원자력이야말로 이스라엘이 평화를 위해 한 단계 더 도약하는 데 커다란 가능성을 가져다줄 것으로 보았기 때문이다. 벤구리온은 자연이 우리에게 남겨주지 않은 것들을 오직 과학만이 채워줄 수 있을 거라 믿었다.

이스라엘은 석유는 물론이고 맑은 물조차 없는 척박한 땅이다. 프랑스는 원자력을 에너지 자원으로도 쓰지만, 바닷물을 담수화하는 과정에도 이용한다. 나와 마찬가지로 벤구리온 역시 이 기술 속에는 엄청난 지적, 경제적 가치가 잠재되어 있다고 믿었다. 최첨단 기술에 투자하고 대학에서 전문가와 재능 있는 청년들을 모음으로써 아직 개발되지 않은 기술지식을 이스라엘에 꽃피우고자 했다.

확실히, 이러한 의견에는 엄청난 힘이 담겨 있었다. 그러나 실상은 과학기술을 넘어 하나의 정치적 동기로 확장되고 있었다. 만약 우리가 원자로 건설을 계속 강행한다면 적들은 가만히 있을까? 아무리 우리가 평화를 위한 목적으로 짓는 것이라고 말해도 절대 믿지 않을 것이다. 이스라엘은 이미 적국들로부터 강력한 의심의 눈초리를 받고 있었고, 공개적인 진술이나 사적인 견해, 심지어 구체적인 증거를 제시한다 하더라도 "이스라엘은 충분히 핵전쟁을 일으킬 수 있다."고 믿는 회의론자들의 확신을 바꾸지 못할 것이다. 토마스 홉스가 《리바이던》에서 말했던 "권력의 힘은 권력이다."를 내 식으로 바꿔 말하면, "핵의 힘은 핵 억지력이다."였다. 나는 억

제가 평화를 위한 첫 번째 도약이라 믿었다.

당시 아랍 국가들은 "누가 이스라엘을 멸망시킬 수 있는가?"로 리더의 역량을 평가하는 분위기였다. 실제로 권력을 잡으려는 중동의 정치가들과 지도자들은 그 점을 증명해야 했다. 이스라엘을 파괴시킬 역량과 투지가 자신의 라이벌보다 더 크다는 것을 말이다. 그래서 나는 '그들은 정말로 우리를 멸망시킬 능력이 있는가?'라는 의문을 제기했다. 그 대답을 알아내는 것이야말로 가장 긴급하게 안전을 보장받을 수 있는 최소한의 요구사항이라 믿었기 때문이다.

시간이 흘러, 벤구리온과 나눈 대화는 '이론'에서 '현실'로 바뀌어 갔다. 우리는 정확히 무엇이 필요한지 알 수 있었다. 첫째, 원자로 건설은 둘째 치고 과학의 측면에서도 엄청난 공사가 필요했다. 둘째, 원자로 건설에 필요한 원자재와 기술이 매우 부족했다. 셋째, 부실공사는 절대 안 된다. '핵'과 '타협' 그리고 '재앙'은 서로 다르지만 같은 개념이고, 종합해보면 하나의 진리로 귀착되기 때문이다.

우리는 도움이 필요했고, 가장 가깝게 우정을 쌓은 프랑스는 놓칠 수 없는 기회였다. 원자력 분야에 있어서 프랑스는 유럽에서 가장 앞선 기술을 가진 나라였기 때문이다. 프랑스의 대학은 핵물리학 연구에 선도적인 수준을 갖췄고, 프랑스 정부는 최고의 전문성을 갖춘 기술자와 과학자로 팀을 구성했다. 한마디로 그들은 우리가 원자로를 만드는 데 필요한 모든 자원들을 가지고 있었다.

벤구리온은 2명의 프랑스 신사들, 즉 피노와 모누리에게 제안하는 것만으로는 부족하다고 판단했다. 그래서 나는 좀 더 명백하고 공식적인 채널을 통해 프랑스에 평화를 목적으로 이스라엘에 원자로를 판매하라고 요구했다. 이건 전례 없는 요청이었고, 당연히 거절당할 것이라고 예상했다. 더군다나 그들은 비밀리에 우리에게 무기를 납품하기 위해 유럽 무기수출 금지령을 위반하는 큰 위험을 이미 감수하고 있었다. 만약 조금이라도 빌미가 잡히면, 프랑스가 속해 있는 유럽동맹과 더불어 아랍 국가들과의 관계 역시 흔들릴 수 있는 위험한 상황이었다. 그렇지만 한편으로는 국가 간의 핵기술 공유가 불가능할 것도 없는 것 아닌가 하고 생각했다.

피노와 모누리는 나의 요청에 다소 충격을 받은 듯했다. 그들은 자기들끼리 논의를 좀 해야겠다며 잠시 자리를 비켜달라고 부탁했다.

이스라엘이 마침 그 자리에서 프랑스에 핵기술을 요청한 것은 우연이 아니었다. 나는 그들이 이미 어느 정도는 예상하고 있었을 거라 생각했다. 그 시간에 국방부의 모셰 다얀은 바로 옆방에서 우리가 먼저 공격해야 한다는 요구사항을 포함하여, 수에즈 전쟁에 관한 '세브르 의정서'에 대해 영국 및 프랑스 대변인과 회의를 진행하고 있었다. 이스라엘이 먼저 공격하는 이유는 프랑스의 요청에 의한 것이었고, 세 나라 모두 이러한 사정을 알고 있었다. 그렇기에 나는 피노와 모누리가 이러한 점을 감안해서 우리의 요구를 고려해 주길 원했다.

잠시 후 두 사람은 논의를 마치고 돌아왔다. 놀랍게도 그들은 동의하겠다는 의사를 밝혔다.

"당장이라도 협상할 수 있습니다." 피노는 말했다.

"자본과 인력을 확보하지 못한다면
그때는 포기할 것입니다." 나는 말했다.
"하지만 그 순간이 오기 전까지는, 계속해서 시도하겠습니다."

프랑스 고위 지도층은 만장일치로 동의했는데, 예루살렘은 거의 만장일치로 반대했다. 훗날 '철의 여인'으로 불렸던 골다 메이어는 이 계획이 이스라엘과 미국 사이의 우호관계에 악영향을 끼칠 것이라 주장했고, 이스라엘 해외 정보기관 모사드의 총재인 이셔 하렐Isser Harel은 소련의 반응을 두려워했다. 몇몇은 지상군에 의한 침략을, 다른 일부는 공중전을 예상하기도 했다. 외교부 위원장은 "원자로 값이 너무 비싸서, 우리가 빵도, 심지어 쌀도 못 먹을 것"이라며 우려했다. 당시 이스라엘이 궁핍했기 때문에 나온 발언이다. 심지어 그는 만약 자신이 재무부 장관인 리비 에쉬콜이라면, 한 푼도 투자하지 않을 것이라고 말했다. 다들 어떤 비참한 결과가 나올지에 대해서만 의견이 분분했다.

과학자들의 반응도 냉소적이었다. 물리학자들은 정부가 과학연구에 개입하는 것을 반대했다. 정부의 개입이 연구활동을 방해하고 국제적 명성에도 타격을 준다는 것이다. 더군다나, 그들의 주장의 이면에는, 프랑스로부터 원자로를 구입하는 것이 비실용적이며 현명하지 못하다는 믿음이 깔려 있었다. 자기 그릇이 작으니 큰일을 할 수 없다고 생각했던 사람들, 이 얼마나 무지한가! 그렇지만 그 당시 그들에게 이러한 개혁은 정신 나간 행동일 뿐이었다. 멀리 보고 판단하지 못했던 과학자들은 발을 빼길 원했다.

심지어 이스라엘에서 가장 명망 있는 연구소인 바이츠만연구소의 물리학 과장조차, 나에게 "당신은 지금 무책임한 꿈을 계획하고 있고, 그 꿈은 이스라엘을 위험과 불행에 빠뜨릴 것"이라고 말했다. 바이츠만연구소가 정부의 일에 일체 관여하지 않겠다는 입장을 명백하게 밝힌 것이다.

혁신이야말로 항상 '산 넘어 산'임을 배웠다. 그리고 모든 장애물들을 한 번에 해결할 수도 없는 노릇이었다. 우리는 돈도 없고, 기술자도 없으며, 물리학계의 지지도 받지 못했고, 야당과 군부에게도 거절당했다.

"우리는 이제 무엇을 해야 하나?"

어느 늦은 밤에 벤구리온은 내게 물었다. 본질과는 무관한, 그러나 현실적인 질문일 수밖에 없었다. 당시 우리가 가지고 있었던 자원은, 프랑스의 약속과 우리 두 사람이 전부였다.

나는 벤구리온과의 '흔치 않은 관계'를 종종 떠올렸다. 한 나라의 총리가 일개 직원인 한 젊은 청년을 이처럼 두텁게 신임한다는 것이 얼마나 드문 일인가! 그는 그 청년에게 논쟁의 여지가 있는 중요한 프로젝트들을 수없이 맡겼다. 몇 번이고 위험을 감수한 것이다.

그래서 이 질문에 대한 이상적인 답은 '포기'였지만, 나는 그를 위해 다른 방법을 강구하기 시작했다. 완전하지 못하거나 정직하지 못한 것은 내가 받아들일 수 있는 것이다. 그렇지만 그가 내게 건 신뢰만큼 내가 노력했다는 확신이 들었을 때만 가능하다. 이 신뢰는 너무나 두터워서 나로 하여금 선뜻 항복하지 못하게 했다. 대안을 물색하는 것 외엔 다른 방도가 없었다.

나는 알 슈머와 함께 이스라엘의 항공산업을 개척할 때 맞서 싸웠던 경험을 다시 떠올려보았다. 가장 큰 문제는 돈과 사람이었다. 부족한 공공자원은 민간자원으로 해결할 수 있다. 또한 인재는 공개모집을 통해 프랑스 기술직과 함께 일할 수 있는 이스라엘 엔지니어 팀을 구하면 된다고 생각했다.

“자본과 인력을 확보하지 못한다면 그때는 포기할 것입니다.” 나는 말했다. “하지만 그 순간이 오기 전까지는, 계속해서 시도하겠습니다.”

벤구리온은 동의했다.

“계속해서 나아가게. 이 새로운 역사를 추진하도록 하게.”

우리는 전 세계의 믿을 만한 이스라엘 후원자들에게 전화를 걸었다. 극비사항인 원자로 프로젝트에 대해 개인적으로 간곡하게 호소했다. 그렇게 하여 짧은 시간 내에 원자로 비용의 절반을 충당할 정도의 큰 금액을 모았다. 원자로 개발팀을 새롭게 편성할 수 있을 만한 금액이었다.

다행히 우리는 도스트로브스키Yisrael Dostrovsky를 초대위원으로 영입할 수 있었다. 그는 이스라엘의 촉망받는 과학자로 수년 전

중수 제조과정을 고안하여 프랑스에게 판매했었다. 뿐만 아니라 에른스트 데이비드 베르그만Ernst David Bergmann도 건너왔다. 당시 폭약제조에 쓰이는 아세톤의 대량 생산법을 개발했던 사람이다.

들리는 이야기에 따르면, 훗날 초대 대통령이 된 하임 바이츠만은 앨버트 아인슈타인에게 과학자를 추천해달라고 부탁했다고 한다. 텔아비브 인근에 새롭게 설립할 연구소를 이끌 인재가 필요했기 때문이었다. 아인슈타인은 딱 한 사람을 추천했는데, 그가 바로 에른스트 베르그만이었다. 그는 우리의 뜻에 동의하는 이스라엘의 몇 안 되는 물리학자였고, 아인슈타인의 신임을 얻어낸 것처럼 나의 신임도 얻게 되었다.

베르그만과 도스트로브스키를 통해 연구인력 문제를 해결했다. 그러나 아직 이 위험천만한 프로젝트를 믿고 맡길 총책임자를 구하지 못했다. 앞에서 언급했듯이, 원자로 건설에 있어서는 티끌만 한 오차도 곧바로 재앙과 직결된다. 총책임자 자리에는 타협을 끔찍이 싫어하고 매사에 규칙을 엄수하는 까다롭고 꼼꼼한 인물이 필요했다. 또한 원자로 전문가는 아니어도 융통성과 민첩성이 뛰어나야 했다. 이러한 요구사항들을 충족시킬 수 있는 사람은 별로 없었다. 하지만 우리는 얼마 안 가 후보자 목록에서 한 사람을 지목할 수 있었다.

마네스 프랫Manes Pratt은 현장 경험이 많은 전도유망한 과학자였다. 우리는 독립전쟁 중에 만났는데, 당시는 모두가 이스라엘 국방부에 해당하는 IDF를 설립하느라 정신없이 함께 일하던 시절이었다. 그는 한결같이 정확성을 고집하는 사람이었다. 남들에게는 '완벽함'이 멀리 있는 선망의 대상이라면, 그에게는 조금만 노력해도 얻을 수 있는 것이다. 그는 매사에 발 빠르고 민첩했으며, 주위 사람들에게까지 끈질기게 완벽함을 요구했다.

내가 총책임자 자리를 제안하자, 그는 당장이라도 나를 한 대 때릴 기세였다. 그는 우리에 대한 불신을 온몸으로 표출하며 격분했다.

"당신 미쳤소?" 그가 말했다. "나는 원자로 건설에 대해 아무것도 모르는 사람이오! 그것이 어떻게 생겼는지, 아니 그게 무엇인지도 모른단 말이오! 어떻게 그런 일을 나한테 맡길 생각을 할 수가 있단 말이오?"

"마네스, 들어보시오. 일단, 당신이 원자로에 대해 아직 아무것도 모른다는 사실을 나는 잘 압니다. 그런데 만약 3개월간 공부한 뒤에 전문가가 될 수 있는 사람이 이 나라에 있다면, 그건 분명 당신일 것입니다."

내가 차분하게 설명하자 그 역시 점차 흥분을 가라앉혔다.

"그렇다면 정확히 내게 무엇을 요구하는 겁니까?"

나는 그에게 3개월 간 프랑스로 가서 원자로 건설을 도울 전문가들과 함께 연구하고 오는 것을 제안했다. 그리고 그가 3개월 후 이스라엘로 돌아온 뒤에도 여전히 이 분야에 대해 확신이 서지 않으면, 원래 직장으로 돌아갈 수 있다고 약속했다. 언제든지 그만둘 수 있다는 이야기를 듣자 결국 그는 동의했다. 그리고 3개월 뒤에 그는, 놀랍지도 않은 일이지만, 우리가 아는 최고의 원자력 전문가가 되어 돌아왔다.

총책임자를 임명한 뒤, 나는 나머지 구성원들을 모았다. 물리학계의 원로들은 우리의 계획에 강력하게 반대했지만, 그럼에도 중요한 일을 맡고 싶어 하는 열정적인 젊은 학자들과 학생들이 분명히 있을 거라고 생각했다. 바이츠만연구소에서 거절당한 뒤 나는 하이파에 위치한 테크니온 공과대학으로 향했다. 그곳에서 나는 우리와 함께 도약을 꿈꾸는 과학자들과 기술자들을 만날 수 있었다. 프랫과 마찬가지로, 테크니온의 인재들을 프랑스로 보내 일정 기간 동안 공부하게 했다.

그다음에 진행해야 할 일은, 젊은 과학자들이 더 많이 참여하도록 하는 것과 함께 그들의 가족들도 함께 설득하는 일이었다. 원자로는 베르셰바Beersheba 근처의 네게브 사막에 건설될 예정이었는데, 당시에 그곳은 버려진 도시처럼 황폐했었다. 과학자와 기술자들이 그쪽으로 이사를 하려면 가족들을 데리고 가서도 불편함 없이 살 수 있어야 했다. 하지만 다들 하이파나 텔아비브 같은 도시에서 살고 싶지, 황량한 사막에서 살고 싶겠는가?

이스라엘 사람들조차 가기 싫어하는 곳인데, 프랑스인이라면 기절초풍할 듯싶었다. 그래서 나는 산업시설뿐만 아니라 지역사회를 가꾸는 데도 힘쓰겠다고 약속했다. 베르셰바 교외지역을 포함해서 그들이 편리하고 안전하게 사는 데 필요한 모든 것, 예를 들어 좋은 학교, 현대식 병원, 쇼핑센터, 심지어 미용실까지 만들어주겠다고 했다.

여러 번 옥신각신한 끝에 대부분이 나를 신뢰하게 되었고 일이 계획대로 진행되기 시작했다. 학생들은 핵공학을 배우고 연구하기 위해 프랑스로 떠났고, 나도 그들과 함께했다. 물론 리더가 아닌 동료의 자격으로 핵물리학을 배워 나갔다. 화학이나 핵물리학은 학문 자체가 원래 어려운 데다 나는 기초과정을 전혀 밟지 않았기에 더더욱 어렵게 느껴졌다. 그렇지만 나도 이 프로젝트의 핵심인 과학적 원리를 어느 정도는 반드시 이해해야 한다고 생각했다.

과거에 흘렸던 땀방울로 알게 된 지혜가 하나 있다. 진정한 리더십이란 멀리 내다보는 안목과 전략도 필수지만, 임무를 수행하는 모든 과정의 세부사항을 하나하나 정확하게 아는 지식까지 갖추어져야 발휘될 수 있다는 것이다. 과학자와 기술자 집단을 이끌어야 한다면, 그들이 맡은 일을 이해해야 할 의무가 있다. 그래서 나는 이 젊은 물리학자들과 함께 밤이고 낮이고 원자와 핵에너지, 그리고 원자력 발전에 대해 공부했다.

그렇게 자본과 인력을 갖춘 뒤, 남은 일은 프랑스와의 파트너십을 공식적으로 표명하는 것이었다. 우리는 대국적으로 작성했던 초기 합의서에 서명하긴 했지만, 여전히 논의가 필요한 세부사항들이 남아 있었다. 1957년 여름, 나는 파리로 가서 협약을 맺었다.

그 시기에 부르쥬 모누리는 새로운 총리가 되었고, 기 몰레 정부는 6월에 무너졌다. 이스라엘 입장에서는 타이밍 측면에서 뜻밖의 호재였다. 몰레는 언제나 관대하고 신뢰할 수 있는 파트너이긴 했지만, 그동안 나는 부르쥬 모누리와도 특별히 긴밀한 관계를 쌓아왔기 때문이다.

그는 꽤나 음울하고 냉소적인 면이 있긴 했지만, 마음 속 깊은 곳에서는 낙관적인 나와 비슷하게 희망을 품고 있었다. 또 그는 직관적으로 이스라엘을 알아보고, 계속해서 우리와의 연결을 이어나갔다. 유대국가에 대한 그의 지지는 영혼에서 우러나오는 듯했고, 그런 그에게 나는 말하지 못할 게 없었다.

우리는 함께 두 국가가 협력할 수 있는 방안에 대해 합의해 나갔다. 모누리는 협조적이었지만, 외교부 장관이 된 피노는 단어선택에 대해 이런저런 우려를 제기했다. 일반적인 상황이라면, 피노와 나는 타협을 통해 적절한 공통의 언어를 찾을 수 있었을 것이다. 하지만 우리가 피노의 반론을 수정해 나가던 시기에 모누리 정부가 무너지기 시작했다. 이스라엘에 위기가 닥친 것이다. 두 사람이 실권을 모두 잃기 전에 다른 사람의 지원을 확보해야 했다.

이스라엘에 있던 나는 프랑스 의회가 모누리에 대한 불신임 투표를 준비하고 있다는 소식을 듣고 곧장 파리로 출발했다. 내가 도착할 무렵, 모누리 정부는 다음 날 밤에 무너질 게 불 보듯 뻔한 상황이었다. 그 말은 곧 나에게 단 하루밖에 없다는 뜻이었다. 하루만에 피노의 동의를 얻어 두 사람의 지원을 확보해야만 했다. 이 위기에서 탈출해 이 프로젝트를 진행시킬 수 있는 방법은 그것뿐이었다. 절체절명의 순간임을 직감했다.

먼저 피노를 찾아갔다. 그의 사무실에 도착해보니 이미 그 역시 나를 기다리고 있었던 것 같았다. 반가운 얼굴로 맞아주었지만, 자신의 임기가 끝나간다는 사실과 함께 이스라엘과의 협의안에 단호하게 반대하겠다는 의지를 바로 밝혔다. 그는 자신이 협의안에 동의했을 때, 그 사실이 대중에게 공개될까 봐 전전긍긍하며 두려워하고 있었다. 나는 그에게 마지막으로 한 번만 더 내 이야기를 들어달라고 간청했다. 오랫동안 쌓은 우정을 생각해서인지 그는 마지막 설득의 기회를 허락해주었다.

나는 최대한 단호하게, 그리고 진정성 있게 현재 상황에 대한 고뇌에 대해 이야기했다. 그에게 그가 가진 권력과 이 결정에 따른 결과를 어느 쪽이든 확실히 이해하고 있는지 짚고 넘어갔다. 이 순간은 잊혀질 수 없는, 하나의 역사를 잇는 바로 그 순간이었다.

마침내 그가 말했다.

“시몬, 자네의 주장을 받아들이겠네.” 놀라는 나에게 그가 대답했다. “자네는 나에게 확신을 심어줬어.”

예상치 못한, 그리고 너무나도 열정적인 답변이었다. 하지만 기뻐하긴 일렀다. 시간은 촉박했고, 피노의 묵인이 협의안을 인정한다는 뜻은 아니었기에 나는 여전히 마음이 급했다.

“정부가 무너지고 있는 상황에서, 장관님께서 동의를 할 수 있었던 명분은 무엇입니까? 그 점을 모누리 총리께 연락하여 말씀해 주시면 정말 고맙겠습니다."

피노는 알겠다고 했다. 하지만 그의 노크는 부르쥬 모누리에게 연락이 닿지 않았다. 알고 보니 그는 임기의 마지막 회의를 주재하는 중이었다. 외부소식이 차단된 방에서 회의를 하고 있었으니, 정부가 무너지기 전에 그에게 접촉할 기회가 없었다.

나는 이러한 사실을 받아들일 수가 없었다.

"피노, 당신이 협의안에 동의한다는 것을 자필로 적어주십시오. 제가 곧바로 그 서신을 총리께 직접 가지고 가겠습니다!"

피노는 회의적으로 생각하는 것 같았지만, 책임감 있게 나의 요청을 들어주었다. 나는 그의 전폭적인 지지와 동료애에 감사를 전하고 곧바로 서신을 들고 달려 나갔다.

나는 당장 의회로 갔다. 거친 숨을 몰아쉬며 의회에 도착했지만, 어떻게 해야 부르쥬 모누리를 만날 수 있을지 전혀 몰랐다. 그렇지만 분명히 길은 있을 거라 믿었다. 그리고 실제로, 프랑스 의회로 향하며 계단을 오르고 있었을 때, 부르쥬 모누리의 보좌관과 부딪혔다. 나는 그와 수년간 잘 알고 지내온 사이였다. 그는 나를 곧바로 알아보았고, 프랑스어로 반갑게 맞아주었다. 나는 그에게 일분일초를 다투는 현 상황에 대해 세세하게 말했고, 총리 앞으로 보내는 메모를 휘갈겨 썼다.

"제발 이것을 총리님께 전달해주십시오."

나는 그에게 말했다.

“이건 정말로 중대한 긴급사항입니다.”

보좌관이 고개를 끄덕였다. 그는 쪽지를 가지고 방으로 사라졌고, 나는 답변을 기다리며 긴장한 채 서 있었다.

몇 분 후, 복도 아래에서 한 목소리가 내 이름을 불렀다.

“봉주르, 시몬!”

나에게 인사를 건넨 사람은 바로 부르쥬 모누리였다. 궁지에 몰린 상황에서도 스스로를 다잡고 있는 모습이었다. 그는 내 메모를 읽은 후, 회의를 잠시 중단시키는 전례 없는 행동을 취했다고 밝혔다.

“진정한 친구를 생각하니 그렇게 할 수밖에 없었다네.”

그가 작은 소리로 말했다.

나는 그에게 피노가 작성한 편지를 보여주고, 이해관계가 복잡해진 상황에 대해 설명했다. 나는 그에게 다시 회의를 열어 임기가 끝나기 전에 협정 체결을 완료해달라고 부탁했다. 이 정부가 무너지기 전에 승인을 받아야 했다. 모누리는 도와주겠다고 약속했다. 회의를 하던 방으로 되돌아가 신속히 승인을 얻은 다음, 일시적으로 다시 회의를 중단하고 최종 동의서에 서명을 하면 가능할 것 같았다.

“내 집무실에서 기다려주게.” 그가 제안했다. “내가 곧 가겠네.”

하지만 그는 몇 시간을 기다려도 끝내 오지 않았다. 자신을 변명할 길을 찾지 못했던 것이다. 야당은 불신임투표를 강행했고, 그가 바꿀 수 있는 것은 아무것도 없었다. 밤이 깊어졌을 때 모누리 정부는 무너졌다. 그리고 협의안 문서 역시 결국 서명을 얻지 못했다.

다음 날 아침, 나는 그의 사무실로 다시 찾아갔다. 우리 둘 다 낙심하고 피로한 상태였다. 그는 이제 전 총리가 되었다. 나는 뭐라고 말해야 할지 난감했다.

"자네를 보니 내 사회주의 친구 피노가 동의한 게 이해되는군."

나는 고개를 끄덕였다.

"훌륭해." 그가 말했다. "이제 이 일에 최선을 다해야겠군."

그는 더 이상 자신의 것이 아닌 책상에서 편지지를 가져온 뒤, 프랑스 원자력위원장에게 보내는 문서를 작성하기 시작했다. 프랑스 정부는 이 협약을 승인했으며, 원자력위원장은 이를 시행해야 할 의무가 있다는 내용의 글을 써내려갔다. 그리고 그는 프랑스 총리의 자격으로 서명했다. 문서의 맨 위쪽에 어제 날짜를 적어놓았다.

나는 그 장면을 지켜보며 가만히 있었다. 도무지 할 말이 떠오르지 않았다. 그 상황에서 내가 뭐라고 말해야 했을까? 부르쥬 모누리는 내 눈에 깃든 따스함과 깊은 감사함을 느꼈을 것이다. 그 순간에 그가 나를 위해, 그리고 이스라엘을 위해 한 행동은 내가 평생 경험해본 것 중 가장 위대하고 따듯한 우정의 선물이었다.

결국 그다음 달에 프랑스 정부는 이스라엘에 1,000만 달러의 신용한도를 개설해주었다. 마침내 원자로 공사를 시작할 때가 온 것이다.

이제는 가능한 많은 사람들 앞에서 내가 중요하게 여기는 가치에 대해 담대하게 이야기할 때라 믿었다.

1958년 7월 17일, 두 번째 아들 느헤미아 헤미 야콥Nechemia Chemi Jacob이 태어났다. 쏘냐와 나는 아이들과 함께 멋진 한 해를 보냈다. 사랑으로 마음이 가득 차오르는 시절이었다.

그러나 정부 뒤에서 진행하던 원자로 건설 프로젝트는 상황이 좋지 않았다. 당시의 복잡한 정치체제에서는 내 생각과 행동에 대해 지지를 얻거나 입장을 표명하기가 어려웠다. 공무원이다 보니 기밀로 분류되지 않은 것에 대해서도 공개적으로 언급할 수 없었다. 그래서 나를 조롱하고 비난하는 언론에 아무런 대응도 하지 못한 채 그저 듣고 있었어야 했다. 개인적으로 힘든 시기였지만, 나는 기꺼이 감수하며 의무를 다하려 노력했다. 진정한 리더십을 단련할 기회라고 생각했다.

그러다 1950년대 후반에 한 가지 깨달음을 얻었다. 내가 침묵을 지키려다 더 중요한 것을 놓치고 있는 것이 아닐까? 단순히 나의 개인적인 입장을 옹호하지 않으려고 침묵했을 뿐인데, 오히려 그것이 더욱 중요한 가치를 잃게 한 것 아닐까? 이런 생각이 들었다. 더 중요한 가치란 바로, 꿈에 대한 의지와 상상력의 힘이었다. 내가 가장 중요하게 여기는 이 두 가치에 대해, 내가 공직자라는 이유만으로 흔쾌히 알리고 전파하지 못한다는 것은 옳지 않았다.

나에겐 국가의 미래발전에 꼭 필요한 세계관과 사고방식이 있었다. 내가 말할 수 없는 것들에 관해서는 당연히 말을 삼가야겠지만, 이제는 가능한 많은 사람들 앞에서 내가 중요하게 여기는 가치에 대해 담대하게 이야기할 때라 믿었다. 나는 이스라엘 국회, 즉 크네세트에 출마하는 것을 고려했다. 그렇게 하기 위해서는 정부에서 물러나 알루못에서 새롭게 입지를 다져야 했다. 그다음 벤구리온이 주로 관리했던 마파이 지명위원회Mapai nominating committee에 출마를 선언해야 한다.

1958년 봄, 나는 벤구리온을 찾아갔다. 그분이 어떻게 생각하실까 걱정이 태산이었다. 다행히도 그는 꽤 이해하는 눈치였다. 버럭 화를 내거나 호통 치실 거라고 생각했는데, 오히려 내 계획을 격려해주었다. 하지만 그는 내가 정부를 떠나는 것에 대해서는 걱정했다. 물론 나도 떠나고 싶지 않았다.

그래서 나는 그에게 한 가지 제안을 했다. 내가 크네세트 의원직을 따낸다면 벤구리온이 나를 국방부 차관으로 임명할 수 있고, 그렇게 되면 내가 이전에 사무총장으로 일했던 것처럼 정부를 위해 일할 수 있다. 사실 국회의원이 되면 내가 맡은 일도 계속 하면서 동시에 새로운 일을 더 해야 하기 때문에 업무량은 더 늘어난다. 그렇지만 선출된 대표로, 나는 다시 내 목소리를 낼 수 있을 것이다. 벤구리온은 좋은 계획이라 동의했고, 나에게 행운을 빌어주었다.

한편 네게브 사막 북부에 있는 디모나Dimona라는 고원에, 우리는 핵연구 시설을 건설하는 길고 긴 여정을 시작했다. 프랫과 나는 이스라엘 최고의 건축가들에게 원자력 시설이 그 기능만큼 강력해 보이도록 설계해달라고 요청했다. 또한 우리는 원자로 건설만큼이나 주민 편의시설을 잘 짓는 데 신경을 많이 썼다.

계획은 순조롭게 진행되었다. 그러나 내가 크네세트 선거운동을 시작하자마자 새로운 정치 바람이 파리에 거세게 불었다. 프로젝트의 전 과정이 다시 한 번 위기에 처했다는 뜻이다.

1958년 6월 1일, 샤를 드골Charles de Gaulle 장군이 프랑스 총리로 선출되었다. 그가 임명한 외무부 장관은 모리스 꾸브 드 뮈르빌Maurice Couve de Murville이었다. 그는 직업 외교관 출신으로, 이스라엘의 친구가 될 만한 사람은 절대 아니었다. 이스라엘과 프랑스 간의 핵기술 협정 관계를 알게 된 꾸브 드 뮈르빌은 즉시 사업을 중단시켰다. 그는 텔아비브 주재 프랑스 대사를 소환한 뒤, 당시 이스라엘 외무부 장관이었던 골다 메이어에게 핵협정을 철회하겠다는 의사를 밝혔다. 그는 이스라엘 측이 공사를 즉시 중단해야 한다고 주장했다. 골다에 의하면, 그는 매우 단호하고 요지부동이었다고 한다.

나는 벤구리온에게 파리로 보내달라고 부탁했다. 꾸브 드 뮈르빌과 대화할 계획이었다. 물론 무엇을 어떻게 말해야 할지는 막막했다. 골다의 보고서는 의심할 여지가 없었다. 그렇지만 어쩌면 오히려 꾸브 드 뮈르빌을 설득할 수도 있지 않을까? 나는 우울하고 좌절한 상태로 비행기에 올랐다. 분명 실패한 채 이스라엘로 다시 돌아올 것이라고 생각했다.

나는 한 나라를 설득하는 최고의 방법은, 이스라엘에 얼마나 도움이 되는지가 아닌 그들의 나라에 얼마나 도움이 되는지를 설명하는 길이라고 믿어왔다. 나는 꾸브 드 뮈르빌에게 이스라엘과의 계약을 유지하는 게 그에게, 그리고 프랑스에 훨씬 유리하다고 설득해야 했다. 나는 프랑스로 가는 비행기 안에서 내 주장을 말해보고 그의 반응을 여러 가지로 그려보며 어떻게 설득할지를 이리저리 궁리했다.

그의 집무실에 도착하니 꾸브 드 뮈르빌은 우정이 아닌 예의로 무장한 회색 미소로 나를 맞이했다. 그는 곧바로 자신이 반대하는 이유를 설명했고, 핵협상은 끝났음을 확고하게 알렸다.

"당신은 지금 프랑스가 자신의 의무를 저버려야 한다고 주장하고 있습니다." 나는 그에게 말했다. "당신은 당신의 전임자들이 법의 힘으로 공들여 체결한 협상을 위반하려 합니다. 그로 인해 양국 모두 위기에 처할 것입니다."

"왜 그렇게 생각합니까?"

"이 협정이 철회된다면, 이스라엘에게 이보다 더 나쁜 상황은 없을 것입니다. 원자로도 없고, 연구시설도 없지요. 게다가 이제까지 쓴 막대한 돈과 노력을 되찾을 방법도 없고 말입니다. 그리고 프랑스에게도 문제가 됩니다." 나는 설명했다. "협정에는 아랍 국가에 우리의 핵협상을 밝히지 않는다는 비밀유지 조항도 포함되어 있습니다. 만약 아랍 국가들이 이 사실을 알게 되면, 프랑스 상품 불매운동으로 이어질 수 있습니다."

이때, 그는 내 얘기를 중단시켰다.

"우리는 그 부분에 관한 조항을 위반할 의도가 없습니다. 프랑스는 어떤 것도 누설하지 않을 것입니다."

"네, 물론 그러시겠죠. 하지만 보시다시피," 나는 답했다. "프랑스가 협정에 대한 의무를 먼저 저버렸는데, 이스라엘이 비밀유지 조항을 지킬 거라 기대하신 건 아니겠지요?"

미묘하지만 효과적이었다. 꾸브 드 뮈르빌은 생각지도 못한 시나리오를 심사숙고하기 시작했다. 만약 아랍 국가들이 모두 프랑스에게 등을 돌렸을 때 경제적 손해가 얼마나 될 것인가?

"당신이 제안하고 싶은 건 뭡니까?"

그가 조심스럽게 물었다.

"프랑스는 지금 이 순간부터 이스라엘과 새로운 협정을 맺지 않을 수 있습니다. 그러나 과거에 결정이 끝난 일까지 파기할 권리는 없습니다." 나는 주장했다. "이스라엘과 프랑스 정부는 명확한 승인 하에 디모나 건설 계약을 체결했습니다. 당신에게 과거에 이미 체결된 협상을 파기할 권리는 없습니다."

"당신 의견도 타당합니다." 그는 결국 인정했다. "우리는 당신이 말한 대로 하겠습니다."

"제가 분명히 말씀드릴 수 있는 것은,
중동에서 핵무기를 처음으로 꺼내드는 쪽이
절대로 저희는 아닐 것이라는 점입니다."

1959년 11월 3일, 나는 36세의 나이로 국회에 처음으로 진출했다. 그리고 원자로 건설 또한 계획대로 진행되었다. 1960년 여름, 디모나에서의 혁신 역시 빠른 속도로 진행되어갔다. 프랑스는 협정을 유지했고, 이스라엘과 함께 불모의 고원을 개발해나갔다.

그 해 9월, 나는 서아프리카에 있었다. 세네갈 공화국의 첫 대통령인 레오폴 세다르 상고르Leopold Sedar Senghor의 취임식에 참석하기 위해서였다. 벤구리온은 좀 더 넓은 대륙과 강력한 유대를 쌓기를 원해서 나를 아프리카로 보냈다. 세네갈의 첫 대통령은 프랑스를 위해 싸우다 나치 수용소에 끌려갔던 사람이었다. 그러나 세네갈 방문은 짧게 끝나고 말았다. 즉시 이스라엘로 돌아오라는 긴급한 연락을 받았기 때문이다. 대체 무슨 일이 일어났기에 이렇게 급히 돌아오라는 것인지는 아무도 알려주지 않았다.

텔아비브 공항에 도착하니 모사드 국장인 이셔 하렐과 골다 메이어가 헬리콥터에서 나를 기다리고 있었다. 우리는 스데 보커르로 향하는 동안 거의 말을 하지 않았다. 그곳에는 벤구리온이 하렐의 보고를 기다리고 있었다.

"무슨 상황인지 설명해보게."

한적하고 소박한 그의 '오두막'에 도착했을 때, 벤구리온이 우리에게 물었다. 하렐은 2가지 정보를 가져왔다. 첫 번째는, 최근 소련 연방이 디모나 근방을 비행하다 건설현장 사진을 찍었다는 것. 그리고 두 번째는, 소련 외교부 장관이 계획에 없던 워싱턴을 방문했다는 것이었다. 그는 이 두 사실이 연관되어 있고, 상황이 좋지 않다고 추측했다. 그는 소련 정부가 디모나에서 진행되고 있는 일이 범죄라고 주장하고, 외교부 장관이 워싱턴으로 날아가 미국의 개입을 요구했을 거라고 걱정했다. 이스라엘은 미국과 소련이라는 두 강대국과 양쪽에서 동시에 맞서고 있는 것처럼 보였다.

"그러면 자네들은 어떻게 대처하는 것이 바람직하다고 생각하는가?"

벤구리온의 질문에 하렐은 골다가, 사실 더 좋은 것은 벤구리온이 직접 워싱턴으로 날아가 백악관에 가서 확신을 주어야 한다고 말했다. 골다 또한 상황을 매우 심각하게 여기고 하렐의 의견에 동의했다. 나 역시 집중해서 듣고 그들의 우려에 공감했다. 그런데 벤구리온이 내 의견을 물었을 때, 나는 정직하게 말할 수밖에 없었다.

"그래서 소련 항공기 1대가 네게브 상공을 비행했다면, 그래서 그들이 무언가를 촬영했다면 말입니다. 그들이 무엇을 촬영했을까요? 그저 땅이 파인 몇 개의 구덩이뿐이지 않을까요?"

나는 설명했다. 우리는 프로젝트의 첫 단계를 진행하고 있었고, 이 단계는 그저 광범위하게 땅을 파고 콘크리트 기초 작업을 하는 과정일 뿐이다.

"그들이 그것으로부터 무엇을 증명할 수 있을까요?" 나는 물었다. "결국, 모든 건물에는 기초공사가 필요하지 않습니까?"

나는 사진 몇 장만 보고 우리가 핵개발을 한다고 주장할 수 있을지, 고작 그런 미약한 근거를 가지고 미국에 갔을지 의심해봐야 한다고 말했다. 게다가 소련의 외교부 장관으로 치자면, 그에게는 갑작스럽게 미국을 방문해야 할 만한 여러 상황이 있을 것이다. 나는 나무 한 그루를 보지 말고 숲 전체를 봐야 한다고 주장했다. 만약 벤구리온이 워싱턴으로 가서 우리가 착수하고 있는 일을 모두 밝힌다면, 이스라엘과 프랑스 간의 협력관계는 끝난다.

나는 이 모든 가능성을 고려해봤을 때 하렐의 분석이 맞을 수 있다고 믿었다. 그러나 이스라엘이 먼저 나서서 행동하는 것은 큰 실수가 될 거라고 의견을 냈다. 만약 하렐이 옳다면, 그것은 양국과의 대치가 임박했음을 의미할 것이고, 그렇다면 굳이 결과가 나오기 전에 우리가 먼저 패를 보여줄 이유가 없었다. 결과를 기다려보고 만약 하렐의 예상이 사실로 밝혀진다면, 그때 가서 똑같이 대응해도 되는 것 아닌가?

벤구리온은 내 의견에 동의했다. 골다와 하렐은 격분했다. 그들이 격분하는 이유를 나도 이해할 수 있었다. 그들은 내 의견이 재앙을 불러올 거라 여겼고, 그 재앙으로부터 이스라엘을 구해야 한다고 생각했을 것이다. 또한 자신들과 벤구리온 사이에 내가 끼어들어서 그들의 마지막 노력을 가로막은 것이나 마찬가지였으니 화날

만했다. 이제 그들이 할 수 있는 일은 거의 없었고, 자신들의 직감이 틀렸기만을 바라며 결과를 기다렸다.

1960년 12월 18일, 내 예상이 맞았는지 궁금했다. 수일 전, 각국의 신문사들은 익명의 작은 나라가 핵무기를 개발하고 있다는 특보를 냈다. 그리고 곧이어 런던의 한 신문은 그 나라가 바로 '이스라엘'이라고 지목했다. 1960년 12월 18일, 미국 연방원자력위원회 의장은 방송에 나와 런던의 신문사와 같은 발언을 했다. 보도는 건설현장이 찍힌 여러 장의 사진과 함께 세계 곳곳으로 퍼져나갔다.

런던의 한 신문이 처음으로 이스라엘을 언급한 지 5일째 되는 날, 벤구리온은 이스라엘 국회에서 공식발표를 하기로 결정했다. 핵개발 사업의 존재를 부인할 수 없게 되었기 때문이다. 그분의 공식적인 발언이야말로 불안을 진정시키기에 가장 효과적인 방법이었다.

"언론에서 발표되고 있는 내용은 사실이 아닙니다." 그가 선언했다. "우리가 현재 네게브에 건설 중인 연구용 원자로는 이스라엘 전문가들의 감독 하에 건설되고 있으며, 오직 평화적인 목적으로 설계되었습니다."

그의 발표는 전반적인 긴장을 완화시켰지만, 여전히 사적인 자리에서 처리해야 할 일들이 남아 있었다. 1961년 봄, 벤구리온은 존 F. 케네디 대통령과 좀 더 심도 깊은 토론을 하기 위해 워싱턴을 방문했다. 그는 미국 대통령에게 우리가 핵무기도, 악한 의도도 가지고 있지 않다는 확신을 다시 한 번 심어주었다. 그는 위기를 해결했다는 확신을 갖고 이스라엘로 돌아왔다. 디모나에서 시작된 작업은 앞으로도 계속 진행될 것이라는 확신이었다.

벤구리온이 워싱턴을 방문한 지 거의 2년이 지난 후, 나는 그가 있었던 곳에 서 있었다. 집무실 한가운데 서서 미합중국 대통령의 책상을 바라보고 있었다. 나는 미국 정부로부터 대공 미사일 구입에 관한 협상을 마무리하기 위해 워싱턴으로 갔었다. 무기판매는 미국과 이스라엘의 관계가 변화했음을 보여주었고, 더불어 미국이 이스라엘을 군사적인 측면에서 도와주려는 의지를 가졌다는 사실도 상징적으로 나타냈다. 이는 벤구리온이 1961년 케네디 대통령과 만난 자리에서 합의한 핵심사안 중 하나였다.

케네디의 근동Near East 고문인 마이크 펠드만Mike Feldman은 이스라엘 대사 아브라함 '아비' 하만Avraham 'Abe' Harman과 나를 백악관으로 초대했다. 도착하고 나서 케네디 대통령이 나와 대화하고 싶어 한다는 뜻밖의 소식을 듣게 되었다. 케네디 대통령은 내가 이스라엘의 핵개발 사업 담당자라는 사실을 알고 있었고, 펠드만은 내게 "대통령께서 몇 가지 질문을 하고 싶어 하신다."고 전했다.

당시 나는 총리가 아니었기 때문에, 케네디 대통령과의 공식적인 면담은 외교의례에 맞지 않는 일이었다. 그래서 나는 백악관 서관의 측문으로 들어간 다음 뒤편에 위치한 통로를 통해 집무실로 향하도록 안내받았다. 그다음 복도에서 케네디 대통령과 우연히 마주치기로 했다. 케네디 대통령은 그 자리에서 예의상 나에게 대화를 요청할 계획이었다.

집무실 책상 뒤에 앉아 있던 그는 신중하고 견고한 인상이었다. 그리고 숨길 수 있었겠지만, 고통을 감당하고 있는 것처럼 보였다. 그는 일어서서 악수를 청하고 소파에 앉으라고 권유했다. 그도 나와 가까운 곳의 푹신한 나무 의자에 앉았다.

"페레스 씨, 워싱턴엔 어떻게 오게 되었나요?" 그는 익숙한 억양으로 물었다.

나는 호크Hawk 미사일을 구입하기 위해 왔다고 말했다. 이스라엘이 무척 고맙게 여기고 있다는 것도 알렸다. 그리고 무기협정이 앞으로 더 활성화되길 바란다고 덧붙였다. 우리는 미국의 지원이 필요했기 때문이다.

"그 문제는 내 동생에게 말해보면 되겠군요."

그는 자연스럽게 더 큰 관심사로 주제를 돌리며 대답했다.

"이제 당신네 나라의 핵시설에 대해 이야기해봅시다."

케네디 대통령은 나에게 미국 정부가 다방면에서 수집한 모든 정보를 상세히 설명했다. 그의 설명을 들어보니, 미국인들이 이스라엘의 핵개발 사업에 대해 모르는 게 하나도 없는 것처럼 느껴질 정도였다. 그렇지만 케네디 대통령은 여전히 미심쩍어했다. 소문이 무성했기 때문이다.

"우리가 그 지역의 군사력이 핵무기로 발전하고 있지는 않은지에 대해 매우 우려하고 있다는 사실을 알고 있을 겁니다." 그가 말했다. “이에 관해 말해줄 것이 있습니까? 핵무기와 관련된 이스라엘의 의도는 무엇이죠, 페레스 씨?”

사실 나는 미국 대통령을 만나리라고는 상상도 하지 못했다. 하물며 이런 질문을 받으리라는 것 역시 더더욱 생각하지 못했다. 이런 상황에서 나는 최선을 다해 그를 안심시켰다.

“대통령 각하, 제가 분명히 말씀드릴 수 있는 것은, 중동에서 핵무기를 처음으로 꺼내드는 쪽이 절대로 저희는 아닐 것이라는 점입니다.”

케네디 대통령은 답변을 듣고 만족스러워했고, 몇 마디 사교적인 대화가 오가고 나서 우리의 만남은 끝났다. 내가 백악관 문을 나서자 이스라엘 대사는 나에게 불같이 화를 냈다.

“당신이 방금 무슨 행동을 했는지 알기나 하는 거요?” 그가 물었다. “당신이 그렇게 말할 권한이 있습니까? 당신은 방금 정부의 허락도 없이 핵무기 정책을 만들고 나온 것 아닙니까?”

“그럼, 대사께서는 내가 그 상황에서 어떻게 했어야 한다고 생각합니까?” 내가 되물었다. “내가 ‘잠시만 기다리십시오, 각하. 총리님께 전화해 제가 뭐라고 대답해야 하는지 확인해보고 다시 말씀드리겠습니다.’ 이렇게 말하면 좋았을까요? 나는 그 자리에서 결정을 해야 했고, 거짓말할 생각은 없었습니다.”

이스라엘로 돌아오자 비난은 더 심각했다. 내가 백악관에서 얘기한 단어들이 언론을 통해 공식화된 것에 대해 에쉬콜과 메이어

둘 다 맹렬하게 비판했다. 그러나 얼마 안 가 그들도 내 표현을 받아들이기 시작했다. 실제로, 놀랍게도 케네디 대통령 앞에서 내가 한 발언은 이스라엘의 장기정책이 되었다. 핵무기의 존재를 확정하지도 부정하지도 않은 '핵 모호성'이라는 이름의 전략이 된 것이다.

그 후 거의 50년 가까이 '핵 모호성'은 이스라엘의 공식입장이 되었다. 케네디 대통령과 만난 그 순간 내가 선택한 단어가 완벽했기 때문이 아니라, 그 표현 덕분에 우리가 의도한 중동의 구조적인 변화가 일어났기 때문이다. 아랍 국가들이 지난 30년간 이스라엘을 멸망시키려고 계속해서 시도했던 것처럼, 한 국가를 무너뜨리는 데는 2가지가 필요하다. 첫 번째는 정복하려는 의지, 두 번째는 자신들이 군사적으로 우위에 있다는 믿음이다. 디모나의 존재는 적들로 하여금 이스라엘을 침략하려는 욕구를 더욱 증폭시켰을 수도 있다. 그러나 자신들이 더 강하다는 믿음은 우리의 핵능력에 대한 의혹으로 인해 점점 옅어져갔다.

시간이 지남에 따라, 우리는 '핵 모호성'이 가지는 영향력이 얼마나 큰지 알게 되었다. 1970년대 무렵까지 아랍 국가 지도자들 사이에서는 이스라엘이 핵무기를 가지고 있다는 것이 통념이었다. 증거는 거의 없고 소문만 무성한 통념은, 중동에서 사실보다 더 빨리 퍼져나갔다. 우리는 그러한 의혹을 확증하거나 부인하는 행동은 일체 하지 않았다. 머지않아, 그러한 의혹은 돌처럼 단단하게 굳어졌으며 결국 움직이지 않는 확신이 되었다. 이스라엘이 자신들을 파괴할 힘을 가졌다고 믿게 되었고, 이스라엘을 파괴하려는 야망을 하나둘씩 버리기 시작했다. 핵 모호성은 제2의 홀로코스트를 자행하려 했던 세력을 강력하게 억제하는 효과가 있었다.

핵 억지력은 모든 전쟁을 막기에는 충분치 않았지만, 특정 종류의 전쟁을 막는 데는 영향력을 발휘했다. 1973년, 욤 키푸르 전쟁에서 놀랍게도 이집트와 시리아는 이스라엘을 궁지로 몰아넣었다. 그들의 협공에 이스라엘의 여러 도시는 치명적으로 노출되었다. 그런데 그 어느 나라도 (그렇게 할 능력이 있었음에도 불구하고) 이스라엘의 중심부를 공격하지 않았다. 시리아 군대가 골란Golan 고원에 머무는 동안 이집트의 군대는 시나이 반도의 미틀라 선mitla pass을 넘지 말라는 명령을 받았다. 이집트와 시리아는 이스라엘을 집어삼킬 수 있었지만, 과거의 전쟁으로 잃었던 영토를 되찾으려는 야망을 억눌렀다. 몇 년 뒤, 이집트의 대통령 안와르 사다트Anwar Sadat는 당시 이스라엘의 중심부를 공격하는 것이 핵대응을 정당화시키는 빌미가 될 수 있다는 점을 우려했었다고 시인했다.

핵 억지력은 평화의 가능성을 이끌어내기도 했다. 1977년 11월 사다트는 예루살렘을 방문했다. 이는 이스라엘과 이집트 간의 평화조약 체결을 의미했다. 도착하자마자 그는 이스라엘의 핵에 관한 주제를 꺼냈다. 동료 이집트인들로부터 비판을 받자, 그는 그렇게 하지 않았으면 남은 것은 핵 공격뿐이었을 것이라고 설명했다. "평화의 대안은 살상입니다." 그는 주장했다.

1990년대 중반, 이스라엘은 이집트뿐만 아니라 요르단과도 평화체제를 구축했다. 그리고 우리는 팔레스타인과의 평화구축을 위해서도 많은 노력을 기울였다. 1996년, 나는 외교부 장관으로서 카이로에 방문했고, 그곳에서 이집트의 외교부 장관인 아마르 무싸 Amr Moussa와 만났다. 우리는 오랜 세월에 걸쳐 서로를 잘 알게 되었고, 긴 대화를 나눈 끝에 그는 마음속에 항상 간직하고 있었던 문제를 제기했다.

"시몬, 우리는 친구입니다. 나를 한 번만 디모나에 데려가주지 않겠습니까? 나는 그 누구에게도 말하지 않을 것입니다."

"아마르, 미안하지만 그럴 일은 절대 없을 것입니다." 내가 대답했다. "내가 당신을 디모나에 데려가 그곳에 아무것도 없다는 것을 보여준다고 가정해보십시오. 그래서 당신이 더 이상 걱정하지 않게 될 것이라 상상해보십시오. 그건 나에게 큰 재앙이 될 것입니다. 나에게는 당신과 이집트가 이스라엘을 의심스럽게 바라보고 있는 상황이 훨씬 유리합니다. 이것이 나의 '핵 억지력'입니다."

나는 많은 사람들에게, 오슬로에 가기 위해 디모나를 건설했다고 얘기했다. 디모나의 목적은 전쟁이 났을 때 적에 맞서 싸우는 것이 아니고, 전쟁 자체를 미리 방지하기 위한 것이다. 중요한 것은 원자력 자체가 아닌, 원자로의 영향력이라는 뜻이다. 나는 젊은 시절의 대부분을 이스라엘 국민들을 보호하는 일에 쏟았었다. 그렇지만 디모나의 파장은 전혀 다른 차원에서 나라를 지켜주었다. 이스라엘이 절대 파괴되지 않을 것임을 알려주는 일종의 표지판이 되어

준 것이다. 또한 이는 이스라엘 국민들에게 마음의 평화를 찾기 위한 길을 알려주었다. 한때 실패로 기록되었던 디모나에서의 노력은, 결국 내가 어렸을 때 할아버지와 맺었던 약속의 결실로 이루어졌음을 나는 깨달았다. 생각했던 것보다 훨씬 더 큰 규모로 이루어냈다. 이것은 나에게 유대인의 한 사람으로서 평생 가슴에 남을 확신을, 다른 수많은 유대인들에게도 우리가 계속 유대인으로서 살아갈 수 있다는 강력한 확신을 주었다.

Chapter 4

아무도 가보지 않은 길

엔테베 작전과 대담한 승리

OPERATION ENTEBBE
AND THE VIRTUE OF DARING

나는 거의 평생이라고 해도 될 만큼 오랜 세월 동안 테러를 몸소 겪으며 살아왔다. 비쉬네바 숲 끝자락에서 2명의 유대인이 살해당했을 때, 당시 나는 10살도 채 되지 않았었다. 15살 때 소총 쏘는 법을 배웠는데, 이는 사냥을 하기 위해서가 아니라 매일 밤을 공포스럽고 잔인한 폭동으로부터 학교를 지키기 위함이었다. 뿐만 아니라 상상할 수도 없는 대학살을 온몸으로 겪기도 했다. 부모와 자식을 잃은 수많은 가족들과 함께 울었다. 이처럼 이스라엘이 국가가 탄생되기 전부터, 우리는 테러와 함께 자라야 했다. 테러리스트들로부터 자신을 지키고, 희생자들을 묻고, 해결책을 찾아내야 했던 시기였다. 상실의 고통은 적대감을 불타오르게 했지만 한편으로 참담함 속에서 스스로를 지켜야 한다는 뼈저린 교훈을 얻기도 했다.

테러의 재앙은 비단 이스라엘에만 국한되지 않는다. 모든 나라가 확고하게 대응해야만 하는 극악무도한 국제문제다. 이는 타협이나 양보로 해결할 수 없는 치명적인 전염병과 같다. 테러리스트들의 제안을 들어주면 그들은 점점 더 많은 것을 요구해온다. 테러집단에 현명하게 대응하기 위해서는 세계 각국의 리더들이 이 사실을 깨달아야 한다. 테러리스트가 머리에 총을 겨누고 있으면, 당신은 더 이상 협상가가 아니다. 그저 인질일 뿐이다.

테러 앞에서 단호한 자세를 유지하려면, 위험하고도 어려운 선택을 해야만 한다. 피할 수 없는 위험도 있다. 하지만 진정한 리더라면 그러한 상황에 직면해야 한다. 인류의 근현대사에는 이러한 순간들이 수없이 많이 등장했다. 그리고 용기 있는 사람들이 국민을 대신하여 결단을 내린 믿기 어려운 역사가 곳곳에 존재한다. 여기 엔테베Entebbe라 불리는 곳에서 IDF 전투가 있었다. 신념과 복잡다단한 관계 사이에서 갈등했던 순간을 이 작전보다 더 자세하게 보여줄 수 있는 전투는 아마 없을 것이다.

1976년 6월 27일 일요일, 나는 매주 열리는 정부 내각회의에 참석하기 위해 총리실에 들어갔다. 이츠하크 라빈이 주도하고 있었다. 2년 전, 라빈과 나는 적들을 하나씩 격파하며 정부군을 이끌고 있었다. 그리고 승리한 후에, 그는 나에게 이스라엘의 국방부 장관으로 봉사해달라고 요청했다. 그날의 회의도 다른 때와 크게 다르지 않았다. 빠듯한 정부 예산과 곧 다가올 중요한 도전들에 대한 이런저런 담화가 오갔다. 내 군사 보좌관이 문을 열고 방에 들어설 때까지만 해도, 탁자에 둘러앉은 우리 중 그 누구도 무슨 일이 일어났는지 알 수 없었다. 그는 재빠르게 나에게 다가와서, 접힌 종이쪽지를 건넸다. 어지럽게 쓰여 있는 글씨에는 보좌관의 급한 발걸음처럼 긴박감이 느껴졌다. 나는 메모를 읽었다.

"벤구리온 공항에서 출발하여 파리의 오를리 공항까지 가는 에어프랑스 139호기가 아테네를 경유한 후에 납치되었습니다. 비행기는 지금 납치범들에 의해 운항되고 있으며, 목적지는 알려지지 않은 상태입니다."

나는 곧바로 라빈에게 쪽지를 건넸다. 내각회의는 즉시 중단되었고, 라빈은 몇 명의 장관들에게 특별전담반을 구성한 뒤 아래층 회의실에서 함께 의논하자고 요청했다. 모여서 대화를 나눠보니, 우리가 사태에 대해 알고 있는 사실이 거의 없다는 것이 명확해졌다. 일단 정부는 테러리스트들과 협상할 의도가 전혀 없다는 공식 성명을 발표하기로 결정했다. 라빈은 내각회의를 연기했고, 우리는 상황을 파악하며 대응계획을 세우기 시작했다.

몇 시간이 지나자, 각지에서 이런저런 정보가 모이기 시작했다. 우리는 아테네에서 비행기에 오른 테러범들이 악명 높고 잔인한 팔레스타인 해방전선의 구성원이라는 사실을 알게 되었다. 또 비행기 안에는 250명 가까이 되는 승객들이 떨고 있고, 그중 이스라엘 국민들이 100명이 넘었으며, 프랑스인인 에어프랑스 직원 12명이 있었다. 그날 오후, 비행기가 리비아에서 연료를 넣었다는 보고를 받았다. 이스라엘 방위군 IDF의 수장 모데차이 '모타' 구르Mordechai 'Motta' Gur는 내 옆으로 와서 비행기가 이스라엘로 향할 가능성이 있다고 말했다. 나는 새로운 계획이 떠올라 라빈에게 전화를 걸었다.

우리는 납치범들이 정말로 이스라엘에 오기를 원한다면, 그렇게 하도록 놔두기로 동의했다. 우리는 인질구조 경험이 있었고, 그럴 수밖에 없는 상황이라면 차라리 우리 영토 안에 있는 공항에서 국민들을 구조하는 것이 확실히 더 유리했다. 4년 전에도, 테러범들이 비엔나에서 텔아비브로 오는 사베나Sabena 항공을 납치했었다. 그 당시에는 구출장소가 우리의 홈그라운드였기 때문에 우리는 승객들을 안전하게 구출할 수 있었다. 하지만 이번 경우는 매우 달랐다. 현재로서는 기다리는 것밖에 할 수 없었다.

밤늦은 시간에, 나는 이스라엘 방위군의 작전 책임자 제쿠티엘 '쿠티' 아담Yekutiel 'Kuti' Adam과 합류했다. 우리는 공항으로 차를 타고 갔다. 그곳에는 이스라엘 방위군의 엘리트 특공대인 사예레트 마트칼Sayeret Matkal이 인질구출작전 예행연습을 하고 있었다. 나는 사예레트 마트칼의 용기와 능력에 엄청난 믿음을 가지고 있었다. 그들은 매우 혁신적이었고, 몸뿐만 아니라 마음도 강철처럼 굳건했다. 그들은 이스라엘에서 제일가는 전투부대였다. 당시 부대 사령관으로 막 임명된 요나탄 네타냐후Yonatan Netanyahu는 현재 이스라엘 총리인 베냐민 네타냐후의 형제였다. 몇 명의 고위 간부들에게서 요나탄이 얼마나 특별한지, 그를 만나면 내가 분명 그를 좋아하게 될 거라는 이야기를 들은 뒤, 나는 그를 몇 번 만났었다. 그는 말 그대로 위대한 전사였다. 좀 더 자세하게 얘기하면, 놀라울 정도로 용기 있는 사람이었다. 그러나 한편으로는 문학을 사랑하는 지식인의 모습도 가지고 있었다. 예를 들어, 우리는 대전차 미사일에 관해 마치 에드거 앨런 포의 시에 대해 이야기하는 것처럼 대화했다. 그는 내 아들뻘이 될 정도로 젊었지만(내 딸과 같은 해에 태어났다.) 내 동기가 되기에 충분할 정도로 지혜로웠다.

쿠티와 내가 도착했을 때, 요나탄은 시나이에서의 또 다른 임무를 수행하고 있었다. 그의 부사령관인 무키 베처Muki Betzer는 그를 대신하여 상황을 설명하고 항공기를 이용한 야간습격을 준비하는 임무를 맡았다. 그러나 이튿날 테러범들은 비행기의 경로를 바꾸었다. 이스라엘이 아니라 동아프리카 쪽으로 항로를 바꾼 것이다. 새벽 4시에 우리는 여객기가 엔테베 공항에 착륙했음을 확인했다. 빅토리아 호수 유역에 위치한 엔테베는 우간다의 수도로부터 30km, 우리가 있는 곳으로부터 3,000km 넘게 떨어진 곳이었다.

1973년 전쟁이 끝난 후, 라빈과 나는 이스라엘 군대를 근대화하고 소실된 병력을 보충했다. 또한 우리는 원격지에서 벌어지는 전쟁을 효율적으로 제어할 수 있는, 소위 '긴 팔'을 만들기 위해 노력했다. 군사적으로 대응해야 할 사건이 우리가 즉각적으로 반응할 수 없는 곳에서 일어날지도 모르는 일이기 때문에 그에 맞추어 대비하려 했었다. 그러나 그 어떠한 군대나 나라도 자국 영토로부터 3,000km 이상 떨어진 곳의 상황까지 대비하지는 못했을 것이다. 수천 킬로미터나 떨어진 곳에서 무장한 테러범들과, 어쩌면 우간다의 군대까지 대응해야 하는 군사작전을 펼쳐야 했다. 우리는 촌음을 다투며 최고의 차선책을 생각해내야 했다. 사령관들 대부분은 내심 인질구조작전이 불가능하다고 느끼는 것 같았다.

군사작전에도 어려움이 많았지만, 이해관계는 더욱 복잡했다. 첫째, 인질로 잡힌 100명이 넘는 이스라엘 국민들이 중대한 위험에 빠졌다. 나중에 알게 된 사실에 의하면, 테러범 중 일부가 독일 출신이었고, 독일어로 인질들을 휘둘렀다. 인질로 잡힌 이스라엘 국민 중 1명은 나치의 유대인 대학살에서 생존한 사람이었다. 당시 그녀는 비행기에서 독일어를 들을 때마다 극심한 스트레스에 빠졌다고 한다. 테러범들이 인질들을 유대인과 비유대인으로 나눴을 때 그녀는, 우리 모두가 그렇듯, 홀로코스트가 떠올랐다고 말했다. 공포와 좌절감에 몸을 떨었을 것이다.

근본적으로 원칙의 문제에 직면했다는 것이 분명해졌다. 인질을 구출할 수 없다면, 우리가 선택할 수 있는 유일한 대안은 테러범들과 협상하는 것뿐이다. 그러면 궁극적으로 테러범들의 요구에 굴복할 수밖에 없다. 이것은 향후에 누구도 예측할 수 없는 결과를 가져올 악순환의 시작이 될 수도 있다. 나는 두려워졌다.

나는 회의에서 말했다.

"우리가 테러범들의 요구를 수용하고 그들을 석방하는 경우, 모두들 우리를 이해하겠지만, 존중하지는 않을 것입니다."

그러나 반대의 경우도 결과가 끔찍했다.

"만약, 다른 한편으로 우리가 인질을 구출하기 위해 군사작전을 수행한다면, 그 누구도 우리를 이해할 수는 없겠지만, 모두가 존중할 것입니다."

그처럼 대담하고 힘든 구조작전을 시도한다면, 승객들에게 커다란 위험을 안겨줄 수 있었다. 그러나 대안을 찾으려는 내 의지는 그들의 안전에 관심이 없었던 게 결코 아니었다. 반대로 그들의 가족을 포함한 미래의 모든 승객들의 안전을 확보하는 것이 목표였다. 테러단체가 자신들이 벌였던 인질극이 효율적이라고 생각하게 되는 것이야말로 가장 위험한 문제였다. 비행기 1대가 수백 대가 될 수도 있다. 희생자 역시 수백 명이 아닌 수천 명이 될 수도 있다.

우리는, 비록 측정할 수는 없지만, 희생자 구출 못지않게 중요한 가치에 대해서도 고려했다. 바로 한 국가에 대한 국제사회의 신뢰였다. 1967년 '6일 전쟁'에서 우리는 전 세계에 강인하고 용기 있는 병력과 기술을 보였다. 이러한 사실은 우리 민족의 강한 자부심이 되었다. 불확실했던 수많은 시간들이 지난 끝에, 우리는 결국 지향해왔던 궁극적인 목표를 달성하게 되었다. 바로 우리나라를 우리 힘으로 안전하게 보호하는 것이었다.

그러나 1973년 욤키푸르 전쟁에서 이집트와 시리아는 이스라엘에 합동공격을 퍼부었고, 이는 우리를 무척 놀라게 했다. 우리는 공격을 막을 수 있었지만, 엄청난 비용이 소모되었고, 또한 갑작스럽게 살을 도려내는 듯한 패배감을 맛봤다. 안전하다는 인식은 한 달 만에 깊은 불안으로 바뀌었고, 우리 자신의 안보에 다시금 질문을 던졌다. 1967년 6일 전쟁의 승리로 전쟁에 대한 국가적 자부심이 오만함으로 흘렀다는 불안한 두려움이 번져갔다.

이듬해, 나는 국방부 장관이 되었다. 먼저 안보상황을 정확히 파악하고, 재앙의 씨앗이 될 만한 결함을 바로잡는 데 많은 노력을 기울였다. 예를 들어, 우리는 전쟁이 일어났을 당시에 적국의 공격이 임박해왔다는 사실을 미처 알지 못했다. 경보체계에 문제가 있었기 때문이다. 나는 군사정보 체계를 대대적으로 개편하는 동시에 영국 정보부대의 평가보다는 가공되지 않은 정보를 수백 페이지씩 읽는 데 시간을 투자했다. 나는 심지어 이스라엘 전역을 돌아다니며 불시에 현장점검을 했다. 새롭게 적용된 규칙이 각 부대에 제대로 자리 잡아가고 있는지를 확인하기 위해서였다.

1976년 여름, 우리는 여전히 상처에 붕대를 감고 있는 상태였다. 위대한 제국은 언제 무너질까? 바로 국민들이 국가에 대한 자신감과 신뢰를 잃었을 때다. 위대한 나라와 위대한 회사도 마찬가지다. 이스라엘은 국민들의 꿈과 목표를 에너지 삼아 이제껏 힘차게 달려왔다. 그리고 이런 종류의 위기는 우리의 자신감과 국가의 미래를 위태롭게 했다.

사건이 일어나기 전, 어느 밤에 나는 이런 글을 썼다.

"우리가 테러범에 굴복해 그들을 풀어준다면, 이스라엘은 누더기처럼 보일 것이고 심지어 지금보다 상황이 더 나빠질 것이다."

이런 특별한 상황에 직면했을 때 나는 오직 행동하는 것 외에는 아무것도 할 게 없다는 것을 깨달았다. 인질구조에 성공할 방법이 전무하다는 이야기를 들었을 때, 나는 1973년에 사망한 나의 오랜 스승 벤구리온의 말을 다시금 떠올리며 결심했다.

"한 전문가가 할 수 없다고 결론지으면, 가서 다른 전문가를 구해라."

> 어느 1명이라도 "가능성이 희박하다는 것이 반드시 불가능을 의미하지 않는다."는 사실을 받아들인다면, 기회는 분명히 있는 것이다.

월요일 아침이 밝자, 나는 집으로 돌아가서 라빈 총리에게 전화해 우리가 가지고 있는 최신 정보를 보고했다. 샤워를 한 뒤, 커피 한 잔을 마시고 나는 국방부로 돌아왔다. 그곳에서 수십 명의 사람들과 확실히 믿을 수도 없는 여러 정보를 세세히 읽고 분석하며 하루를 보냈다. 각지에서 온 다양한 정보들은, 많은 부분이 서로 모순되었다. 결국 우리가 하루 종일 분석해 알아낸 것은 고작 이것 하나였다. 비행기가 엔테베 공항 활주로에 아직 있다는 사실. 납치범들이 무엇을 요구하는지조차 모르는 상태였다.

IDF의 수장 구르는 라빈에게 우리가 아직 확실한 계획을 세우지는 않았으나, 낙하산을 이용한 구출작전의 가능성을 재고하고 있다고 보고했다. 라빈은 그 작전을 계획하는 중이고, 구출 가능성이 보인다는 사실에 잠시나마 만족한 듯 보였다. 그러나 그날 저녁, 구르와 대화를 나눠보니 아무도 그 군사작전이 실제로 가능하리라고 믿지 않았다는 게 분명해졌다. 너무나 불확실했고 위험요소가 많은 작전인데, 정보는 턱없이 부족했다.

나 또한 걱정이 커졌다. 우리는 역사상 가장 대담한 작전을 수행해야 했다. 최선의 상황에서도 해내기 힘든 일인데, 지금은 최선은커녕 최악의 상황이 아닌가? 그러나 난 포기할 수 없었다.

"우리는 모든 상상력을 끌어내 그 어떠한 아이디어라도 고려해 보아야 합니다." 나는 모여 있는 사람들에게 주장했다. "여러분들이 가진 계획을 듣고 싶습니다."

"우리에게는 계획이 없습니다." 무리 중 한 사람이 대답했다.

"그렇다면 저는 당신이 갖고 있지 않은 계획들을 듣고 싶습니다!" 나도 답했다.

이 줄다리기는 몇 시간 동안 계속되었다. 하지만 회의가 끝날 무렵, 아주 조금 진전이 있었다. 아무리 불가능해 보여도 해결책을 찾는 데 방해는 하지 말자는 여러 그룹의 결단이었다. 이때가 내 정치생활 중 가장 험난했던 순간이라고 해도 과언이 아니었다. 어쨌든 나는 사람들에게 영감을 불어넣기 위해 끈질기게 노력했고, 그 결과 비관론자와 회의주의자들은 입을 다물었다.

너무 자주, 특히 극심한 스트레스를 받는 상황에서 (물론 엔테베 사건보다 우리에게 더 큰 스트레스를 안겨줄 수 있는 일은 거의 없겠지만) 사람들은 안으로 위축되어 가능성의 문을 닫는다. 산만함이 가장 큰 위험이라고 믿고, 성공의 가능성을 높이는 쪽이 아니라 예측한 결과가 얼마나 정확하게 이루어질 것인가에 대해 집중한다. 이는 방어하기 위해서는 훌륭한 전략이 될 수 있다. 그러나 어느 1명이라도 "가능성이 희박하다는 것이 반드시 불가능을 의미하지 않는다."는 사실을 받아들인다면, 창조적인 해결책을 개발할 기회는 분명히 있는 것이다.

긴장된 시간들 속에서, 나는 용감하면서도 진지하게 토론하는 사람들을 보며 '다른 나라의 군대에서도 이런 격의 없는 토론이 가능할까?' 하고 생각하며 감사함을 느꼈다. 토론은 계속되었고, 여전히 상황은 불가능해 보였다. 그렇지만 나는 그들에게 계속해서 질문을 던졌다. 차츰 그들도, 모든 상상력을 동원해달라는 간청을 포함해 모든 나의 요청에 응답할 준비가 되어갔고, 기꺼이 해결책을 만들어내려고 노력했다.

토론 세션이 끝날 때 즈음, 우리는 3가지 계획을 도출했다.

첫 번째 계획은 쿠티 아담으로부터 나왔다. 그는 엔테베에서 인질을 구출할 수 없다면, 적어도 그들을 우리 영토로 데려와야 한다고 주장했다. 납치범들을 (그들이 도착하자마자 포로만 교환할 것이라는 조건으로) 이스라엘로 오게끔 설득할 수 있다면, 우리는 사베나 공습에서 성공했던 것과 똑같은 상황을 다시 만들 수 있다는 게 그의 지론이었다.

확실히 창조적인 방법이긴 했다. 분명히 테러범들이 엔테베 공항을 선택한 데는 이스라엘과 거리가 멀다는 것 외에 또 다른 이유가 있었다. 그들은 우간다의 대통령, 이디 아민Idi Amin의 지지를 받았다. 그는 테러집단을 소위 '환영하는 손님'으로 맞이했다. 테러범들이 이러한 이점을 포기할 리 없다. 우리가 합의를 보겠다고 확실히 정하지 않는 이상 그들은 절대 엔테베 밖으로 움직이지 않을 것이다. 게다가 사베나 구조작전은 이미 널리 알려졌기에 더 이상 비밀작전이 될 수 없었다.

두 번째 제안은 구르의 의견이었다. 그는 엔테베에서 구출이 이루어진다는 가정 하에 계획을 설명했다. 이스라엘의 낙하산 부대가 빅토리아 호수를 경유하여 엔테베에 몰래 들어가, 납치범들에게 예상치 못한 공격을 가하고 인질들을 안전하게 구출하는 시나리오였다.

이 계획은 현실적이라는 장점이 있었다. 하지만 이스라엘 방위군 IDF이 실제로 해낼 수 있는 것보다 더 광범위한 작전인 데다, 이 계획의 본질적인 허점은 출구계획이었다. 인질을 구출한 후에 그들을 대피시킬 방법이 없었다. 우간다 군대가 대응하기로 결정한다면, 우리의 최고 특공대원들을 충분히 압도할 만한 대규모 병력을 보낼 것이다.

세 번째 계획은 가장 대범하고 상상력이 뛰어났다. 이스라엘 공군 사령관인 베니 펠레드Benny Peled가 제안한 계획이었다. 그는 우간다, 적어도 엔테베 공항을 점령하자고 주장했다. 이스라엘 낙하산 부대가 일시적으로 도시, 공항, 항구를 점령하고, 그 후에 납치범들을 공격한다. 그렇게 공군이 먼저 이 지역을 확보한 후에 엔테베 공항에 허큘리스 군용 수송기를 착륙시켜 인질들을 집으로 데려올 수 있다는 것이다.

솔직히 그 계획은 터무니없어 보였다. 구르는 "비현실적인 공상일 뿐."이라고 일축했고, 다른 이들도 동의했다. 그러나 3가지 제안 중 내가 가장 흥미롭게 바라본 것은 마지막 것이었다. 규모와 야망이 지나치게 크다는 점을 제외하고는 펠레드의 계획이 문제될 게 없다고 생각했다. 구르의 계획과 달리 그의 계획에는 인질을 대피시킬 전략이 포함되어 있었다. 쿠티의 계획과 달리 테러범들이 자신들의 이익에 반하는 행동을 취할 거라는 가정이 들어 있지도 않았다. 실제로 회의가 끝났을 때까지 살아남은 건 오직 펠레드의 계획뿐이었다.

그날 저녁 늦게 라빈은 주요 장관들을 다시 소집해 납치범들의 요구와 대응방안에 대해 논의했다. 우리는 7월 1일 오전 11시에 테러단체로부터 석방 희망 수감자 명단을 받았고, 36시간 이내에 응답해야 했다. 그 목록에는 이스라엘에 수감된 40명의 테러범들이 있었다. 케냐인 6명, 독일인 5명, 프랑스인 1명, 스위스인 1명도 포함되어 있었다. 이스라엘이 요구에 응하려고 해도 그것은 사실상 불가능했다. 다양한 국가로 송환해야 하는 복잡한 석방절차를 처리하기에는 시간이 부족했기 때문이다. 게다가 다른 나라들이 끼어들 이유도 없어 보였다. 케냐 정부는 더 이상 자국에는 테러단체가 없다고 말했다. 프랑스 정부 역시 이미 자신들의 영토에서 테러집단을 추방했다고 주장했다. 서독 사람들은 적군파로 알려진 바더 마인호프Baader-Meinhof 테러범들이 자국 내에서 벌인 너무나 끔직한 살인과 폭력에 책임이 있었기 때문에 그들을 절대 석방시킬 수 없다고 입장을 표명했다.

이처럼 테러범들의 요구를 들어줄 수 없게 되자 구조작전에 대한 논쟁은 더욱 뜨거워졌다. 생각지도 못했던 군사작전들이 등장함에 따라 우리는 테러범과의 협상보다는 인질구출을 성공시키는 데 더욱 집중했다. 나는 이러한 경우에서는 최선의 노력을 다하는 데 집중하는 편이 더 낫다고 판단했다.

그러나 라빈 총리는 나만큼 확신하지 못했다. 그가 인질의 가족들과 만났을 때, 그들은 1973년 전쟁이 끝난 후 이스라엘 병사들의 시신을 적군포로와 교환했던 기억을 떠올렸다. 가족들의 주장은 이랬다. 당시엔 죽은 자들조차 포로와 교환했는데 왜 지금은 살아 있는 자신들의 가족을 죄수들과 교환하지 않느냐는 것이었다. 나는 절망에 빠져 있는 인질의 가족들을 이해했다. 그러나 나는 라빈에게 "우리는 무고한 민간인을 살해한 죄수를 단 한 번도 풀어주지 않았다."고 말했다. 바로 그건 테러집단들이 요구하는 조건이었다. 그들의 요구에 동의하는 건, 깜짝 놀랄 만한 새로운 전례를 만들 것이다.

논쟁이 계속되자, 라빈의 인내심은 한계에 다다랐다. 다들 군사작전을 선택하자는 것이 도덕적이고 실용적이라는 것은 알았지만, 그 방에서 오직 나만 그 계획을 주장했다. 그럼에도 불구하고 여전히 나에겐 총리를 설득할 수 있는 구체적이고 실행 가능한 계획이 없었다. 테러집단의 협상기한 마감까지 이틀 남은 상황에서, 내 행동은 라빈을 혼란스럽게 만들었다. 회의가 끝날 때 즈음, 라빈은 이스라엘이 40명의 테러범을 석방하겠다는 입장을 발표하겠다고 결정했다. 그리고 나는 더 나은 계획이 필요하다고 주장하며 맞섰다.

> "우리가 항복하면, 전 세계의 어느 나라도 버티지 못할 것입니다. 우리는 테러집단의 요구를 더 많이 끌어 모으게 될 것입니다."

우리가 처음 에어프랑스 항공편이 우간다에 착륙했다는 사실을 알았을 때, 내 경호원 중 1명이 옆으로 다가와 비밀스럽게 말했었다. 그는 한때 우간다 대통령 이디 아민의 경호원으로 일했던 사람이었다.

"그는 할 수 있는 한 이 사태를 오랫동안 끌 것입니다." 그는 아민에 대해 말했다. "그는 관심받기를 무척 좋아하기 때문입니다."

나는 수요일 아침 이른 시간에 깨어 있는 상태에서, 계속 그 말을 떠올렸다. 만약 내 경호원의 말이 맞다면, 아민과 나에게는 공통적인 목표가 있는 셈이다. 바로 이번 사태를 일찍 끝내지 않는 것이다. 나는 그날 아침 국방부로 출근하며 생각했다. 아민을 통해서 테러집단에게 마감기한을 연장시켜달라고 부탁해볼 수도 있지 않을까? 점차 가능하리라는 확신이 들었다. 사무실로 오자마자 나는 우간다에서 일했거나 아민과 안면이 있는 이스라엘 방위군 장교 몇 명을 불렀다. 이때야말로 모든 것이 투명하게 보이기 시작하는 위대한 순간이었다.

장교들은 아민이 측근들의 판단에 많이 의지하고 있다는 것과, 주목받기를 좋아한다는 특징, 그리고 세계무대에서 동등하게 대우

받기를 무척이나 간절하게 원한다는 사실을 알려주었다. 심지어 노벨평화상을 받는 상상도 한단다. 그러나 이러한 큰 야망과 달리 그는 잔인하고 비겁한 폭군이었다. 장교들 중 1명은 아민이 선물받은 소총으로 사람들로 북적이는 별장 안뜰을 겨냥하여 무차별적으로 쏘아댔던 경험을 떠올렸다.

또한 그들은 아민이 다른 나라의 전쟁에 개입하는 것을 좋아하지 않기 때문에, 이스라엘 구출팀이 엔테베에 온다 해도 우간다 군대가 별로 힘을 쓰지 못할 것이라고 조심스럽게 이야기했다. 그가 스스로 인질들을 죽이라는 명령을 내리지는 않을 것이라고도 말했다. 왜냐하면 아민은 그의 어머니로부터 "유대인을 절대 죽이지 마라. 만약 죽인다면 비싼 대가를 치르게 될 것이다."라고 귀에 못이 박히도록 들어왔기 때문이다. 그렇지만 여전히 장교들은 그가 예측불가의 대상이라는 점을 명확히 했다. 자존심이 상하거나, 과거에 일어난 것처럼 생생한 악몽을 꾼다면 그는 무책임한 행동을 할 것이다.

그 대화는 매우 중요한 것으로 판명되었다. 이로써 우간다 군대는 군사작전에 위협이 되지 않을 것이며, 아민이 이 국제 드라마의 중심에 있는 한 그는 인질처형을 지지하지 않을 것이라고 결론내릴 수 있었다. 또한 아민을 조종할 수 있을 거라는 생각도 들었다. 그의 자기애에 호소하여 우리에게 유익한 상황을 만들어내도록 말이다.

나는 장교 중 1명인 콜로넬 바루흐 '부르카'Colonel Baruch 'Burka'를 통해 아민에게 연락을 취해 달라고 요청했다. 아민은 그를 친구로 여겼다. 연락이 가능한 상황이라면, 나는 그로 하여금 이스라엘 정부의 고위 지도층을 대표하여 아민에게 전화를 걸었다고 할 요량이었다. 나는 아민의 자존심을 이용할 생각이었다. 부르카에게 이스라엘이 그를 대단히 훌륭한 국제적 지도자로 여기고 있다는 인상을 주고, 그렇게 함으로써 아민이 이 사태에 개입하도록 설득하라고 일렀다.

"상황이 잘못되면, 그는 국제적으로 비난받을 수 있고, 만약 그렇게 된다면 매우 약해 보일 것이라고도 말해주시오." 나는 덧붙였다. "그가 만약 우리를 돕는다면, 어쩌면 노벨평화상을 수상하게 될지도 모른다고도 언급해주시오."

그날 오후, 라빈은 수석 각료회의를 소집하여 상황을 논의하고 해결방안을 검토했다. 그는 우리 모두가 그러했듯이 인질들, 특히 어린이들에 대해 깊이 우려하고 있었다. 전직 이스라엘 방위군의 지휘관이었던 라빈은 우리의 능력과 한계에 대해 정확히 파악하고 있었다. 그는 우리의 공식적인 입장이 어떻든 간에, 군사작전을 선택하지 않으면 남는 방안은 테러단체와 협상하는 것뿐이라고 말했다.

"지금 상황에서, 나는 군사작전이 가능하다고 생각하지 않소." 그가 생각을 정리하며 말을 이었다. "우리가 어떻게 해야 하겠습니까? 우간다를 공격할 것입니까? 우간다까지는 또 어떻게 갈 수 있단 말입니까?"

"우리의 목표는, 군사적으로 행동하지 않고, 사람들의 생명을 구하는 것입니다. 그렇지만 현재로서는 길이 보이지 않습니다." 그가 말했다.

얼마 후, 내가 주재하여 소그룹 특별회의를 열었다. 나중에 우리는 이 회의를 환상의 짝꿍을 의미하는 소위 '판타지 협회'라고 불렀다. 내 의도는 이스라엘 방위군에서 가장 창의적인 인재들을 함께 모아, 모든 알려진 상황을 고려하고, 생각해볼 수도 없었던 선택에 대해 과감하게 상상하도록 하는 것이었다. 나는 구르에게 불가능을 계획하는 데 큰 관심을 가질 만한 사람들을 모아달라고 부탁했다.

그들이 도착하자 나는 구르에게 빅토리아 호수의 낙하산 작전에 대한 상황과 정보를 다시 한 번 확인해달라고 말했다. 그는 여전히 좋은 소식이 없다고 했다. 오히려 육군은 빅토리아 호수가 악어떼로 우글거리고 있다는 사실을 알았고, 전날 밤 진행되었던 리허설은 실패로 돌아갔다. 스피드보트를 이용하는 대안이 있기는 했지만, 모사드의 수장은 그다지 실용적인 방안이 아니라고 말했다고 했다. 왜냐하면 스피드보트를 띄우려면 케냐 정부의 도움이 있어야 하는데, 분명 케냐 정부는 테러집단의 보복이 두려워 위험을 감수하지 않을 것이기 때문이었다. 그리고 구출된 인질들을 어떻게 대피시킬지에 대한 명확한 해법도 여전히 보이지 않았다.

구르의 계획을 보류하고, 나는 펠레드의 계획으로 방향을 돌렸다. 마지막으로 토론했을 때와 달라진 점은 조금 더 작아진 작전 반경이었다. 그는 도시 전체를 정복하기보다는 좁혀서 공항만을 정복하기로 결심했다. 그는 허큘리스 수송기 10대를 띄워 총 1,000명의 낙하산병을 떨어뜨리자고 제안했다.

낙하산 부대의 수장이자 보병장교인 댄 숌론Dan Shomron 장군은 신속히 이의를 제기했다. "최초의 낙하산 부대원이 땅에 떨어질 즈음이면, 이미 인질들은 죽을 것입니다." 그가 설명했다. "테러집단들은 낙하산 부대원들이 하늘에서 떨어지는 걸 보는 순간 인질들에게 총격을 가할 것입니다."

대화가 계속 이어지면서 책상에 앉아 있던 다른 사람들은 더 많은 처방전을 제안했다. 200명의 병사와 비행기 1대를 공항에 착륙시키자는 방안도 나왔다. 비행기가 레이더에 의해 발각될 위험이 있긴 했지만, 그래도 엄청난 이점이 있었다. 바로 인질들을 쉽게 데려올 수 있다는 점이다.

내 생각에, 이는 우리가 가지고 있던 계획 중 가장 실용적인 후보였다. 그래서 나는 사람들에게 세부사항을 계속 연구하도록 부탁했다. 문제는 우리가 현지 상황에 대해 모르는 점이 너무 많다는 사실이었다. 우리는 기밀정보가 부족하여 어려움을 겪었고, 우리가 가지고 있는 정보를 확실하게 신뢰할 수도 없었다. 한 보고서는 소련 공군이 개입할 수 있다고 말했고, 다른 보고서는 우간다의 대대급 군대가 이미 공항에 동원되어 있는 상태라고 했다. 우리는 테러범들이 몇 명이나 거기 있는지, 인질들이 아직도 비행기에 탑승한 채로 있는지 여부조차 알지 못했다. 무엇이 우릴 기다리고 있는지 모르는 상태였지만, 우리는 군대를 엔테베 공항으로 보내 인질을 구조를 하는 작전을 계획했다.

회의에 참석한 후, 나는 부르카로부터 소식을 전해 들었다. 부르카는 아민에게 연락을 취하는 데 성공했고, 내가 요구한 것을 모두 전달했다고 했다. 그렇지만 아민은 자신의 영토 내에서 테러단체를 막을 힘이 없다고 단호하게 말했다는 것이다. 그가 도와주지 않을 것임이 확실해지자, 결국 우리에게 남은 유일한 방안은 군대를 보내 인질을 구조하는 것뿐이었다.

하지만 부르카는 아민과 대화하면서 새로운 정보를 입수했다. 납치범들이 이스라엘인이 아닌 48명의 인질을 풀어주었다는 것이다. 그리고 나중에 이는 사실로 확인되었다. 그러나 사실과 허구를 분별하는 것은 여전히 어려운 일이었다. 아민은 테러범이 30명 정도라고 밝혔지만, 몇몇의 증거로 추측하기에는 7명에 가까웠다. 또한 그는 테러범들이 폭탄조끼를 입고, 공항 전체를 폭파하기에 충분한 TNT를 가졌다고 말했는데, 만약 이게 사실이라면 어떻게 테러범들이 폭탄조끼를 입고 민간 항공기에 탑승해 엔테베로 이동할 수 있었는지 의심하지 않을 수 없는 상황이었다.

어쨌거나 아직은 상황이 현실이 되기 전이었다. 꼬박 하룻밤을 뜬 눈으로 보내고, 나는 두렵고 우울한 느낌으로 아침을 맞이했다. 7월 1일 목요일, 최후통첩은 그날 오후까지였다. 시한이 연장될 거라고 믿으면서도, 한편으로는 내가 틀렸다면 일어날 수밖에 없는 대학살이 두려웠다.

라빈 총리는 이른 아침에 회의를 열었다. 시작하기 전에, 나는 구르 곁으로 가서 우리가 입수한 새로운 정보에 대해 논의했다. 이스라엘인이 아닌 48명의 인질 중 일부는 이미 파리에 도착해 우리에게 중요한 소식을 제공했다. 인질들이 2곳의 터미널 중 더 오래된 터미널에 잡혀 있다는 사실을 확인했다. 그들은 테러집단과 우간다 군인들에 의해 감시받고 있었고, 더 이상 비행기 안에 갇혀 있는 상태가 아니었다. 터미널의 구조에 대해서도 자세히 알게 되었다. 이 정도면 구조작전 준비를 시작하기에 충분했다.

나는 국방부 장관이긴 했지만, 라빈을 설득하기 위해서는 다른 이들, 특히 구르의 도움이 절실하다는 것을 알고 있었다. 그는 이 계획에 없어서는 안 될 중요 인물이었다. 내가 그를 설득하기 전까지, 내각을 설득하려고 시도하는 것은 의미가 없었다. 그러나 구르는 여전히 확신을 가지지 못했다.

"저는 이스라엘 방위군의 수장으로서 인질구조를 위한 군사계획을 용인할 수 없습니다."

내가 전한 새로운 정보를 듣고는 그가 말했다. 다시 한 번 나는 혼자가 되었다.

관계 장관회의는 비참한 분위기와 엄청난 부담감 속에서 시작되었다. 마감기한을 앞둔 상황에서 긴장을 피할 수는 없었다. 나는 부르카가 아민과 했던 통화기록을 읽으며 회의를 시작했다. 전화로 나눈 대화로부터 유용한 정보를 얻었지만, 아민이 우리에게 도움을 줄 수 없다는 사실도 분명해졌다.

토론의 중심은 인질들의 가족에게로 흘러갔다. 아임 자독Haim Zadok 장관은 우리에게, 가족들은 우리가 협상을 시작하고, 그들을 구하기 위해 필요한 모든 일에 대해 추가희생이 없는 선택을 기대하고 있다고 알려주었다.

“이 문제는 단순히 그 가족들만의 문제가 아닙니다.” 나는 이틀 연속으로 주장했다. “테러집단과의 협상, 즉 이스라엘의 항복선언이 미래에 더 큰 테러를 불러일으킬 것입니다.”

“누가 더 큰 테러를 불러올 것이라고 말했습니까?” 라빈이 날카롭게 되물었다.

“제가 그렇게 말했습니다.”

“당신의 발언을 분명히 하고, 왜 그렇게 생각하는지 설명해주십시오.” 그가 답했다.

“지금까지 미국인들은 테러에 항복하지 않았습니다. 아직 이스라엘이 세계 어느 테러집단에게도 항복하지 않는 세계적 전통을 세웠기 때문입니다.” 나는 설명했다. “우리가 항복하면, 전 세계의 어느 나라도 버티지 못할 것입니다. 우리는 테러집단의 요구를 더 많이 끌어 모으게 될 것입니다.”

“지금이 중요한 순간입니다. 현재로서는 결정을 내리지 않는 것이 그 자체로 결정입니다.”

라빈은 대답했다. 라빈이 다시 개입할 때까지 수 시간 동안 논쟁이 계속되었다.

“명확히 말하자면, 우리에게는 회피할 시간이 없습니다. 결국 근본적인 질문은, 우리가 협상에 참여할 의향이 있는지 없는지 아닙니까? 정부가 더 이상 대답을 회피하지 않았으면 합니다.”

이스라엘 갈릴리Yisrael Galili 장관은 정부가 즉각적으로 협상을 시작해야 한다고 말했다. 라빈은 갈릴리의 제안을 지지했다. 우리는 과거에 협상을 한 번 했던 전례가 있으며, 이제 어떻게 협상을 시도할 것인지만 논의하자고 덧붙였다.

“문제는 전례가 아닙니다.” 나는 말했다. “문제는 이스라엘의 비행기와 항공사의 미래, 그리고 사람들의 미래입니다. 우리는 인질로 잡힌 이들의 운명뿐만 아니라, 여기 있는 사람들의 운명, 향후 이 나라에 일어날 일들 모두 다 고려해야 합니다.”

여전히 나에게는 만족스러운 대안이 없었기 때문에 라빈은 마음을 움직이지 않았다.

“나는 누가 반대하는지를 알고 싶군요.” 그가 말했다. “그리고 나는 이 문제에 대해 오해하고 싶지 않습니다. 나도 테러범들과 협상하길 바라진 않습니다. 그러나 정부는 여러분에게 인질들을 구해낼 시도를 계속하도록 권리를 위임했습니다. 이스라엘 감옥의 테러범들과 교환을 해서라도 말이죠.”

라빈이 자신의 말에 찬성하는 사람을 묻자, 주변의 모든 사람들이, 어쩔 수 없이 나도 포함하여 손을 들었다. 확실한 군사작전이 없는 상황에서 내게 가장 필요했던 것은 시간이었기 때문이다. 느리게라도 테러집단과 협상을 시작하면, 기적이 일어날 시간도 더 벌 수 있다. 그러는 한편 적군과 의사소통을 시작하게 된다는 이점이 있었다. 또한 나 자신을 늘 반대만 하는 쓸모없는 사람처럼 보이지 않게 하는 효과도 있었다. 어떻게든 군사작전을 잘 계획해서 라빈 총리의 승인을 받으려면 내가 신뢰감 있게 보여야 했다.

회의가 끝나고 1시간 후에 부르카는 아민과 다시 통화했다. 아민은 부르카에게 아프리카 라디오 방송을 통해 협상의지를 밝히는 발표를 해야 한다고 주장했다. 그는 자신이 이 문제를 해결하는 데 개입해보려고 시도했으나 그 결과는 실패였다고 이야기했다. 그리고 오후 2시가 되면 예정대로 인질들이 죽을 것이라는 이야기만 했다.

우리는 긴장한 상태로 테러범들의 발표를 기다렸다. 그러다 안심의 순간이 왔다. 테러범들이 3일을 더 주겠다는 최후통첩을 보내온 것이다. 아민이 아프리카 연합기구 회의에 참석하기 위해 모리셔스로 떠나야 했는데, 테러단체는 그가 돌아올 때까지 행동하지 않기로 했던 것이었다. 갑작스럽게 우리에게는 몇 시간이 아닌 며칠이 생겼다.

나는 사무실로 구르를 불렀다. 세부사항을 의논하기 위해서였다. 그는 충격을 받았다.

"아니, 당신은 조금 전에 항복하고 협상하는 쪽에 투표하지 않았습니까?" 그가 불만에 찬 어조로 다그쳤다.

"그건 시간을 벌기 위한 속임수였습니다." 나는 설명했다. "이제 시간이 생겼습니다. 우리는 이를 최대한 이용할 것이고요."

그날 오후, 이 어렵고 험난한 작전을 멋지게 구상하는, 소위 '판타지 협회'가 다시 모였다. 그리고 처음으로 실용적인 구조계획이 나오기 시작했다. 쿠티 아담과 댄 숌론은 이미 엔테베 공항에 착륙한 뒤 접수하는 계획의 초안을 짜놓은 상태였다. 그들은 매우 구체적으로 설명했다. 작전은 어둠 속에서 수행될 것이고 1시간 이내에 마칠 것이다. 그들이 계획한 작전은 다음과 같았다.

첫 번째 비행기는 밤 11시에 착륙한다. 레이더를 피하기 위해서 영국 비행기 바로 뒤에서 붙어 착륙한다. 비행기에서 2대의 특공대 차량이 나온다. 그들은 테러범을 제거하고 인질들을 구출하기 위해 인질들이 갇혀 있는 구舊 공항 터미널로 이동한다. 10분 안에 또 다른 허큘리스 수송기가 착륙하고, 마찬가지로 그 안에서 2대의 특공대 차량이 나온다. 그들은 신新 공항 터미널로 이동하여 그곳과 활주로, 연료 저장고를 모두 장악한다. 그들이 임무를 완수하면, 2대의 이스라엘 비행기가 더 착륙하여 인질들을 태우고 이륙한다.

우리는 가능한 모든 결과, 우리가 생각할 수 있는 모든 변수, 잘못될 수 있는 모든 것에 대해 논의했다. 가장 늦게 임무를 수행할 수 있는 날은 토요일 밤이었다. 여전히 계획의 실행 가능성에 대해 의문이 들었지만, 우리는 최소한 준비할 시간이 있다는 점에는 동의했다. 그러나 구르는 우려했다. 작전이 예상대로 진행되더라도, 우간다까지 중간 기착 없이 비행기를 운항할 수 없다고 말했다. 연료보급을 위해 케냐 기지를 사용해도 된다는 동의를 얻지 못하면, 모든 작전은 불가능했다. 만약 케냐 정부가 동의하더라도, 여전히 자신감을 갖고 작전을 펼치기에는 정보가 부족하다고도 말했다. 우리는 아직도 정확히 몇 명의 테러범들과 직면할지 모르는 상태였다.

"정보가 없는 상황에서 나는 절대 작전을 명령할 수 없습니다." 그는 외쳤다. "내가 여기서 들은 내용 중 일부는 이스라엘 방위군에게 적합하지 않습니다. 당신은 제임스 본드를 원하나 본데, 그런 것이라면 내 표를 얻을 수 없을 것입니다!"

나는 모사드가 우리에게 더 많은 정보를 제공하기 위해 노력하고 있다고 구르에게 말했다. 그러는 한편, 기동부대에 공격준비를 시작할 것을 승인해달라고 부탁했다. 우리에게 필요한 정보를 충분히 얻게 되는 상황이 오면, 그 순간에 이미 실행으로 옮길 준비가 되어 있어야 했다. 결국 구르는 동의하고, 댄 숌론을 지휘관으로 임명했다.

오후 5시가 되자, 나는 좀 더 논의하기 위해 라빈 총리를 비롯해 몇몇 장관들과 만났다. 그때 나는 라빈 총리에게 우리가 계획하고 있는 일의 세부사항을 보고하지는 않았다. 그렇게 해봐야 좋을 게 하나도 없었기 때문이다. 그렇지만 인질구조 계획은 커튼 뒤에서 계속 진행되어갔다.

"군사작전은 충분히 선택할 만합니다." 내가 말했다. "지금은 우리에겐 구체적인 계획이 없고 오직 생각과 상상력만 있습니다. 그러나 이를 선택하지 않으면, 우리는 완벽하고 철저하게 항복하는 것입니다."

그렇지만 나의 간청은 다시 한 번 제대로 무시당했다.

회의를 하는 내내 내 자신감은 땅바닥에 떨어졌다. 주변 사람들이 이토록 노력하고, 나 스스로도 창의적으로 생각하려고 애를 쓰는 데도 불구하고, 나는 진정 혼자라고 느껴졌다. 벤구리온이 나에게 홀로 서는 미덕을 가르쳐주었지만, 만약 한 사람이 진정 혼자라고 생각된다면 그 자신이 틀린 것은 아닌지 생각해볼 필요가 있다. 나는 목적을 달성하기 위한 열의가 실용적 관점을 흐리게 했는지, 인질구출에 대한 원칙에 전념한 나머지 현실을 똑바로 바라보지 못하게 만든 것은 아닌지 의문이 들었다. 나에게는 더 이상 조언과 지혜를 주는 벤구리온이 없었다. 그래서 나는 그의 가장 친근한 존재를 찾았다. 바로 나의 옛 친구 모셰 다얀이다.

나는 다얀이 텔아비브 해변에 위치한 어느 식당에 호주 손님들과 함께 있다는 소식을 들었다. 당시 다얀은 정부 일에서 손을 뗀 뒤였다. 나는 그를 만나기 위해 식당으로 차를 몰았다. 그가 손님들과 함께 막 수프 접시를 받아든 순간 내가 불쑥 나타났다. 나를 보고 깜짝 놀란 그에게 먼저 사과를 건네고 나서, 개인적으로 간단히 할 이야기가 있다고, 잠깐 시간을 좀 내달라고 부탁했다. 조금 떨어진 테이블에 자리를 잡고서 나는 상황을 설명하기 시작했다. 웨이터가 레드와인을 2잔 가지고 왔다. 나는 하루 종일 아무것도 먹지 못했다는 사실을 깨달았다.

나는 대담한 구조계획과 정보가 부족한 상황, 계획에 따르는 수많은 위험, 엄청난 반대표, 알 수 없는 결과 등을 모두 설명했다. 얘기를 다 듣고 난 뒤, 내가 그랬듯 다얀의 얼굴이 밝아졌다.

"나는 이 계획에 150% 찬성하네!"

그는 내가 나열한 위험과 불리한 측면들이 전쟁의 피할 수 없는 위험이라고 일축하며 소리쳤다.

"자네의 모든 것을 걸고 이 계획을 추진하는 게 옳아."

가장 절실했던 시기에 그는 나의 확신을 굳게 다져주었다. 비록 무엇을 먹은 것은 아니었지만, 나는 속이 든든해진 채로 식당에서 나왔다.

목요일 밤 11시에 라빈 총리는 다시 내각회의를 열어 인질협상에 관한 세부사항을 논의했다. 나는 몸은 그곳에 앉아 있었지만 마음은 다른 곳에 가 있었다. 다얀과 했던 대화를 떠올리다가도 앞으로 이를 어떻게 설득해 나가야 할지 생각에 빠졌다.

회의는 자정 이후에 잘 마무리되었지만, 집에 가기 전에 나는 구르에게 다시 한 번 기대를 걸어보기로 했다. 우리는 새벽까지 얘기했다. 이스라엘뿐만 아니라 유대인과 여러 이해관계에 대해 모두 이야기했다. 내가 지지하는 군사작전의 위험성에 대해서도 가감 없이 말했다. 그리고 우리에게 닥칠 더 큰 위험에 대해서, 그가 도전이 아니라 미리 항복을 선택하고 있다고도 지적했다. 나는 그의 의심을 없애려고 찾아간 것이었지만 우리가 헤어질 때까지도 여전히 구르는 확신하지 못했다. 나는 사무실로 돌아와 소파에서 잠시 쉬었다. 내가 했던 말들이 그의 곁을 맴돌며 마음의 문을 열어주기를 바랐다.

"그럼에도 불구하고, 마음이 무겁지만,
정부가 작전을 승인하기를 요청하는 바입니다."

깜빡 잠든 지 한두 시간도 안 되었을 때, 나는 갑자기 엄청난 괴로움을 느끼며 잠에서 깼다. 1주일 내내 나를 괴롭혔던 치통이 더 이상 참을 수 없을 지경이 된 것이다. 그렇게 응급 치과진료를 받느라 나는 사건 한가운데에서 잠시 빠지게 되었다.

치과의사는 내 오랜 친구인 랑게르 박사였다. 그의 아들은 이스라엘 방위군 특공대였고, 전대미문의 인질사건 때문에 아들의 주말 휴가는 취소되었다. 랑게르 박사는 엔테베의 인질에 관한 언론보도를 보았을 때 분명히 상황이 어떻게 돌아가고 있는지 궁금했을 것이다. 혹시라도 특공대에 소속된 아들이 작전에 참가하여 죽을 수도 있는 위기라면, 분명 군사작전이 정말로 실행될 것인지 여부에 대해 누구보다 궁금했을 것이다. 그러나 그는 나를 진료할 때 사건에 관해서는 단 한 마디도 언급하지 않았다. 그는 그런 사람이었다.

치료를 마치고 사무실로 돌아오자, 방대한 양의 새로운 정보가 나를 맞아주었다. 우리는 아미람 레빈Amiram Levin이라는 첩보장교를 파리에 보냈었다. 그는 그곳에서 프랑스 정보요원들을 도와 이스라엘인이 아니어서 석방된 인질들로부터 정보를 얻는 임무를 수행했다. 인질 중 1명이었던 노신사는 레빈에게 다가와서 이렇게 말했다.

"저는 당신이 원하는 것을 정확히 알고 있습니다."

그는 레빈에게, 자신이 프랑스 군대의 전직 대령이었기 때문에 엔테베에 붙잡혀 있는 동안 무엇에 집중해야 하는지 알 수 있었다고 말했다. 그는 인질들이 붙잡혀 있던 터미널의 구조를 그려주었고, 배치에 대해 간결하게 설명해주었다.

그로부터 13명의 테러리스트와 약 60명의 우간다 군인이 주둔해 있다는 사실을 알게 되었다. 그는 인질들이 터미널의 중앙홀에 붙잡혀 있고, 에어프랑스 승무원들은 여성 화장실에 억류되어 있는 상태라고 말했다. 비행기는 근처에 계류되어 있지 않았고, 구 터미널에는 벽 한가득 나무상자가 쌓여 있는데, 테러범들은 그 안에 폭발물이 가득 차 있다고 경고했다고 전했다. 그러나 그는 나무상자 밖으로 전선이 연결되어 있지도 않았고, 근처에 폭발장치도 보이지 않았다고 덧붙였다. 이는 너무나 훌륭한 정보였다. 다시 한 번, 이스라엘은 프랑스인의 관대함에 힘입어 안보를 지켜나가게 된 것이었다.

우리는 노신사의 정보 외에 모사드로부터 다른 정보도 받았다. 며칠 전 우리는 항공기를 보내 엔테베 공항의 사진을 찍는 데 성공했다. 고화질의 공항사진을 갖게 된 것이다. 또한 모사드의 국장 이트자크 오피Yitzhak Hofi는 케냐 정부가 자신들의 공군기지를 경유지로 사용하도록 허락해주었다는 소식을 전했다. 구르와 나는 그의 사무실에 만나 새로운 정보에 대해 논의했다. 순식간에 그는 회의적인 태도를 벗어던지고 계획을 지지하겠다고 말했다.

구르의 지지를 얻자, 나는 드디어 모든 것을 계획대로 추진할 수 있었다. 그는 새로 알게 된 정보를 '판타지 협회'와 공유하며 계획을 다듬어 나가기 시작했다. 그 사이에 나는 보고하기 위해 라빈을 찾았다.

나는 국무총리실에 들어가서 말을 꺼냈다.

"현 시점에서, 공식적으로 말하기보다는 개인적으로 말하겠습니다. 저는 이제 우리가 진정으로 군사작전을 펼칠 수 있게 되었다고 확신합니다."

나는 라빈에게 우리의 계획과 그것을 맡은 담당자들의 의견에 대해서 자세히 설명했다. 계획의 구체적인 단계들, 제기되는 의문과 그것에 대한 해결책, 그리고 여전히 남아 있는 불확실한 요소들까지 그에게 모두 말했다. 라빈은 모사드 국장 오피에게 우리와 함께할 것을 요청했고, 궁금한 점이 있으면 말해달라고 부탁했다.

라빈에게는 전술적이고 정치적인 2가지 걱정거리가 있었다. 첫째, 전술적으로 그는 첫 비행기가 이륙하기 전에 적들에게 정체가 탄로 날 가능성이 있다고 말했다. 그렇게 되면 비행기가 착륙조차 하지 못할 것이고, 테러범들이 자신들이 공격받는다는 것을 알게 되면 인질들의 안전이 위협받는다는 것이다. 둘째, 좀 더 광범위한 정치적 시각으로 봤을 때, 만약 이번 임무를 실패하게 된다면 국가적으로 막대한 타격을 입을 수 있다고 우려했다.

"이스라엘은 다른 대안을 택할 때보다 더 큰 피해를 입을 수 있습니다."

그가 주장했다. 전술적 측면에서 모사드의 국장은 작전에 대해 지지를 표명했다. 실패의 위험을 무릅쓰고도 할 만한 가치가 있는 작전인지는 라빈이 스스로 답을 내려야 하는 문제였다.

"어쨌든 나는 내각의 결정대로 움직일 것입니다."

라빈은 과거에 테러범과의 협상을 의제로 진행했던 투표를 언급하며 결론을 지었다. 나도 그가 독단적으로 결정할 수 없다는 데 동의했다. 이는 사실이었다. 그러나 나는 그에게 우리의 계획을 발표할 기회를 달라고 부탁했다.

"만약 당신이 이를 지지한다면, 내각도 지지할 것입니다."

그날 오후, 내 사무실에서 '판타지 협회'를 소집했을 때, 구르는 총리 앞에서 계획을 발표할 준비가 되었다고 알렸다.

"세부사항을 나에게 알려주십시오." 내가 부탁했다.

라빈이 어떤 결정을 내릴지 알지 못하는 상황이었지만, 난 내각의 결정이 떨어지자마자 곧바로 작전을 실행해야만 성공할 수 있다고 생각했다.

국방부 장관으로서 내게는 총리의 승인 없이 이스라엘 국경 안의 어느 곳이든 이스라엘 방위군을 보낼 권한이 있었다. 그래서 나는 라빈의 대답을 기다리지 않고, 다음 날 허큘리스를 시나이 남쪽에 있는 샤름 엘 셰이크Sharm el-Sheikh로 보냈다. 나는 라빈의 승인을 얻는 바로 그 순간, 단 1초도 낭비하지 않고 명령을 내리는 것이 가장 좋은 타이밍이 될 것이라고 생각했다.

계획은 이제 분명해졌다. 샤름 엘 셰이크에서 이스라엘 공군은 레이더망을 벗어난 고도에서 에티오피아 영공을 날아갈 것이다. 그리고 민간 항공기들이 다니는 길을 통해 우간다에 접근한다. 요나탄 네타냐후가 이끄는 특공대 부대는 구 터미널에서 테러범으로부터 인질들을 구출할 것이고, 다른 비행기들도 수분 간격으로 연속적으로 착륙하여 특공대를 엔테베 공항에 내려줄 것이다. 특공대원 중 일부는 신 터미널, 활주로, 주유소를 점령하는 임무를 맡고, 다른 이들은 근처에 배치된 소련제 전투기를 파괴하는 역할을 맡는다. 또 다른 부대는 고속도로에 장애물을 설치하여 지원군이 공항에 진입하는 것을 막을 것이다.

일단 인질들이 확보되면, 그들을 허큘리스 비행기 중 1대에 태운 다음 재급유를 위해 나이로비로 이륙한다. 다른 비행기들도 따라서 케냐로 향하고, 그곳에서 다 함께 이스라엘로 귀국한다. 이 작전은 1분 단위로 계획되었다. 그리고 이미 대원들은 하루 종일 작전들을 훈련하며 가능한 모든 상황들을 시뮬레이션 해보았다. 우리의 아버지들과 할아버지들이 《탈무드》를 넘겨가며 공부했던 것처럼, 그들도 공항의 지도들을 집중하여 분석했다. 그렇지만 여전히 이 작전에는 고려해야 할 수백 가지 변수가 있었으며, 그중 하나라도 잘못될 확률은 매우 높았다.

논의가 계속되던 중, 책상에 앉아 있던 누군가가 기발한 제안을 냈다. 우리는 아민이 우간다에 없다는 것을 알고 있다. 그래서 그는 우리 특공대 중 1명을 아민으로 위장시킨 뒤 우간다 대통령 자동차

행렬이 공항에 도착한 것처럼 보이게 하자고 제안했다. 구 터미널을 지키고 있던 우간다 군인들은 어두워서 당황할 것이고, 분명 깜짝 놀라서 멈칫하는 순간이 생길 것이다.

구르와 나는 이러한 기발한 제안에 감탄했다. 그리고 아민의 관용차와 같은 검정색 메르세데스를 즉시 주문하도록 명령했다. 작전 실행 전날 밤, 구르는 비록 제임스 본드를 원하냐며 작전에 대한 나의 기대를 비꼬았으나, 그는 확실히 처음과 다른 사람이 되어 있었다.

나는 이 재미있는 발상을 공유하기 위해 라빈에게 쪽지를 보냈다.

"계획에 대한 최종 수정안을 알려드립니다. 엔테베 공항에 대형 메르세데스 자동차가 우간다 국기를 꽂은 채 비행기에서 내릴 것입니다. 내일 이디 아민이 모리셔스에서 귀국하는 것처럼 보이도록 말입니다."

"이게 정말로 가능할지는 잘 모르겠습니다." 내가 덧붙였다. "그러나 분명 흥미로울 것입니다."

회의를 마치고, 우리는 라빈의 사무실로 갔다. 구르는 우리의 계획의 세부사항을 총리와 장관들이 모인 회의석상에서 발표했다. 라빈은 전반적으로는 받아들이는 듯했으나 여전히 지지를 보내지 않았다.

"나는 여전히 이 작전에 확신이 서지 않습니다."

그가 말했다.

"우리는 이렇게 많은 인질을 구조해본 적이 없습니다. 또 이렇게 아무런 정보가 없는 채로 군사작전을 수행한 적도 없습니다. 이는 제가 지금까지 본 가장 위험한 작전이 될 것입니다."

이렇게 말하더니 계획의 세부사항에 대해 구르를 계속 추궁했다.

"나는 모든 준비에 찬성합니다만, 이 작전을 아직 진행 중인 인질협상의 보조수단으로만 보기를 제안합니다." 그가 말했다. "적들이 여성과 아이들만이라도 풀어준다면, 우리는 이 작전의 전체 방향을 바꿀 것입니다."

그는 그다음 날 오후, 우리의 비행기가 엔테베로 떠나야 할 시간이 되기 직전에, 정부 내각회의를 한 번 더 소집하기로 결정했다. 그때, 오직 그때 우리는 그의 최종결정을 들을 수 있을 것이다.

그런데 그날 저녁, 소냐와 나에게는 연기하거나 취소할 수 없는 중요한 약속이 하나 있었다. 몇 주 전에 외무부는 나에게 즈비그뉴 브레진스키Zbigniew Brzezinski라는 컬럼비아대학 교수가 이스라엘에 오는 기간 동안 그를 집으로 초청해달라고 부탁해왔다. 당시 미국은 대통령 선거기간 중이었고, 브레진스키 교수는 지미 카터가 선거에서 승리할 경우 백악관 국가안보 보좌관으로 임명될 유력한 인물이었다.

그날 저녁, 브레진스키 교수는 〈하레츠Haaretz〉 신문 편집장과 군사정보국 국장과 함께 우리 집에 와서 저녁식사를 할 예정이었다. 만약 우리가 이를 갑자기 취소한다면, 저녁약속에 대해 아는 사람들이 의구심을 가질 수 있다는 생각이 들었다.

나는 해가 지자마자 집으로 달려가 브레진스키 교수와 다른 사람들을 맞이했다. 저녁식사를 함께 하는 동안, 우리는 국제문제에 관해 깊이 있고 흥미로운 토론을 했다. 덕분에 한동안은 비행기 납치사건에 대한 주제를 피할 수 있었다.

그러나 결국 브레진스키 교수는 엔테베에 관한 이야기를 꺼냈다. 그는 이스라엘이 병력을 보내 인질을 선뜻 구조하지 못하고 있는 사실에 놀랐다고, 나에게 이유를 설명해달라고 요구했다. 거짓말하고 싶지 않았지만, 그렇다고 진실을 말할 수도 없었다. 그래서 나는 믿을 만한 정보가 부족하고, 사건이 이스라엘로부터 너무 먼 곳에서 발생했다는 애매모호한 말들만 했다.

브레진스키 교수는 미심쩍어했지만, 다행히도 대화는 다른 주제로 넘어갔다. 저녁식사가 끝나자 나는 소냐에게 지난 1주일간의 바빴던 생활에 미안해하며 잘 자라는 인사의 키스를 하고, 사무실로 곧바로 돌아왔다.

토요일의 이른 새벽부터, 나는 점점 커지는 불안과 싸우기 시작했다. 잠들지 못하는 긴장 속에서 나는 이 작전을 실패로 이끌 수 있는 모든 크고 작은 요소들을 머릿속으로 점검해보았다. 이 기간 동안, 나는 매일 일기를 작성했다.

"비행기, 장갑차, 무기가 탑재된 장비들." 나는 적어 내려갔다. "이 모든 것이 가장 필요한 순간, 가장 정확한 장소에서 제대로 작동하리라는 것을 과연 어느 누가 보장할 수 있을까?"

동이 트자마자, 나는 '판타지 협회' 멤버들을 사무실로 불러들였다. 그리고 그들로 하여금 계획의 모든 세부사항을 다시 점검하게 했다.

"새로 보고할 것이 있습니까?"

내가 구르에게 물었다. 그는 작전 리허설이 계획대로 진행되었으며 총 55분이 걸렸다고 보고했다. 덧붙여 그는 이스라엘 전역을 다 뒤졌지만 결국 검은색 메르세데스는 찾지 못했고, 유사한 모델의 흰색 차량을 검은색으로 도색했기에 걱정할 부분은 없을 것이라고 말했다.

"작전을 실행하지 않을 이유가 없습니다."

구르는 우리의 모임 마지막에 자신 있게 말했다.

"성공할 확률은 높습니다."

회의가 끝난 후, 구르와 나는 병사들에게 작별인사를 하기 위해 공항으로 함께 갔다. 대원들은 우리가 생각했던 가장 대담한 임무를 연습해왔지만, 그들은 비행기에 탈 때조차도 계획의 승인여부를 알지 못했다. 내가 도착하자 많은 수의 대원들이 다가왔다. 그들은 정부가 명령을 내릴 것인지를 알고 싶어 했고, 우리가 정말로 용맹함을 발휘할 수 있는지 궁금해했다. 특공대 대원 중 일부는 나와 악수하며 임무에 대한 그들의 확신을 표현하기도 했다.

나는 앞장 선 요니(Yoni, 요나탄의 애칭 – 옮긴이)와 그 옆의 부대원들이 비행기에 오르는 모습을 보며, 이 세상에서 누구도 따를 수 없는 용맹함이 그들 내면 깊은 곳에 자리 잡고 있음을 느꼈다.

그날 오후 라빈 총리는 추가적으로 내각회의를 한 번 더 열었다. 상황이 새롭게 진전되어 있었다.

"지금, 우리에게는 군사구조의 선택권이 있습니다."

그는 작전의 윤곽을 설명하기에 앞서 말했다. 그가 이야기를 끝내고 나서 나는 장관들 앞에 서서 연설했다.

"우리가 무고한 민간인의 생명을 담보로 이 나라의 미래를 구할 것인가 아닌가를 결정한다는 것은 정말로 가슴 아픈 문제입니다. 그러나 우리가 테러범들에게 항복한다면, 앞으로 이러한 상황은 더 자주 일어날 것입니다. 또한 전 세계의 모든 국가들이 우리의 결정을 이해할 수는 있겠지만, 마음속으로는 비웃을 것입니다."

이어서 구르는 계획의 세부사항을 단계별로 정리하고 결론까지 마무리 지었다. 작전은 그가 본 대로 정확하게 계산되고 조정되었다. 그는 성공할 것이라고 예측했다. 물론 예상되는 사상자에 대해서도 언급했지만 "그러한 위험은 민간인 구출을 위해 우리가 해온 다른 모든 작전에서도 존재해왔다."고 말했다.

"연료를 보충하지 못하는 상황에서 최대 비행시간은 얼마입니까?" 한 장관이 물었다.

"그렇게 되면 이스라엘로 귀국할 수 없습니다."

구르는 대답했다.

"거기 날씨 문제는 어떻게 되는 겁니까?"

다른 사람이 물었다.

"위험할 수 있습니다."

구르는 인정했다.

"간밤에 그들이 인질들의 위치를 옮겼으면 어떡합니까?"

또 다른 이가 질문했다.

"임무는 완전히 실패하게 되는 것이죠."

라빈이 대답했다.

이제 이런 요소들은 그저 수많은 경우의 수 중 하나일 뿐이었다. 짧은 이스라엘 방위군 역사상, 이제껏 중동 밖에서 실행된 계획은 전례가 없었다. 여기에 복잡한 상황과 알 수 없는 변수를 더하면, 나는 "결코 이스라엘 방위군이 수행해본 적 없는 작전"이 될 것이라고 인정했다. 그러나 이는 감수해야 할 위험이었다.

오랜 논쟁 끝에 라빈은 최종 결정을 내렸다.

"나는 군사작전을 실행하는 편에 서겠습니다."

그는 큰 목소리로 발표했다.

"나는 이상주의자가 아닙니다. 우리가 무엇을 걸었는지 압니다. 사상자가 많이 나올 수 있음에도 불구하고 결정을 내렸다는 걸 정부는 알아야 합니다."

그는 구르의 발언을 반복하며 말했다.

"그럼에도 불구하고, 마음이 무겁지만, 정부가 작전을 승인해주기를 요청하는 바입니다."

결국 만장일치로 결정이 났다. 엔테베 작전이 시작되었다.

우리는 국방부 통제실인 내 사무실에서 완전한 침묵 속에 있었다. 라빈은 담배를 씹었고 나는 펜을 만지작거렸다. 비행기가 이륙한 순간부터 그들은 문제가 발생하지 않는 한 무선전화를 사용하지 않는 완전한 '라디오 침묵'을 유지하라는 지시를 받았다. 이제 우리는 소규모의 자문단과 함께 안전한 무선장비를 통해 작전 진행상황을 추적했다. 비행기가 홍해와 에티오피아 영공으로 날자, 이제 그들은 빅토리아 호수를 가로지르며 최종 강하 준비를 했다. 우리에게는 아무 소리도 들리지 않았다. 침묵은 작전이 계획대로 진행되어가고 있다는 것을 나타냈음에도 불구하고 엄청난 긴장감을 안겨주었다.

밤 11시 3분, 잡음 속에 짧은 스타카토가 발생했다. 선두 비행기가 안전하게 착륙했다는 뜻이었다. 그다음 7분 간 다시 침묵이 이어졌다. 그 시간 동안, 첫 번째 비행기로부터 차들이 나와 구 터미널로 향했다. 11시 10분, 댄 숌론의 목소리가 정적을 깼다.

"현재까지 이상 없습니다." 그가 말했다. "나중에 다시 보고하겠습니다."

고통스러운 8분이 흐른 뒤, 우리는 "썰물."이라는 암호를 들었다. 이는 모든 비행기가 안전하게 착륙했다는 뜻이었다.

"현재까지 이상 없습니다." 2분 뒤에 숌론은 다시 말했다.

"곧 일이 마무리될 것입니다."

"팔레스타인."

이 암호는 구 터미널에서 우리의 공격이 시작되었음을 의미했다.

다음 12분 간, 우리는 아무것도 듣지 못했다. 우리의 생각은 허공을 맴돌았다. 우리는 3,000km나 떨어진 곳에서, 이스라엘 특공대가 테러단체와 우간다 군대를 상대로 총격전을 벌이고 있다는 사실만 알 뿐이었다. 마침내 침묵이 깨졌다.

"제퍼슨."

이는 인질들의 대피가 시작되었다는 신호였다.

"모두를 갈릴라로 옮긴다."

이는 허큘리스에 탑승시키기 위해 인질들을 이동시킨다는 말이었다. 우리는 아직 위험한 상황이었지만, 그래도 현재까지 계획대로 진행되고 있는 것처럼 보였다.

그러다 갑자기 우리가 두려워했던 단어 "아몬드 과수원."을 듣게 되었다. 요니 부대원에게 의료 조치가 필요하다는 암호였다. 우리는 2명의 사상자가 있다고 들었지만 부상의 정도는 알지 못했다. 그 순간 우리는 최악의 상황을 상상했다. 예상치 못한 적에 의해 한 부대가 공격당했다면? 우리의 정보가 정확하지 않았고 이제 그 대가를 치르기 시작하는 것이라면?

우리의 마음이 깊은 어둠 속에서 헤매고 있을 때, 가장 중요한 암호 "카멜산."이 들렸다. 모든 비행기가 이륙했고, 인질들이 안전하게 탑승했다는 보고였다. 정지했던 생각이 다시 돌아가고 상황이 이해된 순간, 사방에서 환호성이 쏟아졌다. 우리는 불가능을 가능으로 바꾸기 위해 노력했고, 이제 그 노력은 승리로 바뀌어 우리를 축복해주었다. 자정 직후, 구르는 내 사무실로 전화해 작전의 세부 진행과정을 알려주었다.

그는 작전이 정확히 55분이 걸렸으며, 테러범은 모두 사망했다고 말했다. 우리는 인질 4명을 제외하고 모두 구출해냈다. 구출하지 못한 인질 중 1명은 도라 블로흐Dora Bloch였는데, 나중에 알게 된 사실에 의하면, 그녀는 중병에 걸린 상태여서 이미 우간다의 병원에서 사망했다고 한다. 다른 3명인 진 재퀴스 마이무니Jean-Jacques Mimouni, 파스코 코헨Pasco Cohen, 아이다 보로쇼비치Ida Borochovitch는 총격전 동안 엎드리라는 대원들의 명령을 오해해서 일제 공격이 진행되는 동안 비극적으로 붙잡히고 말았다. 우리 대원 2명이 부상당했다는 사실을 확인했지만, 부상이 어느 정도인지, 그 대원이 누구인지는 아직 밝혀지지 않은 상태였다.

라빈은 사무실로 돌아갔고, 나는 부르카를 불렀다. 나는 그에게 이디 아민에게 전화를 걸어달라고 부탁했다. 우간다 대통령이 우리와 합세하여 테러집단을 공격했다고 알려진 상태였다. 이는 테러단체와 아민의 신뢰관계를 깨뜨릴 수 있는 가장 좋은 방법이었다. 부르카는 아민의 전용회선으로 전화를 걸었고, 나는 그의 옆에 서 있었다.

"아민 대통령입니다."

"감사합니다, 각하." 부르카가 말했다. "각하의 협조에 감사를 표하는 바입니다. 진심으로 고맙습니다, 각하.”

아민은 어리둥절해했다.

“당신들은 성공하지 못했다는 것을 알지 않소?” 그가 답했다.

“협조가 성공하지 못했다니요? 무슨 뜻인지요, 각하?” 부르카가 되물었다.

“아니, 지금 무슨 일이 일어나고 있는 것이오?” 그가 버럭 화를 내며 물었다. “어서 말해주시오!”

“죄송합니다만, 각하 저는 아무것도 모릅니다. 그저 각하께 협조해주셔서 감사하다는 인사를 전하라는 부탁을 받았을 뿐입니다. 이스라엘 정부와 긴밀한 관계를 맺고 있는 친구들이 그렇게 전하라고 하더군요.”

나는 라빈에게 전화를 걸어 부르카가 아민과 나눈 대화내용을 알려주었다. 그는 웃음을 터뜨렸다. 그리고 그는 이를 축하하기 위해 자신의 집무실로 나를 불렀다. 그곳에는 야당대표이자 후에 총리가 된 메나헴 베긴Menachem Begin이 라빈과 함께 있었다. 우리는 기쁨을 함께 나누었다.

“엔테베 작전은,” 조금 뒤 그가 말했다. “욤 키푸르 전쟁의 후유증을 보듬어줄 거요.” 그리고 실제로 그렇게 되었다.

엔테베 작전의 모든 순간은 참담한 패배를 안겨준 욤 키푸르 전쟁으로 인한 어두운 시대의 한가운데에 순수한 영감을 주는 에너지가 되었다. 이를 통해 이스라엘의 용감함과 영민함, 테러집단에 절대 항복하지 않고 도덕적 가치를 추구하는 태도 등을 전 세계에 보여주게 되었다. 이는 이스라엘군 역사상 가장 담대한 작전 중 하나로 알려졌다. 국방부는 이스라엘 방위군이 세계에서 가장 용감한 군대라는 사실을 널리 알렸고, 임무에 참여했던 전사들은 국내외의 영웅이자 유명인사가 되었다.

이는 또한 핵심적인 치유의 순간이 되어주었다. 이스라엘은 욤키푸르 전쟁의 여파로 잃어버렸던 안전과 안정감을 회복했다. 그리고 전 세계 곳곳에 아직 흩어져 있던 유대인들에게도 국민들을 보호할 수 있는 국가가 되었다는 메시지를 보낼 수 있었다. 라빈과 나는 우리가 함께 작성한 간단한 성명서를 언론에 발표하기로 결정했다. 성명은 단 한 문장뿐이었다.

"지난 밤, 이스라엘 방위군은 엔테베 공항에서 인질과 승무원을 구출했습니다."

7월 4일 새벽 3시에 나는 사무실로 돌아와 마침내 소파에 몸을 던지며 며칠 만에 처음으로 제대로 잠을 잘 수 있게 되었다. 그러나 탈진상태로 소파에 누워 있긴 했으나 내 머릿속은 온통 거대한 수송기에 실려 오고 있을 사람들의 얼굴로 가득했다. 잡혀 있는 동안 얼마나 힘들었을까 하는 생각이 떠나지 않았다. 이 위험천만한 작전을 밀어붙인 내 생각이 엉뚱했다는 것을 잘 알고 있었지만 나의 기를 꺾지 않기 위해 잘 참아준 '판타지 협회' 멤버들과 탁월한 용기와 충성심으로 충실하게 임무를 수행해준 IDF 대원들도 눈앞에 아른거렸다. 불가능에 가까운 임무를 맡고 지푸라기 하나와 같은 희박한 가능성을 놓치지 않았던 자랑스러운 사람들이다. 그들이 없었다면 이와 같은 성과는 결코 없었을 것이다.

깜빡 잠든 사이 문소리가 들려 눈을 떠보니 구르가 서 있었다. 바로 어젯밤까지 그는 기쁨에 겨운 미소를 짓고 있었는데, 현재 내 앞에 서 있는 그는 매우 침울하고 가라앉아 있었다. 그의 표정은 뭔가 비극적인 일에 사로잡힌, 그러나 차마 표현하지 못하고 있는 그런 얼굴이었다. 나는 벌떡 일어서서 "무슨 일이지?" 하고 물었다. 그는 맥이 풀린 얼굴로 답했다.

"시몬, 요니가 죽었습니다!"

관제소 위에서 저격수가 쏜 총알이 요니의 심장을 관통했다고 전했다. 나는 벽을 향해 고개를 돌렸다. 기나긴 1주일간의 긴장이 끝나가는 이 순간, 나는 감정을 추스르려 애썼지만 넋을 잃고 말았다. 우리 둘 다 어찌할 바를 몰랐고 그저 침묵만이 그 공간을 메웠다. 이윽고 그는 말없이 내 사무실을 떠났고 나는 그제야 쏟아지는 눈물을 주체하지 못했다.

다음 날 아침 나는 라빈과 함께 구출된 인질들과 작전에 참가한 지휘부를 맞이하러 공항으로 나갔다. 요니를 대신하여 무키 벳처가 전체 팀을 이끌고 도착했다. 오랜 시간 동안 겪었던 죽음의 공포 속에서 우리가 그들을 구출하러 오리라고는 꿈에도 생각지 못했던 인질들의 눈에 비로소 안도의 빛이 감돌았다. 그들의 축복과 감사의 메시지는 너무나 뼈에 사무쳤고 이번 작전이 담고 있는 인간존중의 의미를 되새기게 했다. 아이들은 엄마 품으로 달려갔고, 남편들은 그들의 아내를 힘껏 껴안았으며, 나는 마치 내 가족이 되돌아온 것처럼 흐뭇하게 바라보았다. 나는 끔찍한 공포를 주체할 수 없는 기쁨으로 바꾼 바로 그 아름다운 현장을 직접 지켜본 증인이 되었다.

그러나 그와 동시에 나는 다시 슬픔에 잠길 수밖에 없었다. 비록 요니는 죽었지만 그는 이 작전이 인간애를 되살리는 것이었음을 내게 상기시켜주었다. 다음 날 우리의 영웅 요니를 향한 추도식에서 나는 하고 싶은 얘기가 있었다.

"요니와 요니의 부대원들의 어깨에서 아직 내려놓지 못한 짐이 뭘까요? 우리 방위군 역사상 가장 위험한 임무였고, 가장 모험적인 작전이었습니다. 우리로부터 가장 멀고, 적으로부터 가장 가까운 곳에서 벌어졌으며, 가장 깜깜한 밤이었고 가장 고립된 공간에서 진행되었습니다. 우리는 평시든 전시든 상관없이 끊임없는 위험을 감수하는 도전을 주저하지 않을 것입니다." 나는 이어갔다.

"요니! 우리의 요나탄은 용맹한 지휘자였고, 용감하게 맞서 적을 이겼으며, 가슴에서 우러나온 지혜로 동료들을 품어 안았습니다. 그는 위험을 두려워하지 않았으며, 당연히 승리는 항상 그의 편이었습니다. 그의 희생은 우리 이스라엘이 다시 고개를 높이 쳐들고 나아가는 데 큰 힘이 될 것입니다."

그 안에 숨겨진 더 큰 교훈은 미래를 어제와 다르게 보는
과감한 시각을 가져야 한다는 점이다.

"엔테베 작전을 결정했던 순간, 당신은 무엇을 최우선으로 고려했습니까?"

40년이 지난 지금까지도 많은 사람이 묻곤 한다. 그러나 1980년 4월 24일 백악관에서 지미 카터 대통령으로부터 이 질문을 받았을 때만큼 가슴 아팠던 적이 없다. 나는 당시 워싱턴에 머물고 있었다. 백악관 측은 이른 아침 일정을 잡아두었다. 내가 도착했을 때 국무장관과 부통령이 대통령 집무실에서 기다리고 있었으나, 카터 대통령은 그들을 밖에서 기다리게 하고 나와 단둘이 마주 앉았다.

그 무렵 이란의 대학생들이 테헤란 주재 미국 대사관에 난입하여 점거 후 직원들을 170일째 인질로 붙잡고 있었다. 카터 대통령은 언젠가 나와 함께 우리 집에서 저녁식사를 했던 그의 안보 보좌관 브레진스키에게 인질구조 작전을 준비하라고 요구한 상태였다. 이란과의 협상이 수차례 실패하자 결국 그는 군사작전을 준비하게 된 것이다.

"페레스 씨 당신 같으면 어떻게 하겠소?" 그는 계속 질문했다. "엔테베 작전을 성공시킨 입장에서 우리에게 조언할 것이 있다면 무엇이오?"

나는 그에게 성공이 확실한 군사작전이 있다면 그것을 선택하는

편이 낫다고 조언했다.

"당시 우리에겐 정보가 거의 없는 깜깜한 밤과 같은 상태였죠. 우리가 어느 정도 정보를 수집한 후에도 여전히 엄청난 위험이 도사리고 있었습니다. 어느 군사작전도 완벽한 상태에서 출발하는 경우는 거의 없지요. 그러나 우리는 위험을 감수하기로 했습니다."

카터는 내게 감사를 표했고 곧 회의장으로 돌아갔다. 당시에는 몰랐으나, 그가 이미 그날 아침에 군사작전을 결심한 후였다는 것을 곧 알게 되었다. 그는 위험이 컸던 엔테베 작전을 면밀히 살펴보았을 것이다. 그러나 엔테베 작전과 달리 그 작전은 거대한 재앙으로 치달았다. 몇 대의 헬리콥터가 기술적인 문제로 허큘리스와 충돌하면서 8명이 사망했다. 결과적으로 작전은 실패로 끝났고, 심각한 재난 수준의 후폭풍이 몰아쳤다.

다음 날 오후 미국의 유명한 뉴스앵커인 바바라 월터스로부터 전화를 받았다.

"뉴스 보셨지요?"

"네, 물론 봤습니다."

"어떻게 평가하십니까?"

"내 생각에 카터 대통령의 결정은 틀리지 않았다고 봅니다. 만약 헬리콥터가 비행기와 충돌했다면 당신은 어떻게 하겠습니까? 누구도 동시에 미국 대통령과 병사가 될 수는 없습니다. 나는 비록 이 작전이 불행히도 성공하지 못했으나 그분이 용기 있는 분이라고 믿습니다. 이 같은 위험은 어느 작전에나 도사리고 있지요."

아무리 사소한 일일지라도 나는 이 같은 간단한 이치를 믿는다. 우리는 항상 우리가 잘못 판단했다는 사실을 실패한 후에야 알아차린다. 물론 역사가들은 엔테베의 성공과 카터의 실패를 비교하면서 떠들어대겠지만, 성공이든 실패든 모두 다 특정한 교훈이 있을 것이다. 그런데도 '도 아니면 모'의 개념에 사로잡혀 그것을 간과하고 넘어가기 십상이다.

나는 우간다에 전개된 엔테베 작전이 성공했다고 믿지만, 만약 실패했다 해도 그 작전이 잘못됐다고 생각하지 않는다. 바로 이 점이 세계 지도자들에게 있어서 가장 어려운 점이다. 경우에 따라서 실패했더라도 옳은 결정이었음을 인정해주어야 한다. 그렇다고 해서 미군의 작전이 불운 때문이었다고 두둔하는 것은 아니다. 생사를 넘나드는 군사작전은 치밀하고 포괄적인 계획이 전제되어야 함은 물론이다. 그러나 더욱 중요한 건, 혹시 있을지 모를 실패에 대한 관용도 필요하다는 사실을 강조하고 싶다. 리더들이 신은 아니기 때문이다.

2011년 오바마 대통령 시절, 오사마 빈 라덴 제거작전 당시 완벽하게 준비한 미국조차도 파키스탄 현지에서 헬기 1대가 추락하는 일이 발생했다. 그럼에도 작전은 중단되지 않았고 기적적으로 엔테베 작전과 비슷한 성공을 거두었다. 물론 성공의 요인이 전적으로 오바마 대통령의 용기 있는 결단 때문이라고 판단하는 것은 섣부르다. 어떤 때는 정답이고 또 다른 경우에는 오답일 수 있는,

성공과 실패 사이의 백지장 같은 간극에서 우리는 무엇을 배울 수 있을까? 과감한 군사작전이 더 좋은 선택일 때도 있고 더 나쁜 선택일 때도 있다. 하지만 과감한 쪽을 선택했을 때, 더 좋은 성과를 기대할 수 있었다는 것을 나는 경험하곤 했다.

역사는 성공과 실패를 반복한다. 과거만을 답습하는 곳에는 희망의 그릇이 필요 없다. 현명한 선택을 하고 결국 도덕적으로 우위에 서기 위해 아무리 큰 위험에 처해 있더라도 투명하게 생각하는 역량을 가져야 한다. '판타지 협회'는 지치지 않는 호기심과 과감한 대안을 적극적으로 허용하는 경기장이 있었기에 성공했다. 조직에 창의력을 북돋아주고 외부의 영감을 끊임없이 불어넣어주지 않으면서 탁월한 성과를 바라는 리더는 조직을 망칠 뿐이다. 이것이 엔테베 작전에서 얻은 위대한 교훈이다. 그러나 그 안에 숨겨진 더 큰 교훈은 미래를 어제와 다르게 보는 과감한 시각을 가져야 한다는 점이다. 그런 과감한 시각을 허용하지 않는 조직은, 직면한 위기를 줄이기는커녕 점점 키우는 지름길로 들어서게 된다.

Chapter 5

스타트업의 천국을 만들다

창업국가 건설

초기의 유대인 개척자들은 아무것도 없이 맨몸으로 이스라엘 땅에 도착했고, 거기에는 마찬가지로 거의 아무것도 없는 척박한 땅뿐이었다. 당시 이스라엘 땅의 대부분은 돌이 너무 많아서 농작물을 기를 수가 없었다. 게다가 전체 면적의 절반을 차지하는 남쪽의 네게브 지역은 아예 사막이었다. 그나마 조금 비옥했던 북쪽 땅은 말라리아가 기승을 부리고 있었다.

개척자들에게 이곳은 신성한 장소였지만 '젖과 꿀이 흐르는 땅'은 아니었다. 더구나 이 지역은 중동에서 석유가 매장되어 있지 않은 몇 안 되는 곳 중 하나였다. 초기 개척자들은 전문적인 기술도 없고 경험도 없는 총체적인 난관에 봉착했다. 그들에게 주어진 결말은 결코 행복해질 만한 운명이 아니었다.

그럼에도 불구하고 국가가 세워진 지 거의 70년이 지난 오늘날 이스라엘은 영구적인 빈곤으로 몸살을 앓는 가망 없는 사막이 아니다. 이곳은 과학기술을 통해 기적을 이뤄낸 곳이자 세계의 위대한 국가들이 부러워하는 첨단과학 산업의 중추로 탈바꿈했다. 800만이 조금 넘는 인구를 가진 이 나라에서 6,000개 이상의 스타트업 기업이 탄생했다. 이는 세계 어디서도 찾아볼 수 없는 수준이다.

어떻게 이런 일이 일어났을까? 어떻게 우리는 무無에서 국가를 세우고 '창업국가'로 탈바꿈시켰을까? 답은 '모순' 속에 있다. 아무것도 없었던 부족함이 한때는 크나큰 도전이었지만, 반대로 엄청난 축복이기도 했다. 천연자원이 없었기에 우리는 우리 자신의 창조성에 의지하고 희망을 걸 수밖에 없었다. 개척자들이 직면한 선택지는 냉혹했다. 성공하거나 아니면 굶어죽는 것뿐이었다. 실제로 그랬다. 성공 가능성이 지극히 낮은 상황에서도 앞으로 나아가겠다고 결정한 것은, 우리 스스로의 선택이 아니었다. 불가피한 상황에서 어쩔 수 없이 내린 결정인 경우가 많았다. 이스라엘은, 항상 위태로웠다. 그러나 그런 불가피한 위태로움이 역설적이게도 우리를 앞으로 나아가게 하는 참된 힘이 되었다.

그래서 그들은 싸웠다. 척박한 땅을 일구어 과수를 심었고, 사막에서 우물을 파 가뭄을 물러나게 만들었다. 농사에 실패해 굶주린 배를 붙잡고 잠드는 밤이면 반드시 해법을 찾겠노라고 맹세했다. 그들은 씨앗과 흙, 관개, 가축을 연구했고, 거친 땅이지만 농작물의 품질을 높이고 수확량을 늘리기 위한 새로운 방법을 찾기 위해 밤낮으로 노력했다. 1921년에는 연구소도 설립했다. 연구의 결과는 즉시 모든 키부츠에 전달되어 실행에 옮겨졌다. 농법이 개선되자 작황은 해마다 나아졌고, 더 좋은 작물들이 재배되었다.

당시의 노력들은 대부분 최소한의 생존에 초점이 맞춰져 있었다. 굶어 죽지 않기 위해 연구원들은 더 오랫동안 저장할 수 있는 씨앗을 개발했다. 이렇게 해서 '방울토마토'가 탄생한 것이다. 물 부족과 싸우기 위해 새로운 물 재활용 기술을 개발했는데, 이 기술로 한 번 사용된 물을 재활용하여 기존 생산량의 거의 절반에 가까운 작물을 더 키워낼 수 있었다. 파이프에 구멍을 뚫어 물을 주는 '점적관수', 즉 '방울 물주기Drip Irrigation' 기술도 발명했다. 이 기술을 사용하면 물을 최대 70%나 아끼면서 농사를 지을 수 있다.

당시에는 네타핌Netafim에서 개발한 이 기술이 세상에서 가장 중요한 농업혁신 중 하나가 되어 복제되고 수출되어 세계를 먹여 살리는 데 도움을 주리라고는 상상도 못했다. 이 혁신적인 과학자들은 그저 이스라엘 사람들에게 도움을 주고, 그 기술로 자신들의 가족을 먹여 살리기 위해 헌신했을 뿐이었다.

새로운 이민자들이 고국으로 돌아올 때 함께 가져온 것이 이와 같은 정신이었다. 이들은 거의 모든 것을 잃은 채로 이스라엘에 도착했다. 집, 공동체, 가족과 삶의 방식들을 말이다. 고국인 이스라엘로 돌아오는 것은 단지 절박해서만이 아니라 굉장한 용기를 낸 행동이었다. 이는 혼란 속에서 싸우고 불확실의 구름 아래서 대단히 먼 거리를 여행한다는 것을 뜻하기 때문이었다. 그들의 짐은 단출했지만 마음속에는 자신감과 대담한 정신이 가득했다. 그들은 잃은 것이 아니라 얻을 것에 대해 희망을 품었다. 이미 그들의 유전자에 후츠파 정신이 새겨져 있어 터놓고 적극적으로 계급사회를 거부했다.

또한 그들은 기술과 경험, 재능을 가져왔다. 예를 들어 1980년대 후기에 소련의 유대인은 소련 인구의 2%밖에 되지 않았지만, 한 추정에 따르면 기술자의 20%, 의사의 30%를 차지했다고 한다. 그래서 1989년에 소련 지도자인 미하일 고르바초프Mikhail Gorbachev가 드디어 국경을 개방했을 때, 100만 명이 넘는 유대인들이 이스라엘로 이민했는데 그중 수만 명은 전문지식과 새로운 것을 만들고픈 갈망으로 가득 찬 도전자들이었다. 개척자들의 시대부터 사업가들의 시대까지, 이스라엘이 발전해온 단계마다 이민자들이 유입되면서 새로운 상상력의 씨앗을 심어주었다.

한번은 어느 신생기업의 젊은 창업자로부터 이런 질문을 받았다.

"수년에 걸쳐 혁신해오면서 얻으신 교훈 중 가장 중요한 것은 무엇이었습니까?"

"복잡한 질문이로군요." 나는 시인했다. "하지만 간단한 답을 드리도록 하겠습니다. 이스라엘이라는 나라가 탄생하고 유대인들은 드디어 자신들의 땅을 자신들의 손으로 경작할 수 있게 되었습니다. 하지만 여기서 기억해야 할 가장 중요한 점은, 우리가 근육보다 머리에 더 많이 의존했다는 사실입니다. 그 과정에서 우리는 우리 자신 속에 숨겨진 보물들이 땅에서 찾을 수 있는 어떠한 것보다 훨씬 더 값지다는 것을 깨달았습니다."

이는 내가 거듭해서 얻은 교훈이었다. 우리는 벤쉐멘에서 그저 밭을 개간하는 법을 배운 게 아니었다. 실시간으로 개발되는 새로운 방법들을 배워서 더 많은 과실을 맺게 했다. 알루못에서도 밭을 경작하는 일은 계속되었지만 공부는 절대 멈추지 않았다. 새롭고 희망찬 발견들이 줄곧 일어났으며, 우리는 그것들을 키부츠끼리 서로 공유했고 완전히 터득할 때까지 연습했다.

나는 혁신이 단지 문제를 푸는 수단뿐만이 아니라 원칙을 상상하고 대입하면서 스스로 해결하는 방식이라 보게 되었다. 예를 들어, 이스라엘 방위군을 세우기 위해 일하던 동안에 나는 한 눈은 현재의 위기에 두었지만 다른 한 눈은 드넓은 지평선을 향해 두었다. 그러면서 이스라엘에 단지 무기들과 동맹국들만 필요한 것이 아니라는 사실을 깨달았다. 우리를 공격해오는 적국들로부터 우리 자신을 지키는 데 도움이 될 과학적인 돌파구도 필요했다.

이러한 관점에서 우리는 무에서 유를 만들어낼 수 있었고, 나는 이스라엘에서 항공산업을 키우고자 하는 큰 꿈을 꾸었다. 또한 아직 먹고 사는 문제도 시급한 나라에서 디모나에 핵시설을 짓게 만든 원동력이기도 했다. 당시에 어떻게 항공기를 수리하는 수준의 기술과 노력을 발전시켜 이스라엘을 인공위성과 무인항공기의 분야에서 세계 최고로 만들고, 심지어 이스라엘 출신 우주 비행사인 일란 라몬Ilan Ramon을 우주로 쏘아 올릴 줄 알았겠는가? 내가 군수 개발 프로그램인 라파엘RAFAEL을 설립했을 때, 이게 언젠가 이스라엘에 아이언돔Iron Dome을 제공할 줄 누가 알았겠는가?

하지만 나는 내가 하는 일이 미래를 위한 기초를 마련하는 일이라는 것을 알고 있었다. 나는 수천 명의 과학자들을 훈련시키면서(제조와 기계공학, 소립자 물리학, 분자과학 분야 등) 미래를 만드는 데 가장 강력한 도구인 지식을 경작하고 있다는 것을 알았다.

물론 디모나에서의 야심찬 계획 말고도 다른 계획들에 회의적인 사람들이 있었다. 내가 국방부 차관이었을 때 어떤 신기술이 이스라엘에 비교우위를 선점하게 해줄지 생각하는 데 엄청난 시간을 할애했다. 사무실에 없을 때는 여러 연구소와 대학을 방문하면서 교수들, 연구자들을 만났고 그들의 일을 머릿속에 빨아들였다.

1963년에 바이츠만연구소에서 사용하고 있던 컴퓨터가 사람들 사이에서 큰 화제였다. 이스라엘에서 설계한 컴퓨터라니 나도 몹시 보고 싶어서 연구소를 찾아갔다. 거기에서 내가 본 것은 정말로 놀라운 광경이었다. 거대한 팀이 해야 하는 일을 순식간에 해치우는 이 놀라운 기계를 보고, 나는 군대에 필요한 것은 바로 이것이라고 확신했다. 1대의 컴퓨터가 1,000명의 병사들을 대신할 수 있고, 병사들이 수집할 수 있는 것보다 더 많은 데이터를 제공해줄 수 있었다. 나는 바이츠만연구소에서 컴퓨터를 관리하던 연구자들과 여러 밤낮을 보내면서 컴퓨터가 어떻게 작동하는지, 어떻게 군대에서 쓰일 수 있는지를 배웠다. 컴퓨터의 가치를 확실하게 이해한 나는 국방부에 돌아와서 우리도 1대를 구입하자고 주장했다.

"컴퓨터를 어디다 둘 거요?"

한 장군이 이 거대한 기계를 못 믿겠다는 듯이 말했다.

"대체, 이걸로 무얼 할 수 있죠?" 다른 한 사람이 물었다. "전장에 컴퓨터를 데리고 갈 수 있습니까? 당연히 못하죠! 저희는 탱크 숫자도 부족한데 컴퓨터 얘기를 꺼내다니요. 탱크는 기동성도 있고 발포도 할 수 있습니다만, 도대체 컴퓨터는 뭘 할 수 있습니까?"

그때 나는 아무리 용감하고 대담한 사람이라도 비관적인 생각의 희생양이 될 수 있다는 교훈을 이미 경험한 상태였다. 그래서 그들의 반대는 크게 신경 쓰지 않았다. 실제로 나를 도와준 동료 연구자들은 창의적인 정신을 발휘해 곧 그 비관주의자들이 틀렸음을 증명했다. 우리는 처음에는 전투준비를 향상시키는 데 컴퓨터를 썼고, 얼마 지나지 않아 진보된 무기체계를 개발하는 데도 요긴하게 쓰게 되었다. 하나의 목적을 위해 개발된 기술은 빈번히 다른 목적들에도 결정적인 도움을 주었다. 무기체계를 개선하는 데 쓰인 그 기술은 심지어 훗날 전 세계 사람들의 목숨을 구해내는 의료용 영상기기에도 쓰이게 되었다.

1974년, 이스라엘인들의 재능과 끈기가 세계적인 명성을 얻게 되자 세계에서 가장 큰 기술회사인 인텔이 연구와 개발을 위한 장소로 이스라엘을 선택했다. 하지만 그곳을 미국의 실리콘밸리에 버금가는 '실리콘 와디Silicon Wadi'로 이끄는 길은 결코 순탄치만은 않았다. 오히려 그 반대였다. 1980년대 초에 이르러, 우리가 구가해왔던 낡은 경세질서가 붕괴되기 시작했기 때문이다. 나는 또다시 내 삶의 가장 큰 도전이자, 이스라엘 앞에 놓인 가장 큰 위협에 정면으로 맞서야 했다.

그렇게 나는 국소마취밖에 할 수 없는 상황에서
대규모 수술을 감행해야만 하는 위험한 도전을 받아들였다

경제위기로 어려웠던 시절들을 돌이켜보니, 사람들이 비관적인 상황에 놓여 있을 때 역사는 오히려 낙관적이었던 것 같다.

내가 이스라엘 국가의 국무총리로서 그 '노인'(존경하는 벤구리온)의 자리에 앉게 된 것은 여름이 거의 물러나던 1984년 9월이었다. 1984년 선거가 치러지던 때에 리쿠드Likud당이 이끌던 우익정당들이 7년간 권력을 잡고 있었다. 이 시기에 이스라엘은 경제와 국가안보 모두가 점점 더 악화되었고, 유권자들은 변화를 간절히 바랐다. 리쿠드당은 대중의 반발에 큰 타격을 입고 7석을 잃었다. 하지만 마아라흐당(Ma'arach Party, 노동연맹으로 훗날 노동당이 된다.)은 수혜를 입지 못했고, 다수의 군소정당들이 이득을 봤다. 결과적으로, 마아라흐당은 리쿠드당보다 고작 3석 많은 44석을 차지하게 되었다. 소수당들은 연립정부에 합류하는 것을 꺼렸기 때문에 과반수를 얻은 정부를 만드는 방법은 오직 하나뿐이었다. 노동연맹과 리쿠드당의 통합 정부였다. 이츠하크 샤미르Yitzhak Shamir와 나는 임기 중 총리직을 반씩 나누어 갖는 데 합의했다. 이스라엘 크네세트(국회) 임기인 4년 중 전반기 2년 동안에는 내가 국무총리를 하고 그가 외무장관을 하기로 했다. 전반기가 끝나면 우리는 직위를 바꾸기로 했다. 내가 바랐던 결과는 아니었지만 실망할 시간이 없었다. 2년

짜리 총리가 됐으니 그만큼 속도와 집중력을 최대로 높여야 했다.

당시 내게는 공격적인 안건이 있었다. 레바논에서 병력을 철수하고 팔레스타인 및 요르단과 평화교섭을 시작하는 것이었다. 게다가 이 국가를 내부에서부터 무너뜨릴 수 있을 만큼 심각한 경제위기 문제가 내 앞에 있었다.

내가 총리로 취임하던 날, 이스라엘의 연간 인플레이션 증가율은 경악스럽게도 무려 400%에 도달했었다. 10년 넘게 경제가 제 기능을 못한 결과, 셰켈(shekel, 이스라엘의 통화 – 옮긴이)은 가치 없는 통화가 되어가고 있었다. 이미 수만 명의 이스라엘인들이 경제위기 때문에 재정적으로 파탄을 맞이했고, 앞으로도 수백만의 사람들이 전철을 밟을 것으로 예상되었다. 식료품점 점원들은 진열대 사이를 지나가면서, 셰켈의 가치가 계속해서 폭락할 때마다 매일 상품에 새로운 가격표를 붙였다. 사람들은 전화 토큰을 비축하기 시작했는데, 왜냐하면 토큰은 셰켈을 기반으로 하지 않아서 치솟는 인플레이션에도 유일하게 가치를 잃지 않기 때문이었다. 당시에는 가망 없는 미래에 대한 진부하고 어두운 농담이 유행이었다. 예를 들면, 이스라엘에서는 버스보다 택시가 더 싼 데, 그 이유는 택시는 내릴 때 셰켈을 내기 때문이라는 것이다.

이스라엘의 경제가 항상 이랬던 것은 아니었다. 1948년부터 1970년 사이에, 인구가 3배나 증가했음에도 불구하고 1인당 GDP는 거의 4배로 뛰었다. 이는 주택과 도로부터 전력망과 항구에 이르는 국가의 인프라를 구축하기 위해 정부가 대규모로 투자한 결과였다.

하지만 1970년대에는 사정이 달라졌다. 욤 키푸르 전쟁에서 적국의 공격을 막아내기 위해 이스라엘 군대는 수천 명의 예비군을 징집해야 했는데, 이것이 일시적으로 민간 부문에 타격을 주었다. 전쟁이 끝난 후, 이스라엘은 국방예산을 어마어마하게 늘렸는데, 새로운 주요 사회개발 프로그램과 함께 그 예산이 집행되자 막대한 재정적자가 초래되었다.

뿐만 아니다. 석유수출국기구OPEC의 아랍 회원국들은 욤 키푸르 전쟁 때 이스라엘을 도운 나라들에게 석유 엠바고를 선언하여 국제적인 불황을 초래했다. 이러한 일련의 이유들이 조합되자 경제성장은 더뎌졌고, 그다음엔 성장이 멈추고 인플레이션이 발생했다. 정부가 보조하는 사회보장 프로그램들의 비용이 증가하면서 재정적자도 덩달아 늘어났고, 이는 인플레이션을 더욱 악화시켰다. 이스라엘은 걷잡을 수 없는 경제적 참사의 소용돌이에 빨려 들고 있었다.

당시 이스라엘의 경제는 지금과는 전혀 다른 모습이었다. 정부가 경제의 대부분을 주도적으로 운용하던 사회주의 체계였다. 정부는 거의 모든 산업의 투자자이자 소유자였고, 경제정책과 통화정책의 결정자였으며, 일반적인 자유시장 방식을 무시했다. 그렇긴 하지만 혼합 경제였던 부문도 일부 존재했다. 예를 들어 은행들과 여러 기업들은 민간 소유였다. 우리는 단순한 공급과 소유가 아니라 공유가치에 기반을 둔 경제를 세울 수 있다는 기대와 함께 이스라엘만의 독특한 체계를 창조했다.

하지만 산업이 점점 더 세계화되고 기업들이 다국적화되면서,

우리가 통제할 수 있는 데는 한계가 있음을 깨달았다. 시민들을 경제침체의 충격으로부터 보호하기 위해 정부가 취한 행동, 즉 기업에 부과하는 세금을 높여서 정부가 노동자들의 급여를 보전하겠다는 정부 주도의 경제운영이 글로벌 자유경쟁이란 관점에서 봤을 때 오히려 역효과를 초래하고 있었다. 이는 야수를 쫓아내기보다는 오히려 밥을 주는 꼴이 되어 국가를 망가뜨릴 수준의 인플레이션 소용돌이를 만들어냈다. 1979년이 되면서 인플레이션은 111%까지 치솟았다. 이후 10년 이내에 경제의 주춧돌이 압력을 못 이기고 찌그러지기 시작했다. 1983년에는 텔아비브 증권거래소가 폭락했으며, 도산을 앞둔 은행 5곳 중 4곳을 국영화시켜야 했다.

그러나 최첨단 기술 산업은, 이러한 경제침체에 완전히 자유로운 상황은 아니었지만, 경제의 나머지 부분이 붕괴하기 시작했음에도 여전히 탄력적이었다. 기술 산업은 수출 중심이었기 때문에 상품들이 대부분 달러로 판매되었고, 그 기업들은 텔아비브 증권거래소에서 거래되지 않았다. 석유가격이 상승하고 있었지만 소프트웨어와 소형 하드웨어를 생산했기 때문에 높아지는 운송비를 걱정하지 않고 원활하게 수출할 수 있었다. 상품들은 제때 출고되어 배송되었고, 개발 프로젝트들이 쉼 없이 돌아갔다. 하이테크 산업은 어려운 시기에도 항상 성과를 냈고, 이는 투자자들에게 중요한 매력 요소가 되었다.

하지만 기술 부문이 계속 전진하던 동안에 경제의 나머지 부분은 정지했다. 경제적 고통은 경제공황을 유발시켰으며, 매일 성난 시위자들이 데모를 벌였다.

나는 국무총리 선거운동을 하던 중에 요람 벤포라스Yoram Ben-Porath, 암논 뉴바흐Amnon Neubach, 마이클 브루노Michael Bruno, 이탄 버글라스Eitan Berglas, 엠마누엘 샤론Emmanuel Sharon과 하임 벤 샤하르Haim Ben-Shahar 등 경제 전문가들에게 경제적 출혈을 멎게 하는 데 도움이 될 계획을 세워달라고 요청했다. 비록 내가 경제 전문가는 아니었지만 주위의 조언을 구하고 철저하게 공부하면 선거에서 승리하는 데 필요한, 경제문제에 대한 내공을 쌓을 수 있다는 것을 알았다. 나는 예전에도 틀림없이 해냈으니 말이다.

그들의 제안을 받았을 때 명확해진 게 또 하나 있었다. 내 앞에는 경제적 난제뿐만 아니라 리더십 문제도 놓여 있다는 사실이었다. 경제를 다시 안정시키는 유일한 길은 경제 전반에 대한 체질개선이었으나, 그중에서도 경제적 불평등 문제를 해소하는 데는 큰 고통이 필요했다. 나는 이해관계 충돌이라는 거미줄의 중심에 내던져졌다. 노동자들에게 닥칠 결과를 두려워했던 노동조합의 조합원들, 노동당의 국무총리가 그들에게 부담을 얹을까 봐 두려워했던 고용주들, 그리고 각자 자기 부처의 예산이 삭감되지 않는 한에서 정부예산 삭감에 찬성했던 내 각료 동료들이 있었다.

세부사항은 아직 결정되지 않았지만 내가 합의를 이끌어내야 할 협상은 점진적으로 해결해나갈 수 있다거나 단편적인 이슈가 아니었다. 또한 시간을 들여 천천히 토론하고 궁리할 시간이 없는, 즉

당장 해결해야만 하는 시급한 문제들이기도 했다. 이 구조조정 계획은 매우 드라마틱했고, 전면적이고 신속하게 처리해야 했다. 정말로 경제적 혁명과 같았다. 특히 경제위기로 인해 국민들이 이미 고통스러워하고 있던 터라, 정치적 기반이 매우 불안정한 가운데에서 성공시켜야만 하는 개혁이었다. 지금 생각해보면 국회에서 통과되기가 거의 불가능한 대대적인 혁신이었다.

친구들조차 나를 말렸다. 원인 제공자도 아닌데 왜 그런 불구덩이 속으로 뛰어드느냐고, 만약 내가 해결사 역할을 제대로 못하면 이 재앙을 오롯이 혼자 책임져야 할 거라고 걱정했다. 국무총리직을 사양하고 "샤미르가 결과를 책임지게 하라."는 것이었다. 물론 나를 걱정하는 뜻으로 말했겠지만, 나는 나만 살자고 위험에서 도망치는 것이 최선의 행동은 아니라고 믿어온 사람이다. 그렇게 나는 국소마취밖에 할 수 없는 상황에서 대규모 수술을 감행해야만 하는 위험한 도전을 받아들였다.

나는 총리로 취임하자마자 경제 담당 팀에게 구조조정 계획에 대해 완벽한 브리핑을 부탁했다. 더 구체적인 해결방안에 대해서는 일부 의견 차이가 있었지만 접근방법에 대해서는 전반적으로 합의한 상태였다. 하지만 의견일치가 되었다고 해서 걱정이 없다는 뜻은 아니었다. 경제 팀의 주된 우려 중 하나는, 이 정도의 대규모 구조개혁은 아무리 계획대로 잘 추진된다 해도 결국은 경제체계에 충격을 줄 수밖에 없고, 그렇게 되면 외국인 투자자들이 이스라엘에서 빠져나가게 된다는 것이었다. 이러한 자본유출은 우리가 세운 계획이 아무리 포괄적이라 하더라도 그 효과가 약화된다.

경제 팀이 제안한 유일한 해결책은 미국으로부터(이때 미국은 프랑스의 뒤를 이어 이스라엘의 가장 중요한 동맹국이 되었다.) 우선 차관借款 제공의 약속을 받아내는 것이었다. 최악의 시나리오가 현실이 되었을 때 이스라엘 경제를 보호하려면, 외국의 지원을 보장받는 것이 무엇보다 중요하기 때문이다. 나는 경제 팀에 내가 차관을 확보했다는 가정 하에 어떤 정책적 옵션이 있는지 고민하고 계획을 발전시켜달라고 말했다. 그리고 즉시 워싱턴 출장 준비를 지시했다.

나는 취임한 직후 워싱턴으로 날아가 미국 국무장관인 조지 슐츠George Shultz를 만났다. 그의 주선 하에 존경받는 전前 백악관 경제고문 허버트 스타인Herbert Stein과도 만났다. 허버트 스타인은 슐츠와 함께 1년 넘게 이스라엘의 경제위기에 대한 해결책을 찾고 있었다. 매사추세츠공과대학교 출신의 통화정책 전문가인 스탠리 피셔Stanley Fischer도 해결책을 찾는 데 주도적인 역할을 했는데, 이 첫 만남에는 참석하지 못했다. 나는 슐츠와 스타인에게 감사인사를 했고, 신속한 행동이 필요하다는 데 동의했다. 그리고 우리 경제 팀 전문가들이 구상하는 계획에 대해 알려주었다. 이스라엘 경제학자들은 경제안정화 계획의 일환으로 15억 달러의 차관이 필요할 것으로 예상했다. 그래서 논의가 이 주제로 넘어왔을 때, 나는 자연스럽게 40억 달러를 요청했다.

스타인은 주의 깊게 들었지만 차관에 대해 별다른 언질을 주지 않았다. 차관 제공을 동의하기 전에, 스타인과 피셔는 우리의 개혁 패키지의 세부계획을 만드는 데 함께 참여해서 도와주고 싶다고 했다. 나는 이것이 필수적이라는 데 동의했으며, 합동군사작전을 수행하는 방식과 비슷하게, 장군 대신 양국의 최고 경제학자들과 함께 미국과 이스라엘 사이의 대책위원회를 만들자고 제안했다. 이 방법이야말로 미국이 우리의 노력에 신뢰를 갖게 하는 데 최선의 방법이었고, 더 많은 전문지식에 접근할 수 있으니 일거양득이었다.

나는 워싱턴에서의 회담을 마치고 가장 난해한 문제를 처리하기 위해 고국으로 돌아왔다. 노동자들과 고용주들이 계획의 실행에 동의하게 그리고 참여하게 하는 것이었다. 이는 정치적 연합 하나만으로 해결될 문제가 아니었다. 경제적 연합이 필요했다. 나는 히스타두르트Histadrut 노동조합(더욱 전통적인 조합이자 이스라엘의 오래된 사회주의적 성향과 함께하는, 이 나라의 가장 큰 기업들 중 일부였다.)의 지도자들과 고용주 연합, 정부 최고위 경제학자들, 재무부 장관인 이츠하크 모다이Yitzhak Modai를 불러 모았다.

첫 회의는 긴장감으로 팽팽했다. 정부 관계자가 참석자들에게 경제를 회생시키기 위해 고려하고 있는 계획을 브리핑했다. 반대의 목소리가 회의장을 가득 채웠다. 참석자들 중 그 누구도 이 피할 수 없는 현실을 기꺼이 받아들이려 하지 않았다. 경제를 살리기 위해서는 모두가 희생해야 하고, 심각한 대가를 치러야 한다는 현실 말이다. 급여수준을 유지하고 기본적인 주요 생필품 가격을 통제하기 위해 정부가 제공하던 보조금이, 실제로는 경제적인 완화효과보다 오히려 고통을 유발했다고 내가 설명했을 때, 노동조합원들은 폭발적으로 분노했다.

“이건 미친 짓이오!” 누군가가 이렇게 말했다. “경제가 붕괴되고 있는데 노동자들 아래의 깔개를 빼내겠다는 것 아니오? 노동당 국무총리가 이렇게 가혹한 제안을 할 줄은 상상도 못했소.”

충분히 이해할 수 있는 반응이었다. 나도 마찬가지로 나 자신이 확고하게 믿고 있던 사회안전망을 다시 거두어들여야 할 상황에 처하리라고는 상상조차 해본 적이 없었으니 말이다. 하지만 보조금을 삭감하지 않으면 초超 인플레이션이 일어날 것이고, 그렇게 되면 노동자들의 삶은 점점 더 심각한 상황에 빠져 끝없이 피폐해질 것이 뻔했다.

전국적인 임금동결의 필요성을 논의했을 때, 고용주들의 반응도 이와 비슷하게 격렬했다.

“기업들을 모조리 망하게 할 작정이오?” 누군가가 소리쳤다. “당신들은 경제를 살린다고 말하지만, 이런 짓은 오히려 경제를 무너뜨리는 짓이오!”

나 역시 공감했지만, 이번에도 개혁에 실패하면 고용주들이 걱정한 것처럼 정말 소수의 기업들만 살아남게 될 것이 분명했다.

히스타두르트, 고용주 연합, 정부의 경제 팀의 노사정간 정기회담은 그 후로 여러 달 동안 계속되었다. 나는 이들이 나와 같은 결론에 다다를 것이라는 희망을 버리지 않았다. 계속 논의하다 보면 우리의 노력에 대해 완전히 이해하고 위기에 대해 명확하게 인식할 거라고 믿었다. 또한 내가 그들의 우려를 충분히 받아들이고 있음을 알리고, 그들과 이스라엘의 국익을 가장 우선으로 여기고 있다는 사실과 함께 신뢰할 수 있는 중재자라는 것을 보여주고 싶었다.

협상과정에서 나는 가장 시급한 문제들에 관한 다수의 임시 일괄 계약안들을 내놓았다. 이 계약들은 대대적인 경제개혁으로 가는 다리를 놓을 시간을 벌기 위한 것이었다. 하지만 이는 반쪽짜리 조치보다 약간 나은 수준이었고, 최소한의 범위를 잠깐 동안 응급조치해두는 것에 불과했다.

시간이 지날수록 명확해졌다. 노사정간 합의를 향해 나아가는 길이 있다는 사실, 그리고 내가 쌓아가고자 하는 바로 그 '신뢰'가 합의의 조건이라는 것 말이다. 고용주들이나 노동조합들은 모든 정부부처가 예산을 대폭 삭감하는 등 엄청난 희생을 치르고자 한다는 것을 믿지 않았다. 정부 관료들이 초인플레이션이 가져올 후폭풍에 대해 설명하고 있지만, 실제로 자신들의 예산삭감을 심의할 시기가 되면 슬그머니 발을 뺄 것이라고 생각한 것이다. 나는 정부가 이 어렵고 고통스러운 선택에 헌신한다는 것을 증명할 수 없다면 노동조합과 고용주들도 계획에 동참하고 따라와줄 리가 없다는 것을 깨달았다. 정부가 먼저 행동해야 했다.

이러한 신뢰를 쌓아가는 회담이 이루어지는 사이에, 나는 미국-이스라엘 경제 팀과 다시 만나고 이스라엘이 안정화 노력에 필요한 차관을 받을 수 있다는 확답을 얻기 위해 워싱턴으로 날아갔다. 피셔의 대답은 대부분은 긍정적이었지만 마찬가지로 조건부였다. 그는 내게 10가지 목록이 인쇄된 종이 한 장을 건네주었다. 대단히 과감한 구조개혁안이었다. 차관은 이스라엘이 이 목록에 있는 개혁안 10가지를 모두 실행하겠다고 약속하는지 여부에 달려 있다고 말했다.

나는 목록을 읽고 몇 분간 고민한 끝에, 피셔에게 다시 건네주었다.

"알겠소." 나는 침착하게 말했다. "이 모든 조건을 수락하겠소."

내가 평소 성격대로 과격하게 반대하거나 다른 조건을 걸어 협상하리라고 예상했는지, 방에 있던 모든 의원들이 충격받은 얼굴이었다. 하지만 내가 그 조건들을 받아들인 이유는 아주 간단했다. 스탠리 피셔는 훌륭한 경제학자였고, 나는 그가 제시한 각각의 요구사항에 대해 들어갈 비용과 가치, 이득을 논할 입장이 아니었다. 또한 나는 미국 팀을 믿었다. 보상을 바라는 불필요한 조건이 추가된 것도 아니었다. 목록에 포함된 대부분의 사항들은 이미 이스라엘 경제 팀이 만들어낸 것들이었다.

또한 전략적인 고려사항도 있었다. 미국이 내게 이러한 압박을 가하는 것이, 이스라엘에서 내가 받는 압박을 완화시킬 수 있을 것 같았다. 즉, 이스라엘의 제안이 아니라, 기업과 노동자 양측이 필요로 하는 차관의 확약을 얻어내기 위해 우리가 들어줘야 하는 미국의 요구로 보이면, 노사정 협상에서 정부의 개혁안이 받아들여질

가능성이 더 높아질 것이다.

1985년 6월 첫 주에, 나는 예루살렘으로 돌아와서 정부 산하의 경제학자 팀을 우리 집으로 불러 모았다. 그들에게 피셔와의 대화를 알려주고, 악화되는 상황에 대해 논의하기 위해서였다. 논의는 다음 날 이른 아침까지 계속되었고, 마지막에는 기본적인 일련의 원칙들로 의견이 모아졌다. 회의가 드디어 끝났을 때, 나는 참석자들에게 우리의 대화를 실행 가능한 계획으로 바꿀 소규모 실무진을 꾸리라고 지시했다.

“나는 이 달 말에 내각에 계획을 들고 갈 생각이오.” 나는 선언했다. “낭비할 시간이 없소.”

이후 3주 동안 실무진은 회의에 회의를 거듭하며 계획과 조건들을 조율하고, 정확하고 전문적인 언어로 입법안을 다듬었다. 마침내 우리는 극적인 경제 안정화 프로그램을 완벽하게 정리했다. 그 프로그램은 크게 3가지로 나뉘었다. 첫째, 셰켈의 가치를 낮추고 생필품을 위한 정부 보조금에서 7억 5,000만 달러를 삭감하며, 임금 인상을 임시로 동결시키기로 했다. 이는 가격의 급상승을 초래할 것으로 예상되었지만, 궁극적으로 전면적인 가격동결로 대응하기로 했다. 둘째, 모든 정부 부처의 지출삭감을 여러 차례 시행하기로 했다. 셋째, 이러한 인플레이션이 다시 일어나는 것을 막기 위해 더욱 제한적인 통화정책을 새로 도입하기로 했다.

효과에 대해서는 큰 불안이 있었지만, 우리가 만든 프로그램은 목적과 범위가 지극히 혁신적이었고 균형이 잘 잡힌 계획이었다.

우리는 이 계획이 분명 성공할 거라고 낙관했다.

6월 28일 금요일 아침, 실무진은 내게 정식으로 제안서를 제출했다. 나는 국가를 위해 그들이 발휘한 놀라운 집중력과 지칠 줄 모르는 열정(실로 등골 빠지는 고된 작업이었다.)에 깊은 감사를 전했다.

"나는 일요일에 이 계획을 내각에 발표할 것이오." 나는 그들에게 말했다. "그리고 약속하건대, 완전한 승인에 조금이라도 못 미치는 것은 절대 받아들이지 않을 것이오."

임시 내각회의는 최고의 긴장 속에서 시작됐다. 이 법안을 승인하기 전에 수백 만 달러의 지출삭감 항목을 찾아야 했다. 나는 손수 칼을 휘두르기로 결심했고, 10만 달러 이상의 모든 정부예산 항목을 직접 검토했다. 심지어 아주 적은 금액의 지출도 논의의 주제로 삼았다. 이렇게 정부가 먼저 솔선수범함으로써 외부의 비판으로부터 내각을 보호해야 했다.

안정화 계획 그 자체는 과반수의 지지를 얻을 것으로 보였다. 계획을 만드는 데 협조했던 모다이는 이 법안을 지지했고, 외무부장관 샤미르와 교통부 장관 하임 코르푸Haim Corfu도 마찬가지였다. 하지만 나머지 장관들은 계획의 성공 가능성을 의심했다. 논란이 되는 쪽에 찬성표를 던지고 결과를 책임지기보다는 위기 대처방안에 대해 계속 비판하는 쪽을 택했다. 그들은 투표 자체를 막기 위해 고의로 의사진행을 방해하는 필리버스터filibuster를 이어갔다. 그들은 계획을 무산시키려고 고집을 부렸지만, 내 의지를 꺾지는 못했다. 내가 작정하고 싸우러 나왔다는 사실을 알아보지 못한 것이다.

“의원 여러분, 이 회의는 길어질 것 같습니다. 내일 아침에는 경제계획이 완성될 것입니다.” 나는 명령했다. “그렇지 않으면 저는 사임하고 정부가 없어질 것입니다.”

나는 각 부처의 예산을 하나씩 검토하면서 삭감할 항목들을 골랐다. 누군가가 반대하면 계획의 세세한 항목까지 따지는 것으로 대응했다. 반대 의견이 있다면 아무리 길고 악의에 찬 발언이어도 모두 발언하게 했다. 회의는 자정을 넘어 다음 날 이른 아침까지 계속되었다. 몇몇 장관들은 탈진할 것 같다고 불평했다. 나는 이러한 불평을 묵살했다.

“이스라엘의 장관은 잠을 자면 안 됩니다.” 나는 그들에게 말했다. “전쟁 중에는 밤새도록 논쟁했었습니다. 장관의 임무는 깨어 있는 것입니다.” 하지만 어떤 부처의 장관은 자기네 예산을 삭감하는 순간에 코까지 골며 졸고 있었다.

아침이 되자 예산삭감은 완료되었고, 우리의 경제회생 계획은 장관들의 과반수의 지지를 얻을 것이 분명해졌다. 이제 남은 것은 필리버스터가 끝나기를 기다리는 것뿐이었다. 투표를 하지 않고서는 절대 회의를 끝내지 않겠다는 것을 반대파에게 보여주고자 했다. 드디어, 회의가 시작된 지 24시간 만에 반대파는 의사진행 방해를 포기했고 우리는 투표를 개시할 수 있었다. 15명의 장관이 계획을 승인했고, 7명은 반대했으며, 3명은 기권했다.

나는 안도감과 성취감을 느끼면서 회의장을 빠져나왔지만, 거기엔 우려도 포함돼 있었다. 나는 사람들에게 성공을 장담하며 안심시키고 설득했지만, 여전히 이 계획이 정말로 성공할지는 확신하지 못했다. 그리고 만약 이것이 실패하면 다른 방도가 없을까 봐 두려운 마음도 들었다. 희생을 기꺼이 나누고자 하는 정부의 노력을 노동조합과 기업인들이 알아줄지, 그래서 그들도 이 계획을 받아들이고 동참해줄지 궁금했다.

나는 곧 답을 얻을 수 있었다. 1985년 7월 1일 아침, 정부가 승인한 프로그램을 설명하는 성명을 발표했다. 나는 이스라엘 국민들에게 그 계획에 대해 직접 설명하기 위해 연설을 준비했다. 정부가 경제를 살리기 위해 무엇을 그리고 왜 했는지, 어둠 속에서 헤매고 있는 경제를 어떻게 이끌고 나갈 것인지를 이해시켜야 했다. 나는 그날 오후에 방송국으로 가서 내가 준비한 연설문을 다시 한 번 검토했다. 카메라 앞에서 생방송으로 전 국민에게 연설을 하기 위한 준비를 마쳤다. 그런데 내가 말을 시작하기도 전에 방송국 기술자들이 일제히 일어나더니 세트 밖으로 걸어 나가버렸다.

내 고문 중 1명이 황급히 다가왔다.

"이게 도대체 무슨 일인가?" 나는 화가 난 채로 물었다.

"방송노조를 장악하고 있는 히스타두르트가 파업에 들어갔습니다. 그들이 방송노조에 연락해 즉시 송출을 중단하라고 했습니다. 총리님의 연설이 방송으로 나가지 못하게 하려는 겁니다."

나는 아직 해야 할 중요한 일이 남았음을 인식하면서 분노를 한

쪽으로 치웠다. 히스타두르트의 협조 없이는 경제 안정화 계획이 실패할 수밖에 없었다. 나는 그들이 동의하도록 설득해야 했다.

그날 이후 정부와 히스타두르트는 2주간 협상에 돌입했다. 나는 최대한 정직하고 솔직하게, 이 프로그램이 단기적으로는 고통스러울 것이지만, 우리의 후세들을 위해 이스라엘 경제를 살리는 유일한 수단임을 보여주려고 노력했다. 그들은 경제적 쇼크에 가장 취약한 노동자들을 보상할 방법을 찾아달라고 애원했지만, 나는 그렇게 하는 것이 인플레이션의 악순환을 다시 시작하는 조치일 뿐임을 거듭 상기시켜줘야 했다.

결국 노사정 모두가 합의에 이르렀다. 노동조합은 마지못해 파업을 중지하고 경제 안정화 프로그램을 받아들이기로 했으며, 나는 경제가 안정화되자마자 노동자들의 생활수준을 올리는 데 내가 할 수 있는 모든 것을 다할 것을 약속했다.

노력의 결실을 보는 데는 한 달도 채 걸리지 않았다. 1985년 8월에, 인플레이션은 2.5%로 놀라울 정도로 하락했다. 그 해 말에는 인플레이션이 1.5%로 떨어졌고 시간이 지날수록 더욱 감소했다. 실업률은 1% 약간 넘게 증가했는데, 이는 우리가 우려했던 것보다 현저히 낮은 수치였다. 결국 이 계획은 전 세계적으로 칭송받았으며, 명성 있는 대학교의 강의 및 논문 주제가 되어 주목받기도 했다. 새롭고 참신한 접근법으로 암울하고 난해한 위기를 돌파한 것이다.

옛날에 벤구리온은 "이스라엘에서는 현실주의자가 되려면, 기적을 믿어야 한다."라고 말했다.

경제가 빠르게 회복되어가면서 나는 숨을 고르며 국가가 내디뎌야 할 중요한 다음 단계에 대해 고민할 수 있었다. 경제를 구조조정 했다는 것은, 어떤 의미에서는 일종의 작별인사이기도 했다. 이스라엘 국가수립의 기반이었던 사회주의 체제는 더 이상 존립할 수 없었다. 우리는 자본주의로 향하는 첫 걸음을 내디뎌야 했고, 자본주의를 받아들인 후에는 시장경제에 대한 접근법에 통달해야 했다. 새로 시작하는 것이긴 했지만, 그래도 아무것도 없는 상태에서 시작하는 것이 아니었다. 오히려 그 반대였다.

이스라엘은 훌륭한 대학과 연구소가 지원하는 최첨단 기술 산업을 견고하게 키워오고 있었다. 이스라엘은 고등교육을 받은 인구 비율이 세계에서 가장 높은 나라 중 하나였으며, 뛰어난 재능과 열정을 가진 수천 명의 기술자들이 있었다. 남녀를 불문하고 모든 젊은이들이 이스라엘 방위군에서 의무적으로 군복무를 해야 했고, 그곳에서 그들은 질문이 명령만큼이나 중요하다는 것을 배운다. 또한 직함이나 지위가 아무리 높은 사람이라도 반드시 자신의 의도나 목표를 사람들에게 설명해야 하다는 것을 배운다. 그리고 이스라엘에는 이미 '후츠파'라는 대담한 정신적 문화가 존재했기 때문에 '모험을 즐기는 사람들의 나라'라는 평판을 받을 자격이 충분했다.

이제 우리가 해야 할 일은 이러한 장점들을 민간 부문으로 이전하는 것이었다. 아이디어를 스타트업으로 바꿀 사업가들과, 그들의 아이디어에 투자하면서 지원과 지도를 해줄 벤처 투자자들, 이스라엘을 주요 거점으로 이용하면서 노동자들에게 훈련과 공급망, 협력 관계를 제공해줄 다국적 기술기업들이 필요했다.

우선, 기술자들을 정부에서의 업무로부터 해방시켰다. 창업자들이 그들을 고용해 자신들의 비전을 이룰 수 있게 기회를 주기 위해서였다. 이것은 누구도 예상 못했던 방법에서 나왔다. 내가 오랫동안 대담하고 명예로운 꿈이라 여겼던, 초창기부터 육성했던 계획을 파기하는 결정으로부터 나왔기 때문이다.

제3차 중동전쟁 이후, 이스라엘에 무기를 공급해주었던 프랑스가 등을 돌렸다. 과거에 프랑스-이스라엘 관계를 옹호했던 샤를 드골은, 갑작스럽게 이스라엘을 자신의 원대한 계획을 방해하는 장애물이라고 천명했다. 아랍 국가들과의 관계를 개선하기 위해서, 그는 1967년의 6일 전쟁을 빌미로 이스라엘에 일시적인 무기 엠바고를 걸었다. 그리고 나서 아랍 국가들과 새로운 무기 거래를 시작했다. 비슷한 시기에, 영국은 이스라엘에 탱크를 팔기로 한 합의를 돌연 취소했다. 우리에게는 당장 손상된 전투기를 대체할 방법이 없었고, 아직 작동하는 전투기들을 위한 예비 부품도 떨어졌다. 최전선에 전투장비를 공급하거나 보충할 확실한 방법이 없어진 것이다. 이 구멍을 메우기 위해 미국이 나섰으나, 훗날 욤 키푸르 전쟁에서 미국이 보내기로 약속한 보급품이 알 수 없는 이유로 지연되었을 때, 비로소 우리는 명확하게 깨달았다. 우리나라의 안보를 외국 정부에 의존하면 결국 우리는 변해가는 세계 정치 흐름의 인질이 될 수밖에 없다는 사실을 말이다.

1974년에 국방부 장관이 되었을 때, 나는 이 딜레마를 해결하는 것이 최우선 과제라고 생각했다. 이스라엘이 여태껏 해왔던 것보다 규모가 몇 배나 큰, 자국의 군수산업을 키우는 데 투자할 때가 되었음을 확신했다. 1980년에 나는 그 프로그램의 핵심을 발표했다. 히브리어로 '사자'를 뜻하는, 장거리 타격 전투기 '라비Lavi'였다. 이 전투기는 엄청나게 다재다능하게 설계되었고, 무거운 하중에도 고속으로 원거리 비행이 가능했으며, 당시 최첨단의 소프트웨어 시스템으로 운용되었다. 라비 프로그램은 곧바로 이스라엘 사람들의 자부심으로 자리 잡았고, 우리처럼 작은 국가도 거대한 경제대국들과 경쟁할 수 있다는 것을 보여준 빛나는 본보기였다.

하지만 이는 실현되지 않았다. 라비는 경제붕괴의 희생양이 되었고, 새로운 경제질서 하에서는 시대착오적인 것이 되어버렸다. 경제 안정화 프로그램을 가동하기 위해서는 모든 국책사업을 재검토해 대규모의 지출이 일어나는 계획들을 취소해야만 했다. 전투기 제작이 가능한 우수한 기술력이 있었음에도 불구하고, 더 이상 라비를 개발하는 데 쓸 예산이 없었다. 이 전투기는 내 상상 속에서 너무도 많이 비행했었기에, 이 프로젝트를 내 손으로 중단시킨다는 것은 개인적으로 무척 힘든 일이었다. 하지만 나는 실패 속에서 기회를 알아볼 수 있었다. 라비 프로젝트는 과거의 경제를 대변했다.

상명하달 식으로 정부가 주도하는 사업이었다. 이를 중단함으로써 세계시장에 우리의 심대한 혁신에 대해 신호를 보낼 수 있었다. 또한 민간 기업에 취직하거나 스스로 창업할 새로운 기술 전문가들을 홍수처럼 배출해냈다.

내가 라비 프로그램 중단에 관한 법안을 제출했을 때, 하고많은 사람들 중에 내가 그런 주장을 했다는 것이 사람들에게는 대단한 충격이었다. 의회는 격렬한 논쟁에 휩싸였다. 하지만 나는 내가 올바른 행동을 하고 있다는 것을 알았다. 내가 발의한 투표에 의해 라비 프로젝트는 공식적으로 중단되었다.

다음으로, 벤처캐피탈 제도를 만들어야 했다. 벤처캐피탈 회사들은 창업자들에게 단순히 자금만 대는 것이 아니라 더 많은 것을 제공했다. 회사를 어떻게 경영해야 하는지, 어떻게 규모를 키우고 속도감 있게 성장시키는지, 전 세계에 어떻게 제품을 광고하는지 등에 대해 지도했다. 신기술 개발에는 탄탄한 역사가 있었지만, 창업가들에게는 경영에 관한 멘토링이 무엇보다 절실한 상황이었다.

당시에 이스라엘 기업들은 오직 두 곳에서만 벤처 투자금을 확보할 수 있었다. 첫 번째는 수석과학관실을 통한 정부의 맞춤식 보조금 프로그램이었는데, 이 프로그램은 의도는 좋았지만 신생기업들이 성장하기에 충분한 자금을 제공하지 못했다. 두 번째는 1977년에 미국과 이스라엘이 공동으로 기금을 마련하기 위해 만든 양자 간 산업 연구개발 기금(Binational Industrial Research and Development Foundation, BIRD Foundation으로도 알려져 있다.)이었다. 이것 역시 첫 번째와 비슷한 프로그램이었다. 여기서 나온 보조금도 마찬가지로 많은 액수는 아니었지만, 이 기금은 이스라엘에 중요한 기여를 했다. 이스라엘 기업들이 미국의 협력자들과 밀접하게 일할 수 있는 기회를 열어주었던 것이다. 이스라엘 측이 획기적인 혁신에 투자하는 동안 미국 측은 마케팅과 판매에 투자하는 방식으로 운영되는 협력 벤처였다.

이처럼 두 곳이 있었음에도 불구하고, 이스라엘 내에 북적거리는 민간 벤처캐피탈 산업이 없으면 급성장하는 소수의 회사들만 성공할 것이 명확했다. 이는 경제적 이익 측면에서 너무 미미한 결과일 게 뻔했다. 벤처캐피탈 산업을 창조하기 위해서는 2가지가 필요했다. 창업에 대한 동기를 부여하고 활성화시키는 국내의 노력과, 해외의 투자자들을 끌어 모으는 국외의 노력이었다.

국내의 노력은 간단한 원칙에 초점을 맞추었다. 벤처캐피탈을 육성시킬 방법은, 이스라엘이 투자자들에게 유별나게 매력적인 장소가 되는 것뿐이다. 우리는 공식을 바꿔야 했다. 그래서 우리는 2가지 프로그램을 설계했다. 하나는 '요즈마'(Yozma, '주도권'이라는 뜻)라 불렸고, 다른 하나는 '인발'(Inbal, '종의 추'라는 뜻)이라 불렸다. 이 두 프로그램은 분명히 다르게 설계되었지만, 일반적인 목표는 비슷했다. 투자에 대한 위험을 대부분 정부가 부담하지만, 보상은 철저하게 투자자들에게 전부 돌아가게 하는 것이었다. 이 프로그램들은 1990년대 초기에 이스라엘 내의 기업가 정신에 불을 지폈으며, 벤처캐피탈의 첫 물결을 만들어내는 데 상당히 크게 기여했다.

물론, 이 방법들은 해결책의 일부에 불과했다. 해결책의 다른 일부는 실제 해외 투자자들을 찾는 것이었다. 이는 내가 수십 년간 열렬히 옹호해온 거시적인 외교적 노력과 같은 것이었다. 나는 해외의 투자를 이스라엘로 유치하는 것이 내 역할이자 의무라고 생각했다. 미국으로 출장을 갔을 때, 이스라엘에 살고 있지 않은 그곳 유대인들에게 이스라엘의 스타트업에 투자하라고 호소했다. 나라 밖의 유대인들이 얼마나 투자하느냐에 따라 이스라엘 경제를 영구적으로 바꿀 수도 있다고 강조했다.

외무부 장관으로 재임하던 시절, 경제협력을 위해 세계 각국과 외교관계를 맺었다. 유럽의 지도자들과 만났을 때, 나는 이미 유럽에 자리 잡았던 정부 지원의 자금과 이스라엘의 벤처 프로그램 연결 사업을 밀어붙였다. 나는 이스라엘의 기술을 수입하는 것에 개방적인 사람들과 더욱 적극적으로 대화를 나눴다. 수백 명의 대기업 리더들과 만나 이스라엘의 기적에 대해 이야기했고, 사막의 자그마한 한 조각이었던 나라가 최첨단 기술강국으로 탈바꿈한 이야기를 알리며 이스라엘에 대한 인식을 바꾸기 위해 노력했다.

결국 이 작전은 성공했다. 전 세계 유명 벤처펀드들이 이스라엘에 사무소를 열기 시작한 것이다. 이스라엘 사람들도 벤처펀드를 수십 개씩 세우기 시작했다. 나는 더 이상 누구에게도 이스라엘이 기술 분야에서 얼마나 위대한지 설명하거나 납득시키지 않아도 되었다(그렇다고 해서 내가 그 이야기를 멈춘 건 아니다). 이스라엘 경제에 대한 평판은 드디어 과학의 힘과 일치하게 되었다.

혁신이란 어느 시점에 완료될 수 있는 임무가 아니다.
끝없이 추구해야 하는 어떤 것이다.

하지만 이러한 성공에도 불구하고 가만히 서 있을 수는 없었다. 나는 또 다른 새로운 논쟁을 시작했다. 이스라엘이 첨단기술의 선두인지 아닌지에 대한 것이 아니라, 다음에는 세상을 어디로 이끌고 가야 하는지에 대한 것이었다.

혁신이란 어느 시점에 완료될 수 있는 임무가 아니다. 끝없이 추구해야 하는 어떤 것이다. 우리는 투자자들이 우리의 기술에 기대감을 갖고 찾아오게 만드는 시스템을 만들어내야 했다. 그들을 계속해서 끌어들이려면 이스라엘은 과학 분야에서도 최전선에 있어야 했다. 내가 자주 말했듯이, 최신 지식을 보유하는 것만으로는 충분치 않다. '내일'의 지식을 선점해야 한다.

내가 처음으로 컴퓨터를 보았을 때 군사적 유용성을 생각해낸 것처럼, 나는 다시 이스라엘의 연구소로 시선을 돌렸다. 이스라엘을 다른 나라들과 차별화시킬 수 있는 대단한 아이디어를 찾기 위해 수많은 과학자들과 만나고, 논문과 조사 보고서를 읽고, 최신 개발품을 공부했다.

이 과정에서 나는 분자 수준으로 소재를 다루는 최신 연구 분야를 처음으로 접했다. 원자 단위의 정밀도로 기계를 조립하기 위한 노력의 일환으로 탄생한 기술이다. 이것은 '나노기술'이라 불렸으며 내가 상상했던 것 이상이었다. 우선, 과학자들은 사람의 머리카락 1올 위에 10만 개가 올라갈 수 있는 나노미터 크기의 물질을 다루고 있었다. 더욱 놀라웠던 것은 따로 있었다. 분자 수준에서 작업하는 과학자들은 분자가 우리 주변에서 살아 있는 생물체와 같이, 씨앗이 생물학적 코드와 계획에 따라서 꽃으로 변하는 것처럼, 실제로 자가 조립하는 물질을 개발해냈다.

나노기술은 파괴적인 것이 아니라 건설적인 것이었다. 원자를 재배열해서 신소재를 만들고, 에너지를 저장하거나 생산해내는 새로운 방법을 만들었다. 이렇게 작은 물질에 기적적인 힘이 담겨 있었고, 마치 이스라엘이라는 작은 나라가 얼마나 큰 기적을 만들어냈는지를 보여주는 것 같았다.

그리고 이 분야의 연구는 아직 기초 단계에 머무르고 있었지만 막대한 영향력을 품고 있었다. 나노기술은 모든 종류의 물질을 다루고 원하는 속성대로 만들 수 있기 때문이다. 공기보다 엷은 것, 철보다 강한 것, 깃털보다 가벼운 것을 창조할 수 있다. 컴퓨터를 핀의 머리만큼 작게 만들고, 몸 속에 들어가서 암세포만 공격하는 작은 로봇도 만들 수 있다. 강철보다 몇 배나 견고하지만 비닐봉지보다 가벼운 방탄복을 만들 잠재력이 있었다. 이는 전구 또는 트랜지스터와 동등한 가치를 지녔다. 새로운 산업의 기초가 되고 기존 산업을 변화시킬 수 있는 새로운 기술이다.

내 평생 가장 중요한 과학 및 기술 혁명의 시작을 목격하는 것이 틀림없었다. 벤구리온은 언젠가 내게 "정부는 존재하는 모든 것의 출발점이고, 자네는 존재하지 않는 모든 것의 출발점이네."라고 말했다. 책을 더 읽고 공부한 후에 전문가와 대화를 나누며 나는 이스라엘을 나노기술의 세계적인 선두국가로 만들어야겠다고 결심했다. 이 극소의 기술 안에서 나는 이스라엘의 가장 원대한 꿈을 봤다. 다음 과학혁명의 주역이 되고, 세계에 없어서는 안 될 존재가 되는 바로 그 꿈 말이다.

나는 무엇을 해야 할지 결정하기 위해 즉시 팀을 소집했다. 우리가 이미 가지고 있던 것은 무엇인가? 우리에게 없는 것은 무엇인가? 이 기술을 발전시키기 위해서는 어떤 활동을 시작해야 하며 그러기 위해서는 무엇이 필요한가?

또 하나의 결정이 필요했다. 이듬해에 세계 각국의 정부들은 나노기술 연구에 60억 달러 이상을, 민간 기업들도 이와 비슷한 액수를 투자할 것으로 예상되었다. 시간 여유가 별로 없었다. 2002년 봄에 나는 국회에서 나노기술에 대해 연설했다. 나노기술의 과학적 잠재력과 그것이 가져올 마법과도 같은 번영에 대해, 그리고 투자와 개발이 늦어질수록 얼마나 큰 손해와 위험을 감당해야 하는지에 대해 내가 할 수 있는 가장 열렬한 연설을 했다.

"최고의 석학과 과학자들을 최대한 많이 유치하기 위해서 이스라엘은 자격을 갖춘 팀들, 뛰어난 학생들, 향상된 기반시설과 연구소들을 갖춰야 합니다. 또한 발전계획을 조직화하고, 새로운 자금 공급처를 발굴하며, 산학 간의 협력을 개선해야 합니다." 그리고 나는 마찬가지로 중요한 것은, "이 계획이 펼쳐 보여주는 놀라운 기회들을 대중의 의식 속에 심는 것"이라고 덧붙였다. 이것은 마치 이스라엘의 아폴로 프로그램과 같았다. 하지만 우주 공간으로 쏘아 올리는 것은 아니고 원자 사이의 공간으로 쏘는 것이었다.

그 해 말에, 우리는 이스라엘 국가 나노기술개발전략연구소(Israel National Nanotechnology Initiative, INNI)를 창설했고 이 분야에서 세계적인 선두주자가 되기 위해 엔진을 개발하는 임무를 부여했다. INNI는 세계 각국에서 과학자들부터 비즈니스 리더들, 벤처캐피털리스트들까지 나노기술의 이해관계자들과 관계를 맺고, 이 과학기술을 상업적인 단계로 빠르게 진입시키는 것을 목표로 삼았다. 그 목표를 달성하기 위해 이스라엘에서의 우선 투자를 확고히 하고, 성공에 필요한 최신식 제조시설, 연구센터, 장비 등의 인프라를 개발하고 도입하는 것을 도왔다. 또한 연구성과와 아이디어를 공유하도록 장려해 대학과 기업이 서로 더욱 원활하게 협력할 수 있도록 했다. 마지막으로 자금을 조달했다. 우리는 이 임무를 달성하기 위해 5년간 3억 달러를 투자할 계획이었고, 이 액수의 상당 부분은 INNI에 투입될 예정이었다.

나는 수년 간 나노기술 전도사이자 기술에 매료된 80대 노인이 되었다. 연구자들에게 새로운 노력을 시작하라고 권유했고, 투자자들과 기부자들, 사업가들에게 내가 본 가능성에 대해 열정적으로 이야기했다. 2006년 이스라엘-레바논 전쟁 중에, 나는 테러리스트들이 레바논 내의 민간시설(이슬람교 사원과 병원을 포함해서)에서 이스라엘 내의 민간인 표적들을 향해 발포하는 것을 보고 '지혜의 진주Pearls of Wisdom'라는 프로젝트의 영감을 얻었다. 이 프로젝트의 임무는 새로운 전쟁의 시대 속에서 획기적인 나노기술을 국방에 도입하는 것이었다.

2007년에 대통령으로 취임했을 때도 나는 계속해서 나노산업의 중요성을 알리는 데 힘썼고, 기업과 학계가 더욱 깊이 협력해서 연구실에서 나온 아이디어를 현장에 도입할 것을 독려했다. 그리고 얼마 지나지 않아 이스라엘 연구자들과 뇌과학의 가능성에 대해 대화를 나누면서 또 다른 영감을 얻었다. 나노기술이 그랬던 것처럼, 뇌과학이라는 단 하나의 분야가 엄청나게 다양한 방면으로 혁신을 이끌 수 있다는 것, 뇌의 수수께끼를 해독함으로써 의학, 교육, 컴퓨터 과학을 근본적으로 바꿀 수 있다는 발상에 감명을 받았다. 그렇게 해서 2012년에 나는 새로운 계획, 즉 '이스라엘 뇌 기술 지원Israel Brain Technologies' 단체를 만드는 데에 착수했다. 이 단체는 100만 달러의 상금을 걸고 뇌과학 분야에서 놀라운 혁신을 보여준 개인 또는 팀을 찾았다.

관직을 떠난 후에도 나는 기술 분야의 일을 계속했고 내 후임자인 레우벤 리블린Reuven Rivlin 대통령 곁에서 '이스라엘 혁신센터Israel Innovation Center'의 설립 계획을 발표했다. 페레스평화센터Peres Center for Peace 내에 설립한 이 센터는, 모든 어린이들에게 상상력의 불꽃을 키우고, 다음 세대들이 더 나은 세상을 만들 수 있도록 힘을 주는 것, 단기간에 사람들이 얼마나 혁신적으로 성장할 수 있는지 보여주는 것을 목적으로 한다.

실제로 이스라엘에서 시작한 6,000개의 스타트업들 가운데, 2016년에 무려 90곳의 기업이 나스닥Nasdaq에 상장해 거래되고 있으며, 400억 달러 이상의 기업 가치를 가지고 있다. 2014년에는 미국 증권거래소에 등록된 외국기업 순위에서 이스라엘은 중국에 이어 두 번째가 되었고, 텔아비브는 실리콘밸리에 이어 세계에서 두 번째로 좋은 창업 생태계를 가진 곳으로 평가받고 있다. 같은 해에, 이스라엘은 '블룸버그 혁신지수Bloomberg Innovation Index'가 50위에서 30위로 뛰었고, 무엇보다도 미국과 영국을 뛰어넘었다. 이스라엘의 최첨단 기술회사들은 아직도 매년 수백 억 달러의 투자를 받고 있다.

기술 분야의 발전은 단순한 고성장 이상의 더 많은 것을 가능하게 했다. 전 세계적으로 반향을 일으킨 혁신적 발견들로 과학적 혁명을 주도한 것이다. 글로벌 정보산업이 이스라엘에서 발명된 USB 드라이브에 의해 돌아가고, 의사들이 이스라엘에서 개발된 알약보다 작은 카메라(필캠)로 환자의 몸 속을 볼 수 있으리라고 누가 상상이나 했을까? 전 세계가 이스라엘의 GPS 운항 기술에 의존하고, 이스라엘에서 개발된 하드웨어와 소프트웨어를 자율주행 자동차에 탑재해 운전자들을 치명적인 충돌사고에서 구해낼 것이라고 누가 생각이나 했을까? 파킨슨병과 다발성 경화증을 치료하는 약들이 바로 이곳에서 개발되고, 다리가 마비된 사람들이 이스라엘에서 발명된 로봇 다리를 통해 다시 걷게 된 것을 누가 예상했을까?

옛날에 벤구리온은 "이스라엘에서는 현실주의자가 되려면, 기적을 믿어야 한다."라고 말했다. 과학과 기술, 인간의 창의성이 그렇게 위대한 업적을 이뤄냈다. 그러니 기적을 잉태할 수 있는 상상력을 믿고 그 상상력에 생명을 불어넣는 노력에 헌신하는 게 당연하지 않겠는가? 기적을 믿는 게 당연하지 않겠는가? 벤구리온이 옳았다. 이스라엘에서의 현실주의는, 불가능을 현실로 이루어내는 기적과 크게 다르지 않았다.

Chapter 6

더 나은 세상은 언제나 가능하다

평화로 나아가는 길

THE PURSUIT OF PEACE

1차 세계대전이 맹렬했던 20세기 초, 미국 대통령 우드로 윌슨Woodrow Wilson은 14개 원칙을 담은 평화협정을 세상에 내놓았다. 소문에 의하면, 이 목록을 듣고 나서 프랑스 총리 조르주 클레망소Georges Clemenceau는 "전능하신 하나님께서도 단 10개의 계명만 내리셨다."라고 비웃었다고 한다. 나는 삶의 대부분을 평화를 추구하는 데 써왔고 클레망소가 그때 완전히 인정하지 못한 게 무엇인지 깨달았다. 평화는 간단한 노력으로 이루어지는 것이 아니다. 끝없는 노력이 필요하다. 하지만 아무리 평화를 실현하는 과정이 복잡하더라도, 그 근본적인 목적에 부합하지 않으면 실현되지 않는다.

이스라엘은 독립한 이후로 지금까지 내내 적의 바다에 둘러싸인 작은 섬과 같았다. 이스라엘이 해온 전쟁은 강요된 것이었다. 적들이 원했넌 것(그리고 여전히 원하는 것)에 비추어보면, 우리는 대체로 큰 승리를 거두었지만 아직 우리가 진정으로 바라는 승리를 쟁취하지는 못했다. 진정으로 우리가 바라는 바는, 승리해야만 하는 필요성으로부터 해방되는 것이다. 실제로 우리는 침략국이 반드시 승리자가 되지 않는다는 것을 증명했지만, 승전국이라고 해서 반드시 평화를 보장받는 것도 아니라는 것, 그래서 우리의 일은 아직 끝나지 않았다는 것을 배웠다.

나는 어렸을 때 할아버지께 사람이 마음에 깊이 담아야 할 것이 무엇인지 여쭈어보았다. 할아버지께서는 내게 '시편' 34편을 읊어주셨다. "생명을 사모하고 연수를 사랑하여 복 받기를 원하는 사람이 누구뇨. 네 혀를 악에서 금하며 네 입술을 거짓말에서 금할지어다. 악을 버리고 선을 행하며 화평을 찾아 따를지어다."

나는 이 말씀을 따랐고, 누구나 그래야 할 것이다. 나는 다른 무엇보다도 이스라엘을 안전하게 지키는 데 평생을 바쳤다. 적국의 위협으로부터 보호하기 위해 세상에서 가장 뛰어난 방위군을 설립했고, 이스라엘을 파괴시킬 수 있다는 적들의 생각을 단념시켰다. 이스라엘이 힘이 약할 때 강한 나라로 만들기 위해 노력했다.

하지만 이스라엘이 강해진 후에는, 평화를 위한 노력에 삶을 바쳤다. 평화는 결국 모든 사람이 마음속으로 간절히 바라는 것이지만, 단지 정치적, 경제적 관심사가 아니라 도덕적, 역사적으로 선한 방향에 뿌리를 두어야 한다. 도덕적 우위는 힘의 근거가 된다.

유대인들은 자신들뿐만이 아니라 전 세계를 더 좋은 곳으로 만들자고 하는 포부, 즉 티쿤 올람tikkun olam의 원칙에 따르면서 살아왔었다. 유대인들은 땅도 없고 자유도 없이 2,000년간 망명생활을 했지만, 우리는 국경이 아니라 '인간사랑'의 가치관으로 서로 이어져 있었다. 이는 유대인들이 흩어져 살았던 모든 나라들의 모든 언어들(히브리어, 이디시어: 동부유럽 히브리어, 라디노어: 스페인 인근 히브리어)로 연결되는 역사 속에서 메아리쳤던, 정체성의 기반이다. 그리고 이러한 도덕적 코드로부터 이스라엘은 다른 사람들을 지배하기 위해 탄생한 것이 아니고, 지배한다는 것은 우리의 정신적 유산에 깊이 반한다는 것을 알고 있다. 따라서 나는 평화를 추구하는 것이야말로 가장 필수적인 일임을 알았기에, 내 마음과 영혼을 전부 바쳐서 현실적이고 낙관적으로 평화를 추구했다. 비록 영토는 작지만, 우리가 추구하는 정의는 원대했다.

1984년에 내가 국무총리가 되었을 때, 평화는 최우선 순위에 놓인 내 임무였다. 취임한 지 4개월도 안 되어 나는 이스라엘의 잘못된 판단으로 무익한 전쟁을 하고 있었던 레바논으로부터 병력을 철수시키는 계획을 실행했다. 하지만 당시 이스라엘이 맞닥뜨린 경제적 위기는 내 노력의 대부분을 앗아갔다. 경제위기와 국가 재정파탄이라는 재앙으로부터 빠져나왔을 때, 양당연합 정부는 2년이라는 교대 시점에 이르렀다. 내가 속했던 정당의 많은 사람들이 이츠하크 샤미르와의 약속을 지키지 말라고 주장했지만, 나는 내가 한 말은 반드시 지키는 사람이었다. 약속한 대로 2년 후에, 나는 외무부 장관의 자리로 내려가고 샤미르에게 국무총리의 자리를 내주었다. 나는 새로운 역할을 맡은 이후에도 평화에 전념했으며 더욱 적극적으로 평화를 추구했다. 하지만 나는 국무총리의 지지 없이 평화를 추구하는 것이 얼마나 어렵고 공허한 것인지 곧 알게 되었다.

좋든 싫든 일단 적들을 만나지 않으면
평화를 향한 어떠한 진전도 이뤄낼 수가 없다

때는 1987년이었다. 이스라엘 국무총리 메나헴 베긴Menachem Begin과 이집트 대통령 안와르 사다트가 대다수가 불가능할 것이라고 생각했던 업적인 캠프 데이비드 협정Camp David Accords에 서명한 지 9년이 되었다. 우리는 이집트인들과 세 차례나 전쟁을 치른 후, 거의 40년간 끊임없는 갈등상태에 있었다. 너무나 많은 피를 흘렸고 너무도 많은 적대감이 석회암처럼 단단히 굳어진 후여서, 평화에 대한 낙관적인 기대는 모두가 순진하다고 여기며 비웃었다. 그럼에도 사다트가 이스라엘을 방문한 것은 욤 키푸르 전쟁이 끝나고 4년이 지난 후였고, 이는 평화와 협력으로 결론을 맺은 돌파구이자 오늘날까지도 유지되고 있는 협정으로 자리 잡았다.

나는 이 평화의 위대한 승리로부터 영감을 얻었다. 이제부터는 요르단, 팔레스타인과 평화롭게 지내고, 그 외의 모든 이웃나라들과의 갈등을 끝내고자 했다. 당시 나는 두 국가가 존재하는 해결책이 아닌 다른 해결책을 구상했었다. 내가 '세 국가 해결책'이라 명명한 이 해결책은 세 곳의 자치지역에 관한 구상이었다. 이스라엘, 요르단 왕국, 웨스트 뱅크에 팔레스타인들을 위한 공동 자치구역이 그것이다. 팔레스타인들이 국적에 따라서 이스라엘 또는 요르단 투표에 참여할 권리를 갖도록 구상되었다.

그러나 내가 제안한 것은 복잡한 문제가 있었다. 우선 이스라엘은 요르단과 외교관계가 없었다. 그래서 국경을 건너 어떠한 방식으로든 요르단 사람과 개인적·외교적으로 접촉하는 것은 불법이었다. 이스라엘의 동부 국경의 거의 전부가 요르단과 맞닿아 있었기에 요르단과의 교전은 끊임없는 걱정거리이자 위협이었다. 나는 아무리 위험해도 평화를 위한 노력을 시작할 때라고 믿었다.

우선, 대화를 시작할 수 있는 작전이 필요했다. 나는 런던의 유명한 변호사인 빅터 미쉬콘Victor Mishcon 경에게 전화를 걸었다. 미쉬콘은 내 친구이자 이스라엘에 우호적인 인사였다. 또한 그는 요르단의 국왕인 후세인Hussein과도 친했다.

"런던에서 나와 후세인과의 만남을 주선해볼 수 있겠는가?"

나는 염치도 없이 다짜고짜 물었다. 수화기의 반대쪽에서는 긴 정적이 흘렀다.

"물론 시도는 해볼 수 있네, 시몬." 그는 말했다, "하지만 너무 기대하지는 않는 게 좋아. 후세인이 만남에 응하는 것은 거의 기적에 가까운 일이니까."

"평화는 항상 가능성이 희박하다네." 나는 답했다. "하지만 그렇다고 해서 시도조차 해보지 않으면 안 되는 것 아니겠는가?"

며칠 후, 미쉬콘으로부터 전화가 왔다. 매우 격앙된 목소리였다.

"시몬, 후세인 국왕이 자네와 만나는 것에 동의했어!" 그는 말을 이었다. "런던에 있는 우리 집에서 둘이 점심을 먹는 것이 어떻겠냐고 제안해봤어. 그는 자네와 대화를 나누고 싶어 하더군!"

"그 말을 들으니 기쁘군 그려. 이 만남을 신중하게 주선해준 것도 그렇고." 나는 답했다. "이제부터 세상 누구도 깜짝 놀라지 않을 수 없는 새로운 도전을 해볼까 하네."

1987년에 나는 양당 합동 정부의 협정에 따라 국무총리의 자리를 이츠하크 샤미르에게 넘기고 외무부 장관이 되었다. 외무부 장관으로서 광범위한 권한을 가졌지만, 요르단과의 비밀회담처럼 예민한 안건에 대해서는 먼저 총리인 샤미르에게 허락을 얻어야 했다. 내가 그에게 이 계획을 언급했을 때, 그는 반대하지 않았다. 그렇다고 그가 평화를 좇는 데 관심을 가졌던 것도 아니었다. 오히려 그는 이런 시도가 잘될 리 없고 실패할 것이 뻔하다고 생각했다.

1987년 4월, 나는 외무부 국장 요시 베이린Yossi Beilin, 모사드의 수석대표 에프라임 하레비Efraim Halevy와 함께 런던으로 갔다. 우리는 미쉬콘의 아름다운 집에 도착했고, 그곳에서 후세인 국왕과 요르단의 국무총리인 자이드 리파이Zaid Rifai가 우리를 반갑게 맞아주었다. 이렇게 그다지 특별하지 않은 곳에서 불구대천의 원수들과 악수하는, 다소 비현실적인 순간이었다. 하지만 그곳엔 어떤 힘이 있었고, 무언가 놀라운 일이 일어날 것 같았다. 빅터의 아내는 고맙게도 비밀유지를 위해 직원들을 모두 내보내고 직접 우리를 접대했다. 훌륭한 음식 역시 처음부터 손수 만들어 차려주었다.

리파이는 처음부터 평화에 대한 논의하고자 하는 이 자리를 꺼리는 것처럼 보였다. 심지어 식탁 건너편의 유대인들과 빵을 나누는 것조차 꺼리는 듯했다. 스스로 원해서가 아니라 자신이 섬기는 국왕에 대한 의무 때문에 그 자리에 앉아 있다는 느낌이 들었다. 반면 후세인은 우리가 도착했을 때부터 따뜻하고 개방적인 자세였고, 그의 목소리와 몸짓에는 약간의 흥분이 배어 있었다. 나 역시 낙관과 희망으로 미래를 바라보던 그를 한껏 들뜬 채 바라보았다.

우리는 식탁에 둘러앉았고, 국왕과 나는 미쉬콘 부인이 마련해준 훌륭한 점심식사 앞에서 적이 아니라 새로 사귄 친구처럼 영어로 친근하게 대화를 나눴다. 우리는 서로에게서 새로운 관계를 원하는 비슷한 바람을 간파했고, 오랜 시간 괴롭혀온 양국 간의 갈등을 끝내기에 적당한 시점이 왔다는 데 동의했다. 솔직히 나는 이러한 환영의 분위기를 기대하지 않은 채로 런던에 도착했었다. 그저 첫 만남에서는 정말로 양국 간에 평화가 가능할 것인지를 가늠해보려고 했었다. 하지만 대화가 원활하게 진행되면서 바로 그날에 내가 상상했던 것보다 훨씬 더 현실성이 있는 진전이 가능하리라는 것이 점점 더 확실해졌다. 안개가 낀 런던에 석양이 지면서, 리파이가 불만스러운 표정으로 조용히 앉아 있는 동안, 나와 후세인은 대략적인 것에서 현실적인 세부사항으로 주제를 옮겼다. 식사가 끝났을 때, 미쉬콘 부인이 접시를 치우기 위해 들어왔다.

“저와 페레스 씨가 설거지를 하게 해주십시오.” 후세인이 말했다. “부인께서 혼자 요리를 준비하시느라 너무 수고가 많으셨습니다.”

“그렇습니다. 훌륭한 생각이로군요.” 나도 동의하며 덧붙였다. “소냐가 요리할 때마다 저는 설거지 담당이랍니다.”

미쉬콘 부인이 답하려는 찰나에 잠깐 동안 나는 상상해보았다. 예전에 적이었던 두 사람이 친구가 되어 나란히 서서 설거지를 하다니. 이스라엘의 외무부 장관이 접시를 헹구고 요르단의 국왕이 마른 수건으로 닦는 모습을 상상했다. 이는 단순하지만 정말로 친밀하고 의미 있으며 겸손하고 따듯한 장면이 아닌가? 하지만 이내 미쉬콘 부인이 막아섰다.

"그건 절대로 안 됩니다, 손님들." 그녀는 단호하게 말했다. "그러면 제가 당황스럽고, 손님들은 하셔야 할 일들이 많이 남아 있지 않습니까?"

우리는 존중하는 뜻에서 이에 동의했고, 대신에 대화를 계속했다. 나는 협상을 위해 이스라엘 대표 1명과 요르단과 팔레스타인 대표 1명이 구속력 없는 회담을 공동으로 열자고 제안했다. 후세인은 이에 동의했다.

"이건 제게 성스러운 도전이자 종교적인 의무입니다." 그는 말했다. 그 순간 내 머릿속에 우리가 나눴던 편안한 대화에서 평화협정 서명까지 곧바로 이어지는 상상이 스쳐 지나갔다. 그리고 나는 그곳까지 어떻게 도달할지 알고 있었다. 대화를 한 단계 진전시킬 시점이었다.

"그렇다면," 나는 답했다. "지금 당장 우리가 나눈 대화를 토대로 함께 협정서를 써보지 않겠습니까?"

"아…, 그런데 제가 지금 꼭 가야만 하는 다른 약속이 있습니다." 그는 답했다. "하지만 1시간 이내에 다시 돌아올 수 있습니다."

그는 그동안에 2가지 문서를 작성해보자고 제안했다. 하나는 평화회담의 실행계획을 설명하는 문서이고, 다른 하나는 양국 간의 협정원칙을 정하는 문서였다. 우리는 국왕과 국무총리가 떠나자마자 작업에 착수했다. 내가 두 문서를 읽어 내려가는 동안 보좌관이 이를 듣고 매우 빠르게 타자를 쳤다. 후세인과 리파이가 돌아왔을 때는 이미 두 문서의 초안이 준비되어 있었다.

요르단 측이 문서를 다 읽은 후, 리파이는 조목조목 짚어가며 불만사항을 이야기하려고 했지만 후세인이 즉시 그를 막아섰다.

"이 초안들은 우리가 논의했던 합의를 충분히 반영하고 있습니다."

솔직히 말해서, 나는 깜짝 놀랐다. 우리가 내놓은 합의안은 이스라엘 입장에서는 매우 공평했다. 이는 요르단과 함께 나아갈 평화의 길을 만들어냈을 뿐만 아니라 이스라엘이 영토를 포기하거나 예루살렘의 지위를 바꾸는 일 없이 팔레스타인 문제를 해결했다.

요르단 입장에서 본다면 이 합의안 초안에 결코 받아들이기 어려운 것이 많았을 수도 있다. 하지만 양국이 이러한 진전을 보인 것 자체가 마법과도 같은 일이 아닌가? 합의가 이렇게 신속하게 이루어질 줄은 상상도 할 수 없었다. 수십 년 동안 지속된 갈등을 끝내기 위해 최소한 수년이 걸려야 했을 기나긴 걸음을 단 하루 만에 앞으로 내딛은 것처럼 느껴졌다.

우리는 미국이 캠프 데이비드 협정에서 그랬던 것처럼, 이 협정을 미국이 제안한 것처럼 위장하는 데 동의했다. 그렇게 되면 오늘의 비밀회담이 세상에 알려지지 않고 양국이 합의하는 데 도움이 될 테니 말이다. 우리는 두 문서를 미국의 국무장관인 조지 슐츠에게 보내 검토하게 한 후 다시 돌려받기로 했다.

그날 밤 나는 기쁨에 취한 채로 이스라엘 행 비행기를 탔다. 30년 만에 비교적 어렵지 않게 평화의 문턱에 이렇게 가까이 다가갈 수 있을 줄은 꿈에도 몰랐다.

나는 공항에 도착하자마자 샤미르에게 전화해 주간 내각회의 후에 단둘이 만나기로 했다. 도무지 현실이라고 믿어지지 않는 어제의 경험에 대해 이야기했고, 요르단 국왕, 리파이 국무총리와 나눈 대화에 대해, 그리고 우리가 작성한 문서에 대해 상세하게 설명했다. 나는 샤미르 역시 나처럼 기쁨에 겨운 표정을 지을 거라 기대했는데, 내가 두 문서를 다 읽고 나서도 그는 냉랭한 얼굴로 조용히 앉아 있었다. 그는 내게 문서를 다시 읽어달라고 했고, 나는 다시 읽었다. 그럼에도 그의 얼굴에서 기뻐하는 감정을 찾아볼 수가 없었다. '이게 무슨 일인지?' 하고 나는 의아해했다. 샤미르는 이러한 결과를 예상하지 못했고, 그가 이 협정을 애초에 원하지 않았다는 것이 확실해졌다. 그는 회담이 분명히 실패할 거라고 생각해 허락해준 것이었고, 몽상가이자 공상가인 내가 이 일에 꼭 알맞은 완벽한 바보라고 여겼던 것이다.

평화회담에 참가하는 것은 조종사가 되는 것과 같다. 보통 어머니들은 조종사의 안전을 걱정해 낮고 느리게 날아야 한다고 당부한다. 하지만 이 같은 저공비행은 오히려 추락하기 십상이다. 평화를 만들기 위해선 높고 빠르게 날 필요가 있다. 이것이 추락을 피하는 유일한 방법이다. 나는 수십 년간의 경험을 통해 이 두 방식의 결과를 알고 있다. 나는 샤미르가 내 비행고도를 낮추지 않을까 걱정되기 시작했다.

샤미르는 문서를 놓고 가라고 말했지만 나는 그렇게 하지 않았다. 문서의 내용이 유출되면 협정이 무산될 수도 있다는 염려 때문이었다. 게다가 나는 이 협정서가 우리 자신의 제안이 아니라 미국의 제안으로 보여야 하기 때문에 이스라엘 국무총리가 미국으로부터 초안을 받는 것이 낫다고 그에게 말했다. 그러나 어느 쪽도 샤미르의 마음에 들지 않는 것처럼 보였다. 나는 불편한 마음을 안고 밖으로 나와버렸다. 나는 이렇게 중요한 순간이 엉뚱한 방해로 낭비되는 것이 정말로 안타까웠다. 겨우 몇 달 전에 국무총리가 된 이 남자가 합의를 망치는 당사자가 될 수도 있다니.

비극적인 결론을 말하자면, 그는 합의를 망칠 준비가 되어 있었다. 그는 나와 아무런 상의도 하지 않고 모셰 아렌스Moshe Arens 장관을 워싱턴으로 보내 슐츠와 만나게 했다. 아렌스는 만약 미국이 합의안의 초안을 이스라엘과 요르단에 제출하면, 샤미르가 이를 '미국이 이스라엘의 지정학적 문제에 부적절하게 개입하는 것'으로 간주하겠다고 전했다. 이를 듣고서, 슐츠는 문서를 제출하는 바보 같은 역할을 사칭할 이유가 없다고 결론지었다. 샤미르가 작정하고 합의를 무산시키려고 하는데, 그것이 확실하다면 굳이 반대 입장에 설 이유가 없지 않은가?

슐츠가 내린 결론을 전해들은 순간, 나는 뺨을 세차게 얻어맞은 듯했다. 이는 내가 사랑하는 나라에 주먹질을 한 것과 같았다. 벤구리온이 세상을 떠난 지 거의 15년이 흘렀지만 이토록 그가 그리웠던 적은 없었다. 샤미르는 내가 만들어낸 평화를 위한 돌파구가 숨을 쉬기도 전에 목 졸라 죽여버렸다. 나는 합의를 되살리기 위해 슐츠에게 마지막으로 한 번만 더 재고해달라고 애원했다. 하지만 이번에는 슐츠가 마음을 열었더라도 오히려 후세인이 대화의 문을 닫아버렸음이 명확했다. 나는 깊이 실망했고, 후세인 국왕은 이미 씻을 수 없는 배신감을 느낀 후였다. '런던 합의The London Agreement'로 알려지게 될 이 합의는 그렇게 끝장났다. 이웃 나라들과의 평화와 협력을 추구하기 위한 노력은 심각한 타격을 입었고, 이스라엘 역시 마찬가지였다.

그 후 5년간 이스라엘과 팔레스타인 사람들은 힘든 시기를 보냈다. 샤미르와 그의 리쿠드당은 마드리드에서 건성으로 국제회담에 참여한 것 외에는 평화를 진전시키는 데 아무 노력도 하지 않았다. 그동안 웨스트 뱅크와 가자 지역에서 제1차 인티파다the first intifada라 불린 폭동이 일어났다. 거리는 피로 물들었고 나라 전체가 공포와 불안에 떨었다. 런던에서 이루려 했던 평화는 추악한 폭력사태와 흉측한 전쟁으로 뒤바뀌었다. 하지만 그럼에도 나는 어떠한 문도 영원히 닫혀 있지는 않으며, 간절함을 갖고 노력하면 가장 무거운 문도 열 수 있다고 생각했다. 지도자라면 응당 그래야 하듯,

나는 절망에 굴하지 않았다.

1992년에 이 노력들이 결실을 맺었다. 리쿠드당은 끌어내려져 권력을 잃었고, 노동당이 다시 한 번 정부의 고삐를 쥐게 되었다. 이츠하크 라빈과 나는 국무총리직이 걸린 정당 내부 경선에서 서로 맞붙었다. 우리 둘은 투표가 치열한 접전이 될 것을 알았기에 투표를 시작하기 전에 만나서 거래를 했다. 국무총리로 당선된 사람은 다른 사람을 외무부 장관으로 임명하는 것이었다.

우리는 당연히 정치적 라이벌이었지만 서로의 리더십을 존중했고, 긴밀하게 협조함으로써 얻을 수 있는 가치를 확고하게 믿었다. 마치 자주 반목함에도 불구하고 서로를 깊이 존경하는 2명의 훌륭한 권투선수 같았다. 라빈은 치밀하고 깊게 사고했고, 디테일에 강했으며, 세세한 부분까지 놀라운 집중력을 발휘했다. 반면 나는 항상 지평선과 그 너머를 향해 머리를 높게 쳐들고 있었다. 우리는 여러 면에서 너무나 달랐지만, 이러한 차이는 서로를 더 강하고 지혜롭게 만들어주는 자극이 되었다. 이윽고 우리의 경쟁관계는 협력관계로 발전했다.

개표가 끝났을 때 라빈이 아슬아슬하게 승리했다. 솔직히 실망감을 감추기 어려웠지만 내가 정말 갖고 싶었던 것은 지위가 아니라 일이었다. 지위를 얻는 것보다 지금 해야만 하는 일이 더 중요하다는 것을 인정하는 데서 위대한 업적이 시작된다는 사실을 나는 다른 사람들에게서 배웠다.

선거가 끝난 후에 나는 라빈을 찾아가서 축하해주었고 앞으로 나를 진정한 협력자로 대해달라며 이렇게 말했다.

"만약 자네가 평화를 위해 일한다면 나보다 더 충실한 친구를 찾을 수는 없을 걸세."

나는 덧붙여 말했다.

"하지만 만약 자네가 평화에 등을 돌린다면 나보다 더 악독한 적을 찾을 수도 없을 걸세."

나는 경고도 했다. 나는 우리의 관계가 어쩌면 역사적으로 매우 준엄한 순간에 도달한 것 같다고 설명했다.

1991년 소련의 몰락은 세계의 질서를 근본적으로 바꾸었고, 중동까지 변화의 소용돌이에 몰아넣었다. 이스라엘이 독립하여 여기까지 버텨오는 동안 주변의 아랍 국가들은 소련으로부터 무제한의 정치적, 군사적 원조를 받고 있었다. 그러나 소련이 붕괴되면서 갑자기 원조가 모두 끊겼고, 이는 중동지역의 패러다임을 바꿔놓았다.

동시에 이라크가 쿠웨이트를 침공하면서 아랍 세계의 연합이 붕괴되기 시작했고, 아랍 국가를 포함한 국제연합이 사담 후세인 정권에 대항하기 위해 무기를 들었다. 평화를 추구하는 우리의 노력이 새롭고 희망적인 모습으로 진전의 가능성을 보이기 시작했다. 하지만 '요르단 옵션'이 더 이상 협상 테이블 위에 없었기에, 이스라엘은 까다로운 문제에 직면했다. 그렇다면 이스라엘은 도대체 누구와 협상을 해야 하는가?

팔레스타인 해방기구(Palestine Liberation Organization, PLO)는 확실히 하나의 선택지였지만 논란의 여지가 컸다. 1964년에 설립된 이기구는 테러리스트들이 조직적으로 집단을 이룬 것이고, 궁극적으로 이스라엘을 파멸시키기 위해 이스라엘 시민들과 병사들에게 끔찍한 폭력을 자행했다. 군사행동을 포함해서 말이다. PLO는 30년 넘게 웨스트 뱅크, 가자, 레바논, 요르단, 그리고 시리아에 있는 군사 기지에서 이스라엘을 공격했으며, 전장에서 멀리 떨어져 있는 무고한 시민들까지 표적으로 삼아 무차별적으로 희생시켰다. 1970년에 통학버스를 공격해서 9명의 어린이들을 살해했고, 4년 후에는 학교를 점거하고 27명의 학생들과 어른들을 학살했다. 비행기 납치와 호텔 인질극을 배후에서 조종하기도 했다. 1972년 뮌헨 올림픽에서는 11명의 이스라엘 국가대표 선수들을 잔인하게 살해했고, 1987년 제1차 인티파다가 발발했을 때 유혈사태를 조직하고 조장한 장본인이었다.

하지만 이처럼 끝없는 폭력에도 불구하고, PLO는 광범위한 대중적 지지를 얻고 있었기에 여전히 팔레스타인 사람들의 대표조직이었다. PLO의 의장인 야세르 아라파트Yasser Arafat는 가장 영향력 있는 사람이자 이스라엘이 평화협상을 펼칠 수 있는 대상이었지만, 그는 무엇보다도 테러리스트이자 어린이들을 죽인 살인자였다. 누구나 마찬가지겠지만, 협상 테이블에서 그의 맞은편에 앉는다는 것은 상상조차 하기 싫었다.

그럼에도 불구하고, 시간이 지날수록 아라파트와 협상하는 것 외에는 답이 없다는 것이 명확해졌다. 라빈과 내가 취임했을 때, 이스라엘은 워싱턴에서 요르단-팔레스타인 대표들과 아무 성과도 없는 무의미한 대화를 나누고 있었다. 엄밀히 따져, 대화의 상대인 팔레스타인 팀은 PLO의 일원을 포함하지 않았다. 하지만 실제로는 워싱턴에 있던 대표 중 다수는 예전에 테러리스트 조직의 일원이었으며, 심지어 그 당시에 튀니지에 있던 아라파트로부터 직접 명령을 받고 있었다. 때문에 팔레스타인 협상가들은 꼭두각시일 뿐, 아라파트의 분명한 허락이나 지시 없이는 단 한 발짝도 양보하거나 어떠한 조건도 받아들이지 않았다. 그리하여 미국이 최대한 노력했음에도 불구하고, 이 회담은 이미 수렁에 빠진 상태로 시작했으며 내내 답보하고 있었다.

"이보게, 우리가 팔레스타인 측에 말한 모든 것들을 저 사람들이 아라파트에게 팩스로 보낸다네." 나는 진전이 없는 데 불만을 토로하면서 임원들에게 말했다.

"나는 팩스로 협상하는 데 지쳤소."

"우리가 어떻게 하면 좋을까요?" 내 고문 중 1명이 물었다.

"라빈과 이야기를 좀 해봐야겠어," 나는 말했다. "PLO와 직접 협상을 시작할 때가 된 것 같네."

물론 나 역시 이러한 결정에 쉽게 도달한 것은 아니었다. 라빈도 나도 테러리스트 조직과 평화협상을 개시하는 것이 탐탁지 않았다. 이 협상을 하는 것은 근본적인 도덕적 딜레마와 정치적 문제에 봉착할 것이 뻔했기 때문이었다. PLO와 직접적으로 연락하는 것은 엄밀히 따지면 불법이었고, 불법이 아니더라도 이러한 행동은 평판을 깎아내릴 가능성이 높았다. 아라파트는 이스라엘 사람이라면 누구나 알고 가장 증오하는 이름이었다. 그와 직접적으로 엮이는 것은 배신으로 비쳐질 위험이 있었다. 하지만 동시에, 라빈과 나는 유권자들의 비위나 맞추려고 이곳에 있는 것이 아니라는 것을 알았다. 이스라엘의 안보와 국민들의 미래는 우리가 평화를 얻기 위해 얼마나 노력하느냐에 달려 있었다. 그리고 좋든 싫든 일단 적들을 만나지 않으면 평화를 향한 어떠한 진전도 이뤄낼 수가 없었다.

그래서 나는 작전을 변경하기 위해 라빈의 집무실에 찾아갔다. 나는 일단 PLO와 비밀리에 협상을 시작해야 하겠지만, 아라파트가 공개적이고 단호하게 테러를 비난하고 폭력사태의 종결을 촉구하기 전까지는 어떠한 종류의 합의에도 이르면 안 된다고 주장했다. 테러리스트 조직과 악수를 해야 한다면, 그들이 테러행위를 완전히 포기했을 때 해야 한다.

라빈은 워싱턴에서의 협상이 어떻게든 결실을 맺을 것이라 믿었기에 처음에는 나의 단호한 주장에 회의적이었다. 하지만 곧 아무 진전 없이 교착상태에 빠진 협상에 불만을 갖게 되었고, 나와 같은 결론에 도달했다. 평화의 기회를 얻으려면 다른 길을 기꺼이 택해야 한다는 결론 말이다. 우리 역시 이 선택이 얼마나 문제가 많은지 알고 있었다. PLO의 맞은편에 앉는 행동 자체가 이스라엘의 파멸을 핵심 교리로 삼고 있는 조직을 공식적으로 정당화하는 위험도 있었다. 그럼에도 불구하고 우리는 불가피한 진실을 직시해야 했다. 평화는 사이좋은 친구들과 이뤄내는 것이 아니다. 적과 함께 평화를 구축할 용기와 자신감을 지녀야 한다.

"우리가 찾고자 하는 미래는, 과거의 공포를 극복하고,
과거의 교훈으로부터 배우지 않으면
실현되지 않을 것입니다."

1990년대 초반에, 3명의 학자들(노르웨이의 타르예 뢰드-라슨Terje Rød-Larsen과 이스라엘의 야이르 허쉬펠드Yair Hirschfeld, 론 펀닥Ron Pundak)이 PLO와 이스라엘의 평화공존 전망에 대해 대화를 나누기 시작했다. 이는 '트랙 2' 협상으로 실행 가능성을 확인하는 것이 주된 목적인 비공식적인 회담이었다. 당시 외무부 차관이었던 요시 베이린은 뢰드-라슨으로부터 비공식적인 경로를 통해 이 대화에 대해 알고 있었고, 대화가 전개되는 동안 계속해서 통보받고 있었다. 그러나 이 대화에서 나온 결론은 그리 많지 않았다.

그러다 1993년 봄에 우리는 아라파트의 절친한 친구인 아부 알라Abu Ala'a가 평화협정의 가능성과 그 방법을 모색하는 토론에 참여한다는 것을 알게 되었다.

지난 수년 동안, PLO는 요르단으로부터 내쫓겼고 후에는 레바논에서 추방되어 튀니지로 본부를 이전해야 했다. 추방당한 조직은 10년간 가자 지구와 웨스트 뱅크로부터 점점 멀어지게 되었으며, PLO의 지도부는 그 지역에서 살고 있는 팔레스타인 사람들과의 연줄을 상실했다. 조직이 쇠퇴하기 시작하면서, 조직의 지도부는 이제껏 상상도 해본 적 없는 것을 고려하기 시작했다. 바로 이스라엘

과 화해하는 것이 자신들의 힘과 영향력을 회복하는 유일한 방법일 수도 있다는 것이었다.

실제로, 아부 알라는 우리가 예상했던 것보다 훨씬 더 적극적으로 참여의사를 밝히며 평화협상 과정에 필요한 중대한 양보를 자청하기도 했다. 우리는 아부와 그의 동료 협상가들이 이미 노르웨이인들에게 여러 창의적인 아이디어를 제시했다는 것을 전해 들었고, 워싱턴에서 나눈 대화와는 반대로 PLO가 실은 협상을 원하고 있다는 것을 알게 되었다. 내 예상이 맞아떨어졌다.

"우리도 대화에 참여해야 합니다." 나는 말했다. "라빈과 이야기해봐야겠습니다."

협상이 성공하려면 단계별로 진행되어야 한다. 모든 문제가 한번에 해결되리라고 기대한 채로 논의에 참여해서는 안 된다. 이는 불가능한 것과 불필요한 것을 모두 바라는 것과 같다. 우리의 목표는 평화였지만, 실행이 불가능한 페이스로 평화를 얻자는 뜻은 아니었다. 나는 이 협상의 목표는 한쪽이 다른 쪽에 약속한 것들을 순차적으로 상호 동의하는 일련의 원칙을 정하는 것이라고 주장했다. 안건 시행의 일정표를 정하기로 했다. 아직 해결되지 않은 안건은 훗날 따로 협상날짜를 잡기로 했다.

라빈과 나는 우리가 원하는 바에 대해 논의했다. 두말할 것도 없이 우리는 PLO가 테러행위 중단을 선언하고, 이스라엘이 존재할 권리(그리고 평화롭게 살 권리)를 인정하라고 요구할 셈이었다. 우리는 영토반환과 관련된 어떠한 상황에서도, 우리가 우리의 국경을 통제할 수 있는 독점적인 능력을 유지하고, 위험에 대해 스스로 방어할 수 있는 절대적인 권한을 가져야 했고, PLO에 이를 요구할 예정이었다. 이러한 약속에 대한 대가로, 우리는 점진적인 과정을 제안할 것이었다. 우선 가자와 웨스트 뱅크의 예리코 지역에서 우리가 철수하는 것이었다.

가장 중요한 점은, 튀니스Tunis에 있는 아라파트가 가자로 와서 팔레스타인 위원회Palestinian Council를 설립하고, 국제적으로 투명하게 관리, 감독되는 선거에 그가 출마하는 것이었다. 평화협상 과정은 PLO가 있어야 시작할 수 있었지만, 영구적인 평화는 팔레스타인 사람들을 대표하는 협상 파트너가 있어야만 얻을 수 있었다. 물론 그 대표는 폭력을 원하는 세력이 아니어야 했다.

긴 대화 끝에 라빈은 이 계획이 밀어붙일 가치가 있다고 동의했다. 나는 내 참모총장인 아비 길Avi Gil과 외무부 사무총장인 우리 사비르Uri Savir를 예루살렘에 있는 내 관저에 초대했다. 아비와 내가 상황에 대해 논의하고 있을 때 우리Uri가 도착했다.

"무슨 용건이십니까?" 그가 물었다.

"오슬로에서 주말을 보내는 것에 대해 어떻게 생각하나?" 나는 물었다.

"네? 방금 뭐라고 하셨습니까?" 그는 충격받은 표정으로 대답했다. 내 말을 충분히 이해했던 것이다.

그날 오후 내내 첫 회담을 대비하는 작전을 짰다. 수 주간 조정했던 접근법의 모든 세부사항에 대해 아비에게 질문 세례를 날렸다. 장단기 목표들을 모두 펼쳐놓고 우리가 원하는 방식으로 초기 대화를 어떻게 시작할 것인지에 대한 엄격한 지시사항을 사무총장인 우리Uri에게 브리핑했다.

"자네가 돌아오면, 자네의 보고를 토대로 어떻게 대화를 진행해야 할지 결정하겠네." 나는 그에게 말했다.

우리Uri는 곧 오슬로로 떠났고 희망찬 결과물과 함께 돌아왔다. PLO의 수석 협상가인 아부 알라는 합의를 열망하는 눈치였다는 것이다.

"우리는 문제의 근원에 도달한 것 같습니다." 아부 알라는 우리Uri에게 이렇게 말했다.

"저희가 이스라엘 측을 거부하는 것은 저희의 자유도 보장하지 못한다는 것을 배웠습니다. 그리고 반대로 당신들 역시 저희를 통제하는 것이 안보를 가져다주지 않는다는 것을 배웠습니다. 우리는 평화, 평등, 그리고 협력 속에서 함께 살아야 합니다."

나중에 라빈과 내게 제출한 보고서에서, 우리Uri는 이스라엘은 팔레스타인 사람들에 대한 모든 것을 알고 있지만 아무것도 이해하지 못하고 있다고 썼다. 나는 서로 깊이 이해하고, 공감대를 찾는 그 2가지 접점에서 평화가 확실히 뿌리를 내릴 것이라고 믿었다.

여름 내내 협상 팀은 협상을 전진시키기 위해 산장으로 돌아갔고, 내 추가지침을 기다리는 동안 협상의 경과를 내게 보고했다. 모든 협상이 그렇듯이, 이 협상에서도 자갈길과 탄탄대로가 있었고, 중요한 전진과 좌절스러운 후퇴가 있었다. 특별한 유대를 형성했던 이 협상가들조차 교착상태에서 벗어나는 것이 불가능해 보였던 때도 있었다. 이 대화는 워싱턴 회담보다는 훨씬 더 나아갔지만, 아직 타협을 이루어내지 못하고 있는 것도 실패만큼이나 고통스러웠다.

하지만 1993년 8월 초에 이르러, 협상은 너무도 순조롭게 진행되어서 8월 13일에 예정된 다음 회담에서 원칙을 선언하는 단계에까지 이르렀다. 회담 이틀째에, 아라파트는 몇 가지 중요한 안건에 대해 마지막으로 문장을 다듬는 것을 조건으로 선언에 서명할 준비가 되었다고 알려왔다. 양측의 협상 팀들은 드디어 합의에 이를 수 있다는 확신을 가졌다. 우리가 꿈꾸어왔던 돌파구는 이제 손에 거의 닿을 듯 가까워진 것이다.

이 소식을 듣고 나는 흥분으로 온밤을 지새웠다. 머릿속에서 돌아가는 톱니바퀴를 도저히 멈출 수가 없었다. 나는 삶의 대부분을 미래에 시선을 고정시킨 채 살아왔다. 하지만 잠 못 이루는 시간 동안 내 마음속을 지배했던 것은 과거의 일이었다. 처음으로 벤구리온을 만난 날과 그가 내 그릇보다 훨씬 거대한 도전의 기회를 주었을 때가 떠올랐다. 과거에 겪은 전쟁과 상실, 공포, 불확실함, 굶주리고 불안한 나날들, 그리고 생존하기 위해 투쟁했던 날들도 떠올랐다. 디모나 프로젝트와 거기서 파생된 '핵 억지력'이 창조해낸 길에 대해 생각했고, 이스라엘 방위군의 놀라운 업적과 이스라엘의 군사력이 이 순간을 가능하게 만드는 데 얼마나 중요한 역할을 했는지에 대해서도 생각했다. 머릿속에서 벤구리온의 목소리가 들리는 듯했다.

"이스라엘에서는 현실주의자가 되려면, 기적을 믿어야 한다."

다음 날 이른 아침, 나는 한숨도 못 자고 충혈된 눈으로 출근했다. 극도로 피곤했지만 마음만은 그 어느 때보다 두근거렸고, 당장 해야 할 일들에 흥분해서 활기가 넘쳤다. 조용한 집무실 문을 열고 불을 켰는데 갑자기 "짜잔!" 하고 나타나는 소리에 깜짝 놀랐다. 몇 명의 직원들과 친한 친구들이 나를 기다리고 있었다. 그제야 나는 오늘이 내 70번째 생일이라는 것을 알아차렸다.

협상 때문에 촌각을 다투는 숨 막히는 상황이었지만, 그 와중에 이런 다정하고 따뜻한 이벤트는 나에게 큰 감동을 주었다. 다시 돌아보아도 정말 잊을 수 없는 아름다운 순간이었다. 그들은 늘 내 곁에서 꿈에 대한 나의 열정과 불가능해 보이는 것에 도전하고자 하는 나의 열망을 함께 공유했고, 내가 평생 감사하게 생각할 정도로 집중력과 열정을 발휘해 미래를 좇았다. 협상은 여전히 비밀이었지만, 되도록 빨리 이들에게도 좋은 소식을 알리고 싶었다. 나는 이들이 그동안 애써준 것에 대해 감사를 표하며 이렇게 말했다.

"이제 이스라엘이 강대해진 이상, 제게 남은 것은 청년들에게 평화를 가져다주는 것입니다."

나는 축하의 자리를 떠나, 곧바로 라빈과 만나 다음 단계를 논의했다. 협상 팀 수준에서 하는 협상은 한계가 있었다. 나는 외무부 장관으로서 공식적인 자격으로 직접 협상에 참여할 때라고 생각했다.

나는 라빈에게 이미 스칸디나비아로 가기로 결심했으며, 스웨덴과 노르웨이로부터 공식 초청을 받았다고 말했다. 나는 라빈에게 이 시기에 내가 직접 회담에 참여할 기회를 만들어서 중요한 안건에 대한 협상을 마무리 짓는 게 어떻겠느냐고 제안했다. 내 목표는 내가 귀환하기 전에 양측이 합의안에 서명하게 만드는 것이라고 말했다.

협상을 시작했을 때, 라빈은 내가 직접 접촉하는 것을 원하지 않았다. 내가 접촉하게 되면 아직 비공개로 진행 중인 이 협상에 이스라엘 정부와 국민을 끌어들이는 것으로 해석되기 때문이었다. 하지만 지금은 합의가 너무도 가까이 다가왔기에, 라빈 역시 지금이야말로 모든 노력을 총동원해야 할 때라고 확신했다.

나는 아비와 함께 스톡홀름에 도착하자마자 법률자문을 맡아준 요엘 싱어, 뢰드-라슨과 노르웨이 외무부 장관인 요한 요르겐 홀스트Johan Jørgen Holst와 합류했다. 아부 알라와 전화로 연락해서 내가 여기 와 있고 협상할 준비가 되어 있으며, 그와 홀스트가 아라파트와 나 사이의 연락 담당자 역할을 해야 한다는 것을 알릴 참이었다. 새벽 1시를 넘긴 직후에 뢰드-라슨은 드디어 아부 알라와 연락이 닿았다.

홀스트가 뢰드-라슨으로부터 전화기를 건네받았고, 내 옆에서 수화기에 대고 천천히 수정제안을 읽어 내려갔다. 이 제안의 대부분은 단어를 살짝 수정하는 것과 일부 구절을 더욱 명확하게 하는 정도에 불과했다.

그가 제안을 다 읽었을 때, 아부 알라는 아라파트와 상의하기 위해 90분을 달라고 요청했다. 90분 후 대화는 재개되었고 새벽 내내 짧은 전화통화가 이어졌다.

그리고 그날 새벽 4시 30분, 우리는 수많은 사람들이 불가능하리라고 여겼던 것을 결국 해냈다. 이스라엘과 PLO가 '오슬로 협정 Declaration of Principles'에 합의한 것이었다. 수화기 너머로 아라파트의 집무실에 있는 협상가들이 박수 치며 환호하는 소리가 들려왔다. 그 압도적인 감동과 기쁨은 우리도 마찬가지였다. 절대 잊을 수 없는 순간이었다.

다음 날 아침, 여전히 기쁨에 들뜬 채로 잠에서 깨어났지만, 나는 괴로운 소식을 전해 듣고 나서 기쁜 감정을 재빨리 묻어둬야 했다. 레바논에서 길가에 있던 폭탄이 터져 7명의 이스라엘 병사들이 사망한 것이다. 나는 라빈에게 곧바로 전화해서 이 참극에 대해 이야기했다.

"우리는 역사적인 순간의 직전에 와 있네." 나는 그에게 말했다. "하지만 이 소식은 양쪽 모두의 분위기를 나쁜 방향으로 바꾸지 않을까 걱정이 돼. 어쩌면 협정을 연기해야 할지도 모르겠어."

라빈도 비슷한 우려를 했지만, 협정을 연기하는 것은 다음 수순

이 아니라고 느꼈다. 우리는 예정대로 협상을 진행했다.

다음 날, 나는 노르웨이를 방문했고 노르웨이 정부의 영빈관에 묵었다. 예정되어 있던 공식일정을 소화한 후 환영만찬이 끝날 무렵에 나는 시차 때문에 피곤하다는 핑계를 대며 식사 자리에서 물러났다. 그러고 나서 영빈관에 도착하자마자 수행원 몰래 빠져 나와서 비밀리에 행해진 오슬로 협정의 서명식을 참관하러 갔다. 홀스트가 합의를 구축하는 데 중심적인 역할을 했기에, 이 협정에 연관된 모든 사람들이 함께 노르웨이로 이동했었다. 중동의 태양과 모래와 사람들의 기대로부터 너무도 멀리 떨어진 이곳에서, 적들은 서로의 손을 잡았다. 참으로 아름답고 감격스러운 순간이었다.

그런데 나는 협정문서에 서명을 하지 않았다. 이스라엘 정부가 아직 문서를 승인하지 않았기 때문이다. 대신 양측의 협상가들이 선언에 서명하기로 했으며, 그렇게 함으로써 우리는 공식적인 합의를 향한 길에 오르게 되었다. 이렇게 합의가 진행되었다.

전혀 가능성이 없어 보였던 양측의 이 놀라운 작품은, 이제 우리의 역사를 바꿀 수 있는 선언문에 명시되어 있었다. 이 사람들이 함께 모여서 눈물을 흘리고 미소 짓는 것을 보면서, 우리가 서로 많이 다르고 참혹한 과거를 경험했지만, 그럼에도 불구하고 안전하고, 평화롭고, 더 나은 미래가 가능하리라고, 아니 필수적이라고 믿어왔다는 것을 알 수 있었다.

나는 이 광경을 보며 벅차오르는 감정을 억눌렀다. 외교관처럼 보이려면 기쁨의 눈물을 애써 참아야 했다.

서명식이 끝나고 협상 팀 사람들이 한마디씩 소회를 밝혔다. 아부 알라의 이야기는 절대로 잊을 수 없는 이야기였다.

"우리가 찾고자 하는 미래는, 우리가 함께 과거의 공포를 극복하고, 과거의 교훈으로부터 배우지 않으면 실현되지 않을 것입니다."

사람들의 이야기가 끝났을 때, 아부 알라가 나에게 다가와서 인사하며 자신을 소개했다. PLO의 일원과 직접 대화를 나눈 건 그때가 처음이었다. 그는 이렇게 말했다.

"저는 당신의 선언과 성명을 지켜보았고 저서도 꼼꼼히 읽어보았습니다. 그리고 저희는 당신이 공정하고 영구적이며 포괄적인 평화를 원한다는 것을 확인했습니다."

우리는 조용히 자리를 옮겼고, 단둘이 30분간 영어로 대화를 나누었다. 나는 그에게 이스라엘은 합의에 헌신할 것임을 이해시켰고, 나와 국제사회가 팔레스타인 프로젝트를 경제적으로 지원할 것이라고 약속했다.

그럼에도 불구하고 나는 이 노력이 공식적인 것이 되기엔 한참 멀었다는 것을 알고 있었다. 아직 해야 할 중요한 일이 남아 있었기 때문이다. 우선, 나는 미국의 지지를 얻기 위해 미국으로 가서 워런 크리스토퍼Warren Christopher 국무장관에게 이 거대한 역사의 전환점을 개인적으로 알려야 했다.

우리 측 사람들 중에는, 미국이 이 협상에 포함되지 않아서(물론 미국은 이 협상의 진행을 알고 있었다.) 또는 착착 진행되는 우리 측의 작업이 미국의 노력을 약화시켜서 그들이 화내지 않을까 걱정했던 사람들이 있었다. 미국이 지지하지 않으면 앞으로 이 협상과정을 계속 유지하거나 오슬로 협정 이후의 협상들에 착수하지 못할 수도 있었다.

1993년 8월 28일에 나는 미국으로 날아갔다. 크리스토퍼는 캘리포니아에서 휴가를 보내는 중이었기에, 우리는 태평양 연안에서 약간 벗어나 있는 포인트 무구 해군 비행장Point Mugu Naval Air Station에서 만나기로 했다. 미국 평화 팀의 수장인 데니스 로스Dennis Ross도 우리와 만나기 위해 그곳으로 날아왔다.

나는 흥분된 마음으로 두 사람을 반겼고, 희망으로 가득 찬 내 마음을 전달하려 했다. 이 두 사람에게 오슬로 협정이 서명되었다는 것을 알렸을 때, 그들은 무척 놀라고 충격받은 얼굴로 협정 문서를 빨리 보여달라고 했다. 나는 그들이 문서를 읽는 동안 참을성 있게 서 있었고, 그들의 불신과 우려가 눈 녹듯 사라지는 것을 똑똑히 보았다.

"이 문서는 역사적으로 매우 위대한 업적인 것 같습니다."

로스는 열정적으로 반응했다.

"틀림없습니다!"

크리스토퍼가 입 꼬리를 귀에 걸고 함박 미소를 지으며 답했다.

나는 오슬로 협정을 미국의 계획인 것처럼 채택해주기를 원했고, 백악관에서 서명식을 거행할 것을 요청했다. 또한 나는 공유할 문서가 하나 더 있었다.

"문서가 더 있습니다." 나는 그들에게 말했다. "이스라엘과 팔레스타인은 상호인정의 문제에 대해 동시에 작업하는 중이며, 곧 합의에 이를 것 같습니다."

협상을 시작할 때부터 나는 상호인정이 필수적이며, 한쪽이 다른 쪽의 정당성을 긍정할 수 있는 데까지 다다라야 한다고 믿었다. 나는 양측이 극복해야 할 문제들을 잘 알고 있었다. PLO는 조직을 완전히 탈바꿈해야 했다. PLO의 설립원칙을 부정하고, 주된 무기였던 테러행위를 거부함으로써 조직 자체가 바뀌어야 했다. 우리도 마찬가지로 PLO와 팔레스타인 사람들에게 예전에 베풀지 못했던 존중심을 보여줘야 했다.

지금까지의 소극적 평화 유지 수단인 상호인정은 양측 사이의 갈등의 중심이었던 바로 그 이념의 차이를 극복할 수 없는 한계를 가지고 있으나, 오슬로 협정은 달랐다. 오슬로 협정의 선언은 목표를 정하고 향후 협상일정을 잡았던 반면에 과거의 상호인정의 요구는 태생적으로 협상이 불가능했다.

내가 크리스토퍼와 로스에게 협정 문서를 보여주었을 무렵, 우리는 상호인정까지 합의할 정도로 협상을 빠르게 진전시켰다. 또다시 이 미국인들은 우리가 얼마나 멀리 왔는지에 대해 놀라워했다.

"굉장한 일을 해내셨군요." 크리스토퍼는 말했다. "이러한 최근의 국면에 대한 제 의견을 말씀드리자면 매우, 매우, 긍정적이라고

할 수 있습니다." 로스와 크리스토퍼는 앞으로 1주일간 집중적으로 협상에 매진해야 할 때라고 동의했다. 그리고 그들은 이스라엘이 PLO를 인정하는 시점까지 이르면, 미국도 똑같이 할 가능성이 높다는 것을 시사했다.

9월이 되었고, 우리는 며칠 동안 우리가 요구할 목록을 재확인했다. 이스라엘이 PLO를 공식적으로 팔레스타인 사람들을 대표하는 조직으로 인정하는 대신, 아라파트는 이스라엘이 존재할 권리를 무조건적으로 인정하고, 테러를 중단하겠다는 의지를 강력하게 천명해야 했다. 또한 인티파다를 즉각 중지시키고, 폭력이 아닌 평화로운 협상을 통해 향후의 갈등을 해결하겠다는 확고한 의지를 보여줘야 했다.

드디어 1993년 9월 7일 오후, 아라파트는 우리의 요구를 받아들일 준비가 되어 있었다. 두 서한의 초안이 작성되었다. 하나는 아라파트를 위한 것으로 이스라엘이 존재할 권리를 인정하는 내용이 담겨 있었고, 다른 하나는 라빈을 위한 것으로 PLO를 공식적으로 팔레스타인 사람들을 대표하는 조직으로 인정한다는 내용이 담겨 있었다. 라빈과 나는 예루살렘에서 그 서한을 팩스로 받았으며, 아라파트는 튀니스에서 서한을 받았다. 라빈은 내각의 승인을 받은 후 서한에 서명했고, 아라파트는 PLO 집행위원회로부터 동일한 승인을 받았다.

9월 10일 이른 아침, 노르웨이 외무부 장관은 카메라와 기자들로 가득 찬 국무총리 집무실로 이 서한들을 가져갔다. 홀스트와 내가 라빈의 양옆에 앉았고, 그곳에 있던 모든 사람들과 전 세계는 홀스트가 내용을 간단하게 서술한 서한에 서명을 첨부하는 것을 지켜보았다. PLO는 이스라엘이 존재할 권리를 인정했으며, 그 대가로 이스라엘도 동일하게 권리를 인정했다.

그로부터 3일 후인 1993년 9월 13일, 백악관 사우스론(남쪽 잔디 광장)에서 전 세계가 지켜보는 가운데 이스라엘과 PLO의 상호인정이 선포되었다. 이츠하크 라빈과 야세르 아라파트는 영원히 기억에 남을 감동적인 악수를 나누었다. 누구도 상상하지 못했을 상황에서 밝은 태양 아래 클린턴 대통령이 이 두 사람을 가깝게 끌어당긴 채 서 있었다.

라빈은 약간의 망설임과 함께 철천지원수와 악수했다. 평화를 약속하는 이 업적의 중요성을 잘 알았지만, 이 과정에 필요한 것들에는 여전히 뒤로 물러섰다. 박수갈채가 이어졌고, 그는 내게 돌아서서 속삭였다.

"이제 자네 차례라네."

잠시 후에 나는 사우스론을 가득 메운 군중들과 전 세계 방송사 카메라가 지켜보는 가운데 테이블에 뒤에 앉았다. 그리고 내가 항상 믿었던 조국을 대표하면서, 밝은 미래를 희망하며 펜을 들어 오슬로 협정에 서명했다.

“전 세계는 적들로 가득한 우주로부터
기회와 도전의 무대로 서서히 진화하고 있습니다.”

나는 며칠 더 워싱턴 D. C.에서 실무회의를 가진 후 협상 팀과 함께 이스라엘로 향하는 길에 올랐고, 비행기는 새벽 4시가 조금 지나서 공항에 착륙했다.

“내 집무실로 아침 7시까지 오십시오.” 나는 동행했던 협상 팀에게 말했다. “일은 이제 시작일 뿐입니다.”

새벽에 도착했지만 이들은 지친 몸을 이끌고 다시 회의에 참석했다. 나는 하루라도 빨리 후속 조치를 추진하고 싶었다.

“이제는 요르단을 기습할 차례입니다!”

나는 소리쳤다. 그들은 처음에는 내가 농담을 하는 줄 알고 쾌활하게 웃었다. 하지만 내가 진지하다는 것을 깨닫는 데 그리 오래 걸리지 않았다. 다들 이번에는 나를 말려야 한다고 속으로 생각하는 듯했다. 협상 팀은 나에게 요르단 왕국과 평화협정을 맺는다는 것은 대단히 비현실적이고, 요르단 측은 대화를 재개할 의지나 움직임이 거의 없다고 덧붙였다. 그리고 이미 런던과 워싱턴에서 그들을 실망시킨 데다, 이번 PLO와의 평화 협정 과정에서 자신들이 제외되었다는 것에 대해 불만을 품고 있을 것이라고 주장했다.

일리가 있는 주장이었지만, 나는 동의하지 않았다. 이스라엘이 팔레스타인과 이룬 합의가 쌍방 간에 이루어졌다는 점에 대해서 후세인 국왕이 실제로 짜증을 냈을 수도 있다. 하지만 나는 그가 느꼈을 불안감이 스스로를 고립시키기보다는 관계를 맺고자 하는 의지로 발전할 것이라고 믿었다. 수년 동안 후세인 국왕은 이스라엘과 관계를 유지해왔다. 이는 그의 궁극적인 목표를 이루는 데 중요한 관계였다. 하지만 우리의 노력이 성공해 팔레스타인과 포괄적인 평화체제를 구축하게 된다면, 후세인의 자리를 본질적으로 아라파트가 대체하는 셈이 되기 때문에 후세인은 영향력을 잃는다. 후세인 국왕은 그 점을 두려워할 것이다. 이러한 상황을 전략적으로 고려해본다면, 그가 자신의 개인적인 불만보다는 우리와의 관계개선을 더 중요하게 여길 가능성이 높았다.

"날 믿어보게나." 나는 협상 팀 팀원들에게 말했다. "요르단 국왕은 뒤처지길 원치는 않을 걸세."

만약 후세인 국왕이 대화에 직접, 적극적으로 참여한다면 어떨까? 꽤 빠르게 호의적인 합의에 이를 수 있을 것이다. 예전에 나와 후세인이 런던 합의의 세부사항을 계획하고 조율했을 때, 내 앞에 앉아 있었던 사람은 평화의 힘과 필요성을 알아본 남자였다. 나는 확신했다. 의심스러운 점이 있었음에도 불구하고 그가 내 조건을 흔쾌히 받아들인 것은, 분명히 이러한 이유 때문이었을 것이다.

협상 팀은 즉각 작업에 들어갔고, 요르단의 수도인 암만에서 나눌 대화에 필요한 틀(초기회담의 계획부터 우리가 수용할 만한 평화적 합의의 윤곽에 이르는 모든 것)을 개발했다. 그동안 나는 라빈과 접촉해 그의 의견을 묻고 최종적으로 승인을 얻고자 했다. 라빈을 만나보니 그 역시 협상 팀처럼 회의적이었다. 라빈은 1993년 10월 19일에 후세인 국왕과 대화를 나눴는데, 평화조약의 가능성에 대해 언급했을 때 즉시 퇴짜를 맞았다고 했다. 후세인은 연속적인 잠정합의는 고려할 수 있지만, 포괄적 평화는 논의대상이 아니라고 못 박았다. 그럼에도 불구하고 나는 라빈에게 조약을 성사시킬 수 있다고 주장했고, 이를 시도해보기 위해 허락해달라고 부탁했다. 라빈은 여전히 회의적인 반응이었지만, 그럼에도 불구하고 허락해주었다.

나는 미국인들에게도 의견을 물어보았다. 그들의 대답 역시 다르지 않았다. 태양에 너무 가깝게 날면 위험하다는 소리를 다시 한 번 들었다. 그들은 내가 후세인 국왕과 진전을 이끌어낸다 하더라도 그 후에는 시리아가 장애물이 될 것이라고 했다. 하페즈 알아사드Hafez al-Assad 시리아 대통령은 모든 평화회담은 지역 전체가 포함되어야 하며, 개별 국가가 이스라엘과 따로따로 합의하는 것은 용납할 수 없다고 동지인 아랍 국가들에게 확실하게 밝혔다. 지정학적 상황을 고려했을 때, 미국은 아사드가 우리의 행보를 곧바로 멈추게 할 수도 있다고 믿었다. 그럼에도 불구하고 만약 내 상상이 그들의 우려와 달리 현실적인 것으로 드러나게 되면, 미국은 중재인의 역할을 하는 가능성까지 포함해서 도와주기로 했다.

1993년 11월의 첫날, 나는 모자를 쓰고 가짜 수염을 붙였다. 이스라엘은 요르단과 외교관계가 없었기에(엄밀히 따지면 전쟁 중이었기에) 나와 아비 길은 당시 모사드의 부국장이 된 에프라임 하레비와 함께 비밀리에 요르단 왕궁으로 들어가야 했다.

얼굴에 수염을 붙이고 있자니 터져 나오는 웃음을 참을 수가 없었다. 옛날 일이 떠올랐다. 모셰 다얀에게 안대 대신 선글라스를 씌우고, 벤구리온에게도 그 특유의 흐트러진 흰머리를 감추기 위해 챙이 넓은 모자를 씌웠던 일 말이다. 모두가 불가능하다고 확신했던 무언가를 좇기 위해 내 인생에서 몇 번이나 이런 바보 같은 변장을 했을까? 이는 젊은 시절의 기억 중 최고의 기억들이었다. 그리고 70세임에도 불구하고 여전히 싸울 수 있다는 것, 내가 이스라엘의 미래를 위해 싸운다는 것 자체가 이 가짜 수염조차 위엄 있어 보이게 했다. 나는 가난한 극단의 배우처럼 보였지만, 마음만은 창끝처럼 날카로워진 느낌이었다.

우리는 알렌비Allenby 다리를 지나서 요르단 영토 내로 차를 타고 갔으며, 마침내 암만의 구시가지 언덕 꼭대기에 자리 잡고 있는 궁궐에 도착했다. 호위를 받으며 라가단Raghadan 궁전(왕의 수많은 궁전 중 하나였다.)으로 들어갔는데, 이 궁전은 동예루살렘에서도 찾아볼 수 있는 것과 같은 이슬람식 건축양식으로 지어져 있었다. 안내를 받고 왕좌의 홀로 들어가 보니, 그곳의 아치형의 천장 역시 아랍 식의 복잡한 문양으로 장식되어 있었다. 후세인 국왕은 그곳에서 우리를 반겨주었다. 나는 대화를 시작하기 전에 가짜 수염을 떼어내는 것을 잊지 않았다.

나와 후세인 국왕이 다시 이 자리에 앉기까지 무려 7년이라는 시간이 걸렸다. 이토록 중요한 임무가 우리 앞에 놓여 있었음에도 불구하고 오랜 시간 동안 먼 길을 돌아온 것이다. 대화를 나누기 시작했을 때, 나는 7년 전에 나눴던 우리의 대화가 완전히 끝난 게 아니었음을 느낄 수 있었다. 우리는 서로를 오랜 친구처럼 대했으며, 또다시 미래에 대한 공통된 견해를 발견했다. 아직 논의하고 극복해야만 하는 주요한 정치적 사안들이 남아 있었지만, 나는 중동을 위한 새로운 경제적 비전 쪽으로 국왕의 관심을 끌어보기로 했다. 정치적 사안들을 우회적으로 설득하고 합의하는 것이 최선의 접근 방식이라고 생각했기 때문이다.

우리에게는 단순히 평화만이 아니라 번영도 필요했다. 나는 평화와 번영이라는 내 꿈에 대해 길게 이야기했고, 내가 팔레스타인에 맹세했던 경제적 지원과 같은 종류의 지원을 약속했다.

"이스라엘은 빈곤의 바다에서 부유한 섬이 되는 것을 원치 않습니다. 그리고 요르단의 내정에 간섭하는 데 흥미가 없지만, 우리는 기꺼이 그리고 열렬히 도울 것입니다."

내 제안들 가운데는 중동을 탈바꿈시킬 수 있는 여러 중요한 단계 중 하나도 있었다. 바로 이스라엘이 수천 명의 기업 리더들을 암만에 초대해서 요르단 투자에 대해 논의하는 것이었다. 양국 모두에게 어마어마한 혜택이 될, 국경을 넘어선 협력관계와 친선의 비전에 대해서도 설명했다. 나는 국왕에게 중동으로 쏟아져 들어오는 외국의 투자가 영구적인 안정성의 전제조건인 경제적 번영을 가져다줄 것을 상상해보라고 했다. 후세인은 이 전망에 열광적이었는데, 내가 이 전망에 대한 전체적인 틀을 종이에 적어서 보여줄 수 있도록 잠시 시간을 달라는 요청에도 동의했다. 나는 아비, 에프라임과 함께 즉시 가까운 방으로 자리를 옮겼다.

"이것 좀 도와주게나." 나는 에프라임에게 부탁했다. 거기서 그는 나와 함께 미래의 평화합의의 지침을 규정하는 4쪽짜리 문서를 작성하기 시작했다. 나는 아비에게 즉시 조건을 검토해보라고 했고, 충고와 조언을 부탁했다. 문서가 다 작성된 후, 나는 에프라임을 요르단 측에 보내서 내가 쓴 내용을 그들에게 전달하도록 했다.

기쁘게도, 요르단 측은 사소한 변경사항을 제안하긴 했지만, 굵직한 조건들은 내가 제시했던 것을 그대로 받아들였다. 경제회의의 설립에 덧붙여 우리가 '논페이퍼nonpaper'라고 이름 붙이 이 합의는 2가지 국제위원회 설립을 포함했다. 하나는 난민 문제를 다루고, 다른 하나는 진정한 평화조약에 다다르기 위해 극복해야 하는 정치 및 영토 문제의 해결책을 개발하기 위한 위원회였다.

11월 2일, 후세인 국왕과 나는 악수를 하고 문서에 서명했고, 이로써 양국이 대화를 나눌 무대를 갖추게 되었다. 두 나라가 함께 미래를 향해 나아갈 길을 열어줄 심도 깊은 대화를 이어나가기 위한 무대였다. 후세인의 유일한 요청은 이 합의를 비밀로 하자는 것뿐이었다. 우리는 이에 기꺼이 동의했다.

아비, 에프라임과 나는 기쁨과 희망을 가득 안고 돌아왔고, 우리가 이렇게 빠른 속도를 진전을 이루어냈다는 사실에 깊이 고무되었다. 마치 꿈속에 있는 것 같았다. 나는 수년 전 런던 합의가 무산

된 것에 대해 중동의 평화를 위한 유일한 기회를 놓친 게 아닌가 싶어 내내 괴로워했는데, 그렇지 않음을 확신했기 때문에 더더욱 기뻤다. 아비와 나는 우리가 이룬 업적에 대해 서로 축하와 격려를 아끼지 않았고, 내내 웃음이 끊이지 않았다. 나는 어느 때보다 더 흥분했고, 안도감과 희망, 자부심으로 가슴이 터질 듯했다. 그런데 그 득의양양함이 과도해져 한순간 부주의한 실수를 저지르고 말았다.

당시 나는 인터뷰를 하기 위해 자주 방송국에 갔다.

"11월 2일을 꼭 기억합시다!"

나는 출연자 대기실에서 기다리던 중에 그 놀라운 날을 다시 떠올리면서 기쁨에 겨워 이런 말을 하고 말았다. 그저 단순한 던진 말이어서 아무도 모를 거라 생각했지만, 내 생각이 틀렸다. 모르는 사이에 기자들이 이 말을 우연히 들었고, 그중 한 기자가 내 말의 의미를 유추해서 해석해버리고 말았던 것이다. 합의가 이루어진 것이 분명하며 내가 요르단에 다녀온 것이 분명하다고 결론지었다.

언론에서 확인되지 않은 루머라며 평화회담 이야기를 보도하기 전까지, 나는 내가 실수를 저질렀다는 사실을 모르고 있었다. 비밀로 해달라는 것은 후세인 국왕의 유일한 요청이 아니었던가? 국왕은 당연하게도 몹시 화를 냈고, 요르단에 어떤 결과를 가져올지에 대해 걱정했다. 국왕이 평화협상을 중단하겠다고 해도 우리로서는 할 말이 없었고, 이는 역사적인 돌파구의 발목을 붙잡기에 충분했다.

갑자기 합의가 중단될 위기에 처한 상황에서 후세인 국왕의 마음을 되돌릴 방법은 오직 하나뿐이었다. 라빈이 남은 협상을 주도하고, 나는 뒤로 물러나는 것이다. 나는 실망했다. 실수한 나 자신에게, 그리고 그 결과에 실망했다. 하지만 평화구축이라는 단 하나의 목표를 향해 달려온 내 의지는 절대 꺾이거나 흔들리지 않았다.

1994년 5월, 침착하게 마음을 가다듬은 후세인 국왕은 다시 협상 테이블로 돌아왔다. 라빈과 후세인은 서로 마주 보고 앉았다. 이미 예전에 나와 합의의 핵심조건들을 교섭했기 때문에 평화협상 과정은 재시작한 이후 급물살을 타고 진전되었다. 7월 25일에 라빈과 후세인은 워싱턴에서 클린턴과 만나 전쟁금지조약에 서명했으며, 양국 간 전투의 종결을 선언하고 평화조약을 향한 협상을 계속 진행해갔다. 여름이 지나고 가을에 접어들 동안, 요르단과 이스라엘의 협상 팀들은 합의를 마무리 짓는 데 많은 시간을 보냈다.

그리고 드디어 10월 말에 진정한 평화가 도래했다. 맹렬한 더위가 기승을 부리던 날, 에일라트Eilat 근처 홍해의 가장자리에 있는 아라바 계곡Arava Valley, 요르단과 이스라엘 사이의 횡단지점에서 5,000명의 내빈들과 함께 공식적으로 46년간의 전쟁을 종결하는 조약의 서명식을 거행했다. 클린턴 대통령도 연설을 하기 위해 참석했다.

"이 광활하고 적막한 사막은 삶의 위대한 흔적들을 숨기고 있습니다. 오늘 우리는 그 증거를 목도하고 있습니다. 왜냐하면 요르단과 이스라엘 사이의 평화는 더 이상 신기루가 아니기 때문입니다. 이는 현실이 되었습니다. 평화는 이 땅에 뿌리를 내릴 것입니다."

후세인이 말할 차례가 되었을 때, 그는 우리의 업적을 "품위 있는 평화"와 "헌신 있는 평화"라고 묘사했다. 그리고 이렇게 소리쳤다.

"이 조약은 양국의 시민들과 다음 세대에 주는 선물입니다."

라빈은 그 자리에서 단순히 양국 간의 평화만이 아니라 화합도 이어져나가야 한다고 촉구했다. "이스라엘은 슬픔에 잠긴 수많은 날들을 경험했고, 요르단은 비탄에 빠진 수많은 날들을 경험했습니다." 그는 말했다. "하지만 사별은 우리들을 결속시켰고, 우리는 생명을 바친 사람들을 추모합니다. 우리 양국은 서로에게 끼친 괴로움을 용서하고, 수년 간 우리를 갈라놓은 지뢰밭을 풍요의 밭으로 바꾸기 위해 위대한 영적 자원의 샘에 의지해야 합니다."

나는 그저 짧게 말했다. 도움을 준 클린턴 대통령에게 감사를 표했고, 나를 신뢰한 후세인 국왕에게도 감사를 전했으며, 가장 중요했던 훌륭한 리더십을 보여준 라빈 국무총리에게 감사했다.

"부적절하긴 하지만, 저는 이스라엘의 국무총리에 대해 이야기하겠습니다. 라빈은 대단한 용기와 지혜로 훌륭한 일을 해냈습니다." 나는 덧붙여서 둘이 함께 끈질기게 평화를 추구했던 덕택에 우리는 형제가 되었다고 말했다. "우리 둘은 아브라함의 아들로 태어났습니다. 이제 우리는 아브라함 가족의 형제가 되었습니다."

그리고 1주일이 채 지나지도 않아서, 내가 후세인 국왕에게 약속했던, 전 세계의 기업 리더들을 불러 모으자는 계획은 현실이 되었다. 요르단이 아니라 모로코에서 주최되었다는 점을 빼면 말이다. 평화협정을 체결하기 위해 애썼던 그 한 해 동안, 나와 함께 일한 그 누구도 이러한 행사가 실현될 것이라고 믿지 않았다. 그럼에도 모로코 카사블랑카에서 4,000명의 참가자들이 함께한 중동·북아프리카 경제정상회담이 개최되었다. 최초로 이스라엘과 아랍 국가들이 정치적인 평화협상이나 군사적 평화유지를 위해서가 아니라 경제적으로 평화를 이루기 위해 모인 것이었다.

모로코의 하산 2세Hassan II 국왕은 후세인 국왕과 나에게 특별한 장소를 마련해주었는데, 그곳에서 우리는 수십 개국의 아랍 지도층들과 50개가 넘는 국가의 지도자들, 사업가들을 함께 만났다. 그리고 그들이 바라는 것과 포부에 대해서, 중동을 새롭게 개발하기 위해 필요한 것들에 대해서 깊이 있는 대화를 나눌 수 있었다. 평화를 위한 노력은 팔레스타인, 요르단과의 협력을 가능케 했을 뿐만 아니라 중동 지역 전체를 개방시켰다는 점을 그 자리에서 확실히 느낄 수 있었다.

"전 세계는 적들로 가득한 우주로부터 기회와 도전의 무대로 서서히 진화하고 있습니다." 나는 참가자들에게 말했다. "어제의 적이 외부에서 위협하는 군대였다면, 오늘날의 폭력의 근원은 주로 내부의 위협적인 존재입니다. 그건 바로 절망을 키우는 빈곤입니다."

"이것은 새로운 자선활동이 아닙니다." 나는 강조했다. "이것은 순전히 경제논리를 이용한 새로운 사업전략입니다. 이곳 카사블랑카에서, 우리는 중동을 사냥터가 아닌 창의성의 밭으로 바꾸기 위한 첫걸음을 내디딜 의무가 있습니다."

나는 두려웠다. 만약 내가 이 상황을 제대로 수습하지 못하면 내전이 일어나지 않을까?

평화를 향한 행진은 계속되었다. 우리는 오슬로 협정에 규정된 대로 팔레스타인과의 후속 협상을 여러 번 가졌다. 1994년 5월에, 양측은 가자-예리코 합의Gaza-Jericho agreement에 서명했는데, 이 합의를 통해 무엇보다도 팔레스타인 자치정부Palestinian Authority가 설립되었다. 두 달 이내로 아라파트는 가자로 돌아와서 팔레스타인 자치정부의 첫 대통령으로 당선되었다. 1995년 9월에, 우리는 팔레스타인과 '오슬로 II'라고 알려진 잠정적인 합의에 조인했는데, 이 합의는 팔레스타인 자치정부를 웨스트 뱅크까지 확장시켰고 1996년 5월을 영구적인 해결책에 대한 다음 협상 날짜로 지정했다.

하지만 이러한 진전에도 불구하고, 이스라엘 내부의 분위기는 어두워졌다. 팔레스타인 자치 정부는 이스라엘과 평화조약을 맺는 것을 지나치게 적극적으로 추진한 나머지, 이스라엘과의 모든 평화협정을 무효라고 간주하는 과격한 테러리스트 조직들을 적으로 돌렸다. 이스라엘-팔레스타인 합의의 가능성에 분노했던 하마스Hamas와 이슬라믹 지하드Islamic Jihad의 지도층은 자살폭탄 테러범들을 사람들이 붐비는 대도시로 보내서 민간인들을 표적으로 삼기도 했다. 평화협상을 무산시키기 위해 형언하기 힘들 정도의 폭력사태를 계속해서 자행했다. 문제는 팔레스타인 지도층이 이러한 공격을 막지 않았다는 것이다. 심지어 어떤 경우에는 이러한 공격에 도움을 주기도 했다. 1994년 4월, 10월, 11월, 그리고 1995년 1월, 4월, 8월에 폭탄테러가 발생했다. 평화에 대한 희망을 포기한 이스라엘의 보수연합은 그 규모가 점점 불어났으며 급기야 평화적인 해결이 아닌 군사적 대응을 촉구하기 시작했다. 시위와 데모가 일어났고, "아랍인에게 죽음을!", "아라파트에게 죽음을!"이라는 구호가 거리에서 울려 퍼졌다. 소규모의 보복이 아니라 전면전을 요구하는 사람들도 있었다.

이러한 상황에서 라빈과 나는 어떻게 리더십을 발휘해야 할지 고민에 빠졌다. 오슬로에서 솟아 오른 희망은 시야에서 점점 멀어져갔고, 열기 또한 식어가고 있었다. 여성과 어린이들이 거리에서 살해당하고 있었음에도 불구하고 우리는 여전히 협상에 계속 참여했다. 평화의 필요성을 이해하고 있는 비둘기파 팔레스타인 사람들과 여전히 함께 이 일을 해야 했기 때문이다.

평화를 향해 이토록 험난한 길을 멀리 돌아왔고, 이스라엘의 어린이들과 아직 태어나지 않은 아이들에게 평화를 약속했기 때문에 우리는 포기할 수가 없었다. 그래서 만약 우리가 투표로 권력을 잃게 되더라도 '이는 불가능한 확률을 앞에 두고도 유대인의 가치를 옹호하기 위해서였다.'는 논리로 단호하게 밀고 나가기로 했다.

나는 라빈과 수년 간 경쟁하고 협력해왔지만, 그때에야 비로소 그를 진정으로 존경하게 되었다. 그와 나는 언론의 공격은 말할 것도 없고 거리에서도 불쾌한 공격의 대상이 되곤 했다. 우리를 반대하던 사람들은 우리의 인형에 나치 제복을 입히고 불태웠다. 그들은 거리에서 떼를 지어 행진했는데, 어떤 때는 라빈의 관을 들고 다녔다. 이는 실로 섬뜩했다.

특히 충격적이었던 일이 기억난다. 라빈이 하이파와 텔아비브 사이에 있는 네타냐의 윈게이트연구소 앞을 걸어가던 순간이었다. 그곳에 모인 군중들이 욕설과 야유, 가증스러운 말들을 퍼부었고, 심지어 침을 뱉기도 했다. 그러나 라빈의 걸음걸이나 표정은 전혀 변하지 않았다. 그는 머리를 꼿꼿이 들고 신념의 기운을 풍기며 걸었다. 불쾌한 행동에 동요하기보다는 평화를 좇는 데 바쁜 사람이란 것을 보여주면서 이 모든 것을 무시하고 걸어갔던 것이다.

그는 이토록 암울한 순간에도 놀라운 용기를 보여주었고, 어떠한 개인적인 희생을 치르더라도 자신의 주장을 굽히지 않았다. 그 후로도 몇 달 동안, 나는 그가 한 번이라도 회담을 취소하거나 예정된 행사에 불참하는 걸 보지 못했다. 실로, 그는 자신을 증오하는 세력에게 굴복하지 않고 그저 앞으로 고고하게 나아갈 뿐이었다.

이스라엘 내에서 일어나는 폭력사태가 평화협상에 대한 지지를 계속해서 앗아갔다. 라빈은 만약 선거를 하게 된다면 우리가 패배할 가능성이 높다고 염려했다. 국민들에게 평화에 대한 열정을 되찾게 하고, 전쟁에 대한 요구를 억눌러야 했다. 나는 대규모의 집회를 열자고 제안했다. 이 집회는 평화집회이며, 평화를 바라는 목소리가 반대쪽의 분노의 외침에 의해 묻히고 있다 해도 사라지지는 않았다는 사실을 이스라엘 국민들에게 보여줄 기회였다. 정말로, 나는 평화집회가 자신의 목소리를 내는 걸 두려워하는 사람들을 거리로 끌어내고, 주변 사람들에게도 똑같은 행동을 하도록 격려하면서, 결국 전국에서 반향을 일으킬 희망찬 에너지를 만들어낼 거라고 믿었다. 이 집회는 사람들에게 우리가 실현시키려고 노력하는 미래가 얼마나 매력적이고 대단한지 다시 확신을 줄 수 있었다.

라빈은 이 아이디어에 대해 불안해했다.

"시몬, 만약 이 집회가 실패하면 어떻게 할 건가?"

그는 이 아이디어에 대해 상의하고 며칠이 지난 후에 한밤중에 전화로 내게 물었다.

"만약 사람들이 나오지 않으면 어떡하지?"

"사람들은 반드시 모일 걸세." 나는 그에게 약속했다.

1995년 11월 4일, 나와 라빈은 집회현장으로 갔다. 그곳에 도착해서 우리는 도무지 믿어지지 않을 만큼 놀라운 광경을 보았다. 무려 10만 명이 넘는 사람들이, 당시 '이스라엘 왕의 광장'으로 불렸던 곳에 평화를 촉구하기 위해 평화롭게 모였던 것이다. 라빈은 큰 충격을 받았다.

"정말 아름다운 광경일세."

그는 집회가 내다보이는 시청의 발코니에 자리를 잡은 후 내게 말했다. 우리는 발코니 아래에서 들려오는, 점점 커져가는 환호성에 압도당했다. 아래에서는 젊은 청년들이 물웅덩이에서 뛰면서 물을 튀기고, 웃으면서 춤을 추고 있었다. 우리는 우리가 무엇을 위해 싸우고 있었는지를 다시금 생각했다. 그건 바로 우리 자신의 미래가 아니라 젊은 사람들의 미래였다.

라빈은 정말로 크게 놀란 것 같았다. 내가 본 그의 모습 중 가장 행복해 보였다. 아마 그의 인생에서 가장 행복한 날이었을 것이다. 함께 일했었던 수십 년 동안 나는 그가 노래 부르는 것을 한 번도 본 적 없었다. 그런 그가 갑자기 손에 쥐고 있었던 노래책에서 평화의 노래인 '쉬어 라 샬롬Shir l'shalom'을 펼치고 그 노래를 부르기 시작하는 것이 아닌가. 우리가 이뤘던 위대한 업적의 정점에 섰을 때도, 라빈은 나를 한 번 껴안아주었던 적이 없었다. 노래를 부르던 라빈은 갑자기 나를 껴안았다.

평화집회가 끝나갈 즈음에, 우리 둘은 아래로 내려갈 준비를 했다. 집회에 참석하기 위해서였다. 그런데 우리가 자리를 옮기기 직전에 정보국 요원들이 들어왔다. 그들은 우리를 암살하려는 시도가 있다는 믿을 만한 정보를 입수했고, 보안을 위해 우리가 나가려고 했던 경로를 바꿔야 한다고 말했다. 첩보에 의하면 암살을 시도하려는 사람은 아랍인이었다. 요원들은 우리에게 각자 떨어져서 나갈 것을 요청했다. 이러한 경고를 들어본 것은 이번이 처음이 아니었다. 우리는 이런 상황에서 침착함을 유지하는 데 익숙했다.

잠시 후 보안 팀이 차량이 아래에서 대기하고 있다고 알려주었다. 그들은 내가 먼저 나가고, 그다음에 라빈이 나가는 것이 좋겠다고 했다. 나는 계단 아래로 걸어 내려가기 전에 라빈을 바라보았다. 여전히 어린아이처럼 행복한 얼굴이었다. 나는 그에게 내가 먼저 내려갈 테니 오늘 이 평화집회의 성공에 대해서는 내일 더 이야기하자고 말했다. 그는 나를 다시 한 번 껴안았다.

"고맙네, 시몬. 고맙네."

나는 환호성에 둘러싸인 채 준비된 차량을 향해 걸어 내려갔다. 차에 탑승하기 전에, 나는 다시 한 번 뒤를 돌아봤다. 라빈이 100피트 정도 뒤에서 계단을 걸어 내려오고 있었다. 보안요원이 차문을 열어주었고, 내가 차 안에 들어가기 위해 몸을 굽혔을 때, 느닷없이 3발의 총성이 울렸다. 세월이 꽤 지났음에도 불구하고 이 소리는 여전히 종종 나의 밤잠을 깨우게 되었다. 차에 타려던 나는 무슨 일인가 다시 일어서려고 했다.

"무슨 일인가?" 나는 보안요원에게 소리쳤다. 하지만 그는 대답하는 대신 나를 차 안에 밀어 넣었고 차문을 쾅 닫았고, 차는 급하게 출발해 현장으로부터 멀리 떠났다.

"무슨 일인가?" 나는 운전하고 있는 보안요원에게 다시 물었다. "도대체 무슨 일이 일어난 건가?"

그들은 침묵한 채로 이스라엘 정보기관까지 차를 몰았고, 나는 아무 대답도 듣지 못한 채 건물 안으로 들어섰다.

"라빈은 어디 있는가?" 나는 다시 물었다. "무슨 일이 있었는지 내게 말해주게."

그제야 나는 라빈을 암살하려는 시도가 있었다는 이야기를 듣게 되었다. 그리고 라빈이 결국 총에 맞았다는 것도. 라빈이 병원으로 이송되었지만, 부상이 얼마나 심각한지는 아무도 대답해주지 않았다.

"어느 병원인가?" 나는 따졌다. "지금 당장 그리로 가봐야겠네."

"안 됩니다. 가실 수 없습니다." 보안요원 중 1명이 말했다. "장관님의 생명이 여전히 위험한 상황입니다. 장관님을 여기서 나가시게 할 수는 없습니다."

"얼마나 위험한지 실컷 얘기해보게나. 차를 타고 갈 수 없으면, 걸어서라도 가겠네."

나는 굽히지 않았다. 선택의 여지가 별로 없다는 걸 알아차린 보안요원들은 결국 나를 차에 태우고 병원으로 갔다. 내가 병원에 도착했을 때, 아무도 라빈이 아직 살아 있는지에 대해 알지 못했다. 병원 밖에는 사람들이 모여서 흐느끼고 있었고, 최악의 상황이 될까 봐 두려워하고 있었다. 기적을 바라며 기도하는 사람도 있었다.

"라빈은 어디 있나? 그에게 무슨 일이 일어난 건가?"

나는 처음으로 마주친 병원 직원에게 물었다. 아무도 대답하지 않았으며, 단지 눈물을 흘릴 뿐이었다.

"날 라빈에게 데려다주게!"

나는 소리쳤다. 이 소란 속에서 병원장이 달려왔고 나는 그에게 다급하게 물었다.

"무슨 일이 일어났는지 어서 말해주십시오. 부탁입니다."

"페레스 장관님." 그는 갈라지는 목소리로 말했다. "이런 말씀을 드려서 정말로 유감이지만, 국무총리님께선 돌아가셨습니다."

그 순간 마치 내 맨가슴이 칼에 찔리고, 심장이 뚫린 기분이 들었다. 잠시 숨 쉬는 것을 잊어버릴 정도였다. 좀 전까지 라빈은 얼굴에 미소를 가득 담고 있었고, 평화의 노래인 '쉬어 라 샬롬'을 함께 부르며 활기차게 희망을 약속했다. 하지만 그가 불렀던 '평화의 노래'는 피로 물들고 말았다. 우리가 싸워왔던 미래는 갑자기 불확실해졌다. 어떻게 그가 우리 곁을 떠날 수 있단 말인가?

폭탄이 터진 것처럼, 그리고 전쟁의 혼돈에 둘러싸인 것처럼 귀에서 뭔가 울리는 소리가 들렸다. 나는 병원장으로부터 뒤돌아서서 반대방향으로 걸어갔다. 복도 끝에서 라빈의 부인인 레아가 비극의 중심에 서 있는 모습이 보였다. 어쩌면 소냐가 들었어야 할, 상상조차 할 수 없는 그 말을 레아가 들었던 것이다. 최악의 경우가 현실이 되었다.

레아와 나는 마지막 작별인사를 하기 위해 누워 있는 라빈에게로 함께 갔다. 라빈은 미소를 짓고 있었다. 완전한 휴식에 잠긴 행복한 남자의 얼굴이었다. 레아는 그에게 다가가서 마지막으로 키스했다. 그리고 내가 라빈에게 다가갔다. 고통스러운 슬픔과 함께, 나는 그의 이마에 입을 맞추고 작별인사를 했다.

나는 넋이 나간 사람처럼 멍하니 있었다. 누가 말을 걸어와도 아무것도 들리지 않았다. 잠시 후 법무장관이 다가와서 어렵게 말을 꺼냈다.

"장관님, 지금 당장 누군가를 국무총리로 임명해야 합니다." 그는 말했다. "더 이상 지체할 수가 없습니다. 선장 없이는 배가 출항할 수 없습니다. 특히 지금같이 중요한 때에 말입니다."

"언제? 누구를?" 이게 내가 내뱉을 수 있는 말의 전부였다.

"장관님이 지명되었습니다." 그는 말했다. "지금 긴급 내각회의가 소집되었고, 당장 회의에 가셔야 합니다."

우리는 함께 모여서 세상을 떠난 형제를 위해 임시로 추모식을 열었다. 모든 장관들이 내가 국무총리의 자리를 수임하는 것에 동의했으며, 즉석에서 실시한 투표로 나를 라빈의 후계자로 지명했다. 가장 외로웠던 순간이었다.

이 사건으로 이스라엘은 큰 충격에 빠졌다. 단지 국무총리가 암살당한 것 때문만이 아니라 암살범의 정체 때문이었다. 그 남자는 이스라엘 사람이었고 유대인이었다. 우리들 중 한 사람이었고, 심각한 망상에 빠졌으며, 아랍 국가들과의 평화협정을 막는 데 필사적이었던 사람이다. 이 극단주의자는 국민영웅을 비겁하게 살해했고, 그러한 행동에 자부심과 만족감을 느꼈다. 그와 그의 사상에 동조했던 광신도 무리의 타락한 열광은 우리가 떠올릴 수 있는 가장 끔찍한 모든 악몽을 능가했다. 나는 미칠 것 같았고, 당혹스러웠으며, 너무나 고통스러웠다.

살면서 크나큰 슬픔이 닥치면 사람들은 그 순간 서로에게 기댄다. 이스라엘 사람들도 마찬가지였다. 수천 명이 거리에 나와 세상을 떠난 지도자를 위해 촛불을 켜고 밤을 새웠다. 시위가 아니라 애도하기 위한 자발적 집회였다. 그 광경을 바라보며 나는 마치 전 국민을 내 어깨에 짊어진 것처럼 마음이 무거웠다.

라빈과 나는 수십 년 동안 좋은 라이벌로서 서로 경쟁했지만,

어느덧 훌륭한 파트너가 되어 있었다. 그가 세상을 떠난 후 나는 이런 말을 한 적이 있다. 인생에서 때때로 일어나는 일이 있다. 만약 당신이 둘이라면 당신은 둘 이상이 된다. 하지만 당신이 하나라면 당신은 하나 미만이 된다. 라빈이 없었다면 나는 하나보다 훨씬 적었을 것이다. 그가 있었기에 우리 둘은 둘 이상이 될 수 있었다.

하지만 그는 예고도 없이 사라졌고, 나는 혼란에 빠진 나라를 이어받았다. 두려웠다. 만약 내가 이 상황을 제대로 수습하지 못하면 내전이 일어나지 않을까? 이토록 위험한 불길을 번져가고 있는 상황에서 총리 암살을 지지한 사람들을 어떻게 처단해야 할까? 나는 너무나 많은 결정을 빠른 시간 내에 내려야 했다. 내가 원했던 유일한 조언은 바로 라빈의 조언이었지만, 그가 없었다. 순간순간 그가 없다는 사실이 마치 고문당하는 것처럼 괴로웠다. 국무총리로 지명되고 나서 그의 집무실로 돌아왔을 때, 나는 차마 그의 의자에 앉을 수가 없었다.

하지만 나는 라빈을 마음속에 품고, 우리가 공유했던 평화를 향한 비전을 살려 앞으로 나아갔다. 아직 해야 할 일이 많았고, 치유가 필요한 이 나라에 더불어 살려내야 할 평화협정의 과정이 남아 있었다. 국경 양측에 있는 어린 세대에게 더 나은 미래를 물려줘야 했다. 이렇게 많은 것들이 걸려 있었기에 내가 할 수 있었던 선택은 오직 하나뿐이었다. 오직 나라의 미래만을 생각하고, 그 방향으로 모든 것을 정렬시킨 후 어려운 결정을 내리는 리더십이었다.

나는 평화의 필요성을 이해하고 있기 때문에
평화의 불가피함을 믿는다.

2016년은 내가 국무총리의 임기를 끝마친 지 20년이 되는 해다. 라빈이 세상을 떠난 후 내가 처음으로 국무총리직을 맡았을 때, 이스라엘은 결속력이 더 단단해졌다. 그간 분열을 초래했던 난제가 갑자기 풀렸다거나 의견일치를 봐서 그런 것이 아니라, 라빈을 잃은 것이 모두에게 너무도 아픈 충격이었기 때문이다. 전국으로 퍼져나간 애도의 물결 속에서 이스라엘 국민 모두가 새로운 국무총리를 지지하기 위해 서로 결집하고 똘똘 뭉쳤다.

당시 노동당의 여러 고위 인사들은 내게 조기선거를 해야 한다고 이야기했다. 그들은 노동당이 의회에서 과반석을 아슬아슬하게 유지하고 있다고 주장했다. 라빈이 암살되기 전에는 테러 공격 때문에 노동당이 다음 선거에서 질 것이라는 예측이 대부분이었다. 하지만 지금처럼 온 나라가 똘똘 뭉쳐 하나가 된 상황에서 내가 선거에서 쉽게 승리하리라는 것이 확실해졌고, 노동당이 계속 집권하게 될 것도 확실해졌다.

그들의 정치적 논리는 명확했고 설득력이 있었다. 하지만 내게는 이것이 정치적 선택이 아닌 도덕적 결정이었다. 물론 조기선거를 한다면 이길 수도 있을 것이다. 하지만 그것은 라빈이 흘린 피를 이용해 권력을 쟁취하는 것과 같다. 그의 죽음을 정치적으로든 혹은 다른 무엇으로든 이용하는 것은 나 스스로가 용납할 수 없었다.

대신 나는 평화체제를 구축하는 작업에 더욱 매달렸다. 라빈은 곁에 없지만 그의 정신은 내 마음에 살아 있었기 때문이다. 팔레스타인 협상의 두 번째 단계는 아직 완료되지 않았고, 그동안 우리 사비르는 나의 지시로 아사드 정부와 평화협상을 시작했다. 그리고 테러행위가 평화협정의 심각한 장애가 되었기에, 나는 샤름 엘 셰이크에서 전 세계 지도자들과 함께 테러위협에 대항할 전략을 논의하는 국제회담을 주최했다.

내게는 힘들고 외로운 시간이었다. 노동당은 내가 조기선거를 하지 않은 것에 대해 불만을 표했다. 매일 나를 유화론자라고 비난했고, 평화협상 과정을 확실히 끝장낼 수 있는 군사행동을 요구했다. 게다가 그사이에 하마스와 이슬라믹 지하드는 이스라엘 시민들에게 공격을 가하고 있었다. 1996년 초, 이스라엘 내에서만 무려 5건의 테러공격이 연속해서 일어났다. 그 수위는 점점 더 잔인해지고 끔찍해졌다.

실제로 폭탄테러가 시작된 주는 내 인생에서 최악의 시간이었다. 예루살렘에서 벌어진 첫 번째 테러현장에 찾아갔을 때, 고작 몇 시간 전까지만 해도 사람들을 실어 나르던 18번 시내버스가 심각하게 훼손된 채 불타고 있었다. 마치 잔혹하게 살해된 짐승의 시체처럼, 유리 파편과 검댕, 피로 뒤덮여 있었다. 나는 이 공포스럽고 참혹한 장면 앞에 얼어붙은 채 서 있었다. 주위에 모인 사람들이 나에게 야유하는 것조차 들리지 않았다.

"페레스는 살인자다!" 누군가가 소리쳤다.

"다음은 페레스 차례다!" 다른 누군가도 괴성을 질렀다.

나는 테러행위가 평화로 나아가는 우리의 목을 죄고 있다고 아라파트에게 강력하게 말했지만, 그는 테러를 막을 힘이 없다고 주장했다.

"당신은 이 사안에 무엇이 걸려 있는지 이해하지 못하는 것 같습니다. 만약 당신이 팔레스타인 사람들을 한 정부 아래 뭉치게 하지 못한다면, 당신과 그들은 절대로 국가를 세우지 못할 것입니다."

나는 그에게 경고했지만, 그럼에도 불구하고 폭탄테러는 계속되었다. 아슈켈론Ashkelon에서는 자살 폭탄테러가 일어났다. 텔아비브에서 열린 퓨림 축제Furim Festival에서도 폭탄이 터졌다. 나는 보안 팀의 반대를 무릅쓰고 각 현장을 방문했다. 목숨을 잃은 사람들과 다친 사람들뿐만 아니라 세계의 눈에 항상 역동적이고 매력적인 나라로 보여야 하는 조국을 위해 현장을 방문하는 것이 국무총리의 의무라고 느꼈다.

하지만 내 오랜 고향 텔아비브에 가보니 즐거운 축제가 열렸어야 할 장소가 불에 타고 피로 물들어 있었다. 그때 나는 깨달았다. 테러로 가족과 친구를 잃은 사람들이 어떻게 평화를 향한 나의 희망을 지지할 수 있겠는가? 결국 그 해 5월에 열린 선거에서 벤야민 네타냐후가 승리하면서 내게 뼈아픈 패배를 안겨주었다. 300만 표 중 3만 표보다 적은 표차로 승리했지만, 리쿠드당이 권력을 잡는 데 충분했다. 라빈과 내가 함께 써내려갔던 평화의 이야기는 안녕을 고했다.

그다음 몇 년 동안 평화를 이루기 위한 시도를 중단한 것은 아니지만, 새로운 정치적 풍향은 진행을 어렵게 했다. 오슬로 협정이 산소를 공급해준 혈액이었다면 그 혈액은 거의 다 빠져 나가버렸고, 프레임 역시 대부분 폐기되었다. 하지만 그럼에도 이 협정의 유산은 남아 있었다. 우리의 가장 웅대한 야심이었던 영구적인 평화를 완성하는 데는 미치지 못했지만, 평화를 향한 노력을 시작했고 훗날 찾아올 더 큰 평화를 위한 기반을 마련한 결정적인 순간이었다.

이 노력 덕분에 '두 국가 해결책'이 탄생했다. 우리가 팔레스타인과 했던 협상 때문에 오늘날에도 마흐무드 압바스Mahmoud Abbas가 이끄는, 진정한 평화를 추구하는 팔레스타인 진영이 여전히 존재한다. 그가 없었으면 팔레스타인 진영은 하마스밖에 안 남았을 것이다. 그 협상 덕분에 우리는 미래의 합의를 위한 기초 작업을 하고 틀을 마련할 수 있었다. 팔레스타인 사람들이 1947년의 국경이 아니라 1967년의 국경을 협상의 기준으로 인정한다는 것 자체가 혁명적인 사고의 전환이다. 오슬로 협정이 없었으면 우리는 적국에 대사관을 세우지도 못하고, 외교관계를 맺지도 못했을 것이다. 뿐만 아니라 요르단과 평화를 이루지도 못했을 것이다.

또한 오슬로 협정은 정부의 투자를 비로소 인프라와 사회 프로그램으로 향하게 했다. 이 협정은 이스라엘 경제를 더 넓은 중동으로 개방시켰고, 더 넓은 중동의 경제를 이스라엘에 개방시켰다. 이스라엘이 합의에 서명하고 협력관계를 형성하게 되면서 이스라엘 경제는 본격적으로 성장하기 시작했다. 그리고 이후의 모든 이스라엘 정부가 결국엔 우리의 체계를 선택함으로써 폭력과 테러의 악순환을 끊을 유일한 방법은 평화를 통하는 것뿐임을, 그리고 한 국가가 아니라 두 국가 체계를 통해야 한다는 것을 인정했다.

그럼에도 불구하고 평화에 대한 회의론은 여전히 엄청난데, 평화가 가능한지에 대한 여부뿐만 아니라 평화 자체가 바람직한지에 대한 회의 때문이다. 첫 질문에 대답하자면, 나는 평화는 가능할 뿐만 아니라 불가피한 것이라고 믿는다. 내가 가진 낙천주의는 단지 내 성품이나 정체성 때문이 아니라 역사에 기인한 것이기도 하다. 결국 역사는, 비관적인 세계관에 대한 강력한 해독제다. 낙천주의가 얼마나 자주 인류를 놀라게 했는지 아는가? 낙천주의 덕분에 얼마나 많은 꿈이 이루어졌고, 꿈을 훨씬 넘어선 현실에 닿았는지 아는가? 2차 세계대전이 끝나고 고작 3년 만에 프랑스, 독일, 이탈리아가 평화동맹에 참여할 것이라고 누가 상상이나 했겠는가? 이집트, 요르단과 지속적인 평화를 이루는 것은 절대로 불가능하다는 전문가들의 소견을 내가 몇 번이나 들었을 것 같은가? 팔레스타인에서 테러에 반대하는 선거구가 폭넓게 확장될 것이라는 생각에 이 비관주의자들은 몇 번이나 고개를 저었을까?

불가능하다고 여겨진 것들이 현실로 이루어지는 것을 우리는 거듭해서 목격했다. 아랍연맹이 3개의 "아니오."로 알려진 카르툼 결의안Khartoum Formula에 가입했던 때가 있었다. 절대 이스라엘과는 평화협정을 맺지 말고, 절대 이스라엘을 인정하지 않고, 절대 이스라엘과 협상하지 않는다는 내용이었다. 나와 평생 함께 일해왔던 사람들은, 아랍연맹이 무조건 "아니오."로만 구성된 이 내용을 전부 폐기하게 될 것이라고는 상상조차 하지 못했다. 또한 이들은 아랍 지도자들이 외국에서뿐만 아니라 자국에서도 테러반대와 평화지지의 발언을 한다는 것을, 팔레스타인이 이스라엘을 1967년의 국경으로 인정하는 것을 믿지 못할 것이다. 그럼에도 불구하고 평화는, 전문가들의 의심과 전혀 다르게 찾아오게 되었다.

나는 평화의 필요성을 이해하고 있기 때문에 평화의 불가피함을 믿는다. 필요성은 어쩌면 가장 강력한 개념일지도 모르겠다. 필요성은 개척자들을 땅에 정착시켰다. 개척자들을 창의적으로 생각하게 만들어 소금밭을 비옥한 땅으로 바꾸게 했고, 황량한 사막을 과수원으로 변화시켰다. 필요성이 벤구리온을 이스라엘 방위군을 창설하는 임무에 보냈고, 전쟁이 임박해 가장 취약했던 순간에 이스라엘을 보호하게 했다. 절박함이 디모나에 불가능한 것을 짓게 했고, 엔테베에서 모든 것을 걸게 했다. 그리고 마찬가지로 필요성이 평화를, 마침내 그리고 완전히 결실을 맺게 할 것이다. 적의는 대가가 너무 크기 때문이다.

나는 내 전부를 걸고 시오니즘의 덕목과 벤구리온이 분할된 팔레스타인을 위한 유엔 결의안을 수용했던 역사적인 결정을 믿는다. 그 당시에도 벤구리온은 조국이 유대인의 특징을 유지하려면 유대인의 가치관을 유지해야 하고, 그 가치관이 근본적으로 민주적이어야 한다는 것을 이해했다. 유대인은 '모든 존재는 하나님이 생각하는 대로 잉태된다.'는 것을 배운다. 이 근본적인 교리를 믿기 위해서, 유대인 국가는 유대인과 비유대인 사이의 완전한 평등을 요구하는 민주주의를 받아들여야 한다. 결국 민주주의는 모든 시민이 평등할 권리뿐만 아니라, 모든 시민이 서로 다를 권리를 평등하게 주장하는 것이기도 하다.

시오니스트 프로젝트의 미래는 이 '두 국가 해결책'을 받아들이는 데 달려 있다. 만약 이스라엘이 이 목표를 포기한다면 팔레스타인이 결국 '하나의 국가' 해결책을 수용한다는 위험이 남는다. 그렇게 되면 인구 구성상 이스라엘은 하나를 선택해야 한다. 유대인 국가로 남을 것인가, 민주적 국가로 남을 것인가. 하지만 이건 실제로 선택이 아니다. 민주주의를 포기하는 것은 유대인의 가치를 포기하는 것이기 때문이다. 우리는 유대인의 가치를 고수해야 한다. 우리는 용광로나 가스실을 마주했을 때도 유대인의 가치관을 포기하지 않았다. 우리는 유대인으로서 살았고 유대인으로서 죽었으며 자유로운 유대인으로서 다시 일어섰다. 우리는 단지 역사를 스쳐가는 그림자가 되기 위해 생존한 것이 아니라 새로운 창세기를 쓰고 세상을 바로잡고자 하는 티쿤 올람의 원칙에 몰두하는 국가가 되기 위해 생존했다.

1996년, 나는 페레스평화센터를 설립했다. 긍정적인 변화를 가져다줄 사람들의 능력을 믿었고, 평화는 오로지 정부에 의해 이루어지는 것이 아니라는 것을 인식했기 때문이다. 평화는 사람들 사이에서(유대인과 아랍인 사이에서) 맺어져야 한다. 그리고 나는 지난 20년 동안 평화, 교육, 기업 간 협력, 농업, 그리고 보건의료를 통해 이 유대를 만들고자 노력했다. 하지만 영구적인 해결책에는 조리 있고 질서정연한 지혜가 필요하다. 거기에는 이스라엘이 평화를 구축하기에 충분히 강하다는 것, 그리고 반드시 힘을 지닌 위치에서 평화를 이뤄야 함을 이해하는 지도자가 필요하다. 기다린다는 것은 합의가 잘못된 방향으로 흘러가고 있다는 뜻이다. 즉각적인 평화가 시오니즘을 구할 유일한 방법인 이 현실에서, 팔레스타인 측의 협상가들이 협상의 패를 쥘 것이다.

그렇다면 문제는 평화를 이루느냐 안 이루느냐가 아니라 언제 이루느냐다. 오래 기다릴수록 대가가 커진다는 것을 분명히 알고, 어떠한 대가를 치러야 하는지를 고민해야 한다. 한창 노력을 해야 할 때 회의론에 굴복하는 것이 중대한 위험이라고 생각하는 이유가 바로 이것이다. 역사에 후진 기어는 없다.

나 자신도 너무나 잘 알고 있지만, 평화를 이루는 건 쉽지 않다. 하지만 협상 테이블로 돌아가는 것 외에는 다른 방도가 없다. 이스라엘과 팔레스타인의 과거는 슬픔으로 가득 차 있다. 나는 미래의 이스라엘과 팔레스타인이 어린이들에게 새로운 희망의 빛을 선사할 수 있다고 믿는다. 평화를 향한 전진은 이스라엘 건국의 비전을 완성시켜줄 것이다. 전 세계의 모범이 되는 번영국이자, 자국은 물론 그 이웃들의 평화와 안보까지 지켜주는 나라다.

오슬로에서 나와 라빈, 아라파트가 나란히 노벨평화상을 받은

지 20년이 넘었다. 그때와 지금은 많은 것이 달라졌지만, 나의 핵심적인 메시지는 변하지 않았다. 어느 나라라도 더 이상, 세계를 친구와 적으로 나누면 안 된다. 우리의 적은 이제 빈곤과 기아, 테러와 같이 보편적인 것들이다. 이것들은 국경이 없기 때문에 모든 국가를 위협한다. 따라서 우리는 평화의 유대를 만들고, 괴로움과 적대감으로 쌓아올린 벽을 허물어야 한다. 그러한 어려운 도전에 함께 정면으로 맞서고, 새로운 시대의 기회들을 잡기 위해 신속하게 행동해야 한다.

낙관주의와 순진함은 하나가 아니고 같은 것도 아니다. 나는 낙관적인 사람이지만 완벽한 평화를 원하는 것은 아니다. 나는 단순히 '필요하기 때문에' 평화를 원한다. 나는 완벽한 평화를 구상하고 있지는 않지만, 폭력의 위협 없이 모두가 함께 평화롭게 살아갈 수 있는 길을 반드시 찾을 수 있다고 믿는다.

앞으로도 평화협상은 절대 행복한 결말만을 보장하며 시작되지는 않을 것이다. 이 점을 잊어서는 안 된다. 대신 평화협상은 모호하고 복잡하며 고통과 폭력의 기억들로 얼룩진 상황에서 시작될 것이다. 그리고 시간이 꽤 걸릴 것이다. 따라서 평화를 위한 노력에 다시금 전념하고, 행복한 결말은 협상이 끝날 때까지 아껴놓아야 한다.

나는 내가 너무나도 사랑하는 조국의 평화를 믿고, 선지자들의 비전을 진심으로 믿는다. 그리고 내가 진실로 알고 있는 것은 양쪽으로 나눠진 사람들의 대다수가, 특히 어린 세대가 평화를 갈망한다는 점이다. 이들이 불가능한 것을 가망이 낮은 일로 변화시키고, 창의력과 열정으로 충만한 청년들이 가망이 낮은 일을 현실로 바꾼다. 지도자들이 젊은 세대를 따라잡거나 역으로 젊은 세대가 지도자가 되거나, 어느 쪽이든 우리는 필연적으로 같은 방향으로 걸어가고 있다. 이 길은 장애물이 잔뜩 도사리고 있지만 분명히 걸어가야 할 가치가 있는 유일한 길이다.

맺는 글

나는 일생 동안 놀라운 것들을 많이 보았다. 유년기의 어느 날 폴란드의 한적한 시골마을 비쉬네바에서 마차를 탔었다. 하지만 대통령 임기 중에는 자율주행 자동차의 탄생을 목격했다. 사람을 달로 보내는 기술과 지구에서 치명적인 질병을 뿌리 뽑는 백신도 보았다. 수십 억 명의 사람들이 빈곤에서 구제되는 것을 보았다. 여전히 갈등이 존재하지만, 인간이 창조된 이래 가장 평화로운 세상을 보고 있다. 그리고 나는 유대인들이 가느다란 사막의 땅 한 조각을 위해 싸우고, 이 땅을 우리의 가장 원대한 꿈을 뛰어넘는 국가로 만드는 것을 똑똑히 보았다.

발전이 항상 똑같지만은 않았다. 발전이라는 것은, 대체로 평탄하지 않고 종종 비극적인 후퇴의 발걸음을 내디딜 때도 있다. 연합군은 나치를 무찌르고 민주주의가 안전하게 뿌리내릴 수 있는 세상을 만들었지만 수백만의 무고한 생명을 앗아가는 대가를 치러야 했다. 원자핵 분열은 새로운 에너지와 과학 분야의 가능성을 만들어냈지만, 단 하나의 버튼으로 세계적인 대재앙을 가져올 수 있다는 무서운 공포를 동반했다. 인터넷은 수십억 사람들을 정보의 불평등으로부터 해방시켰지만, 반대로 악의 세력들이 순식간에 증오를 퍼뜨리게 했다. 우리는 기술과 도덕이 공존하지 않을 때 생기는 위험을 목격하고 있다.

이 책을 쓰고 있는 지금도 우리는 새로운 위험에 맞닥뜨리고 있다. 관용이 쇠퇴하고, 국수주의가 득세하며, 번영의 정점에 도달했지만 부가 공유되지 않는다. 또한 국가 간에 그리고 국가 내에서도 불균등이 증가하고 있다. 하지만 이러한 세태에도 불구하고 나는 여전히 낙관적이다. 단지 내 성격 때문만은 아니다. 세상의 기류가 발전적인 진화의 방향으로 흐르는 것을 봐왔기 때문이다. 지금의 세상은 한 시대에서 다음 시대로 넘어가는 과도기다. 인류가 처음 경험하는 것은 아니지만, 이전과 달리 가장 빠르고 가장 포괄적인 변화의 소용돌이 속에 있다. 변화의 핵심은 바로 영토의 시대에서 과학의 시대로 뛰어오르는 것이다.

영토의 시대는 확장이 목표였다. 국가의 지도자들은 국력을 증진하기 위해 대부분 무력을 통해 영토 확장을 추구했다. 한 국가가 군사적 능력을 축적하면, 주변 국가들도 무장했다. 당연히 전쟁이 불가피해진다. 그리고 한쪽의 이득은 항상 다른 쪽의 희생을 유발했다. 하지만 오늘날 토지는 인간이 살아가는 데 꼭 필요한 것을 얻는 주요 공급원으로서의 중요성이 줄어들고 있다. 과학에게 자리를 내주었기 때문이다. 그런데 과학은 영토와는 달리 국경이나 국적이 없다. 과학은 탱크로 정복할 수 없고, 전투기로 보호받을 수 없다. 과학은 한계가 없다. 한 국가는 다른 국가로부터 어떤 것도 강제로 빼앗지 않고 과학적 업적을 신장시킬 수 있다. 그리고 그 위대한 과학적 업적은 국가의 모든 부를 끌어올릴 수 있다. 인류 역사상 처음으로 아무도 패배하지 않고 모두가 승리할 수 있는 수단을 갖게 된 것이다.

과학의 시대에 들어서면서 국가와 지도자가 가졌던 전통적인 의미의 권력이나 영향력 역시 감소하고 있다. 정치인보다는 혁신가들이 세계경제를 이끄는 데 더 큰 영향을 미친다. 페이스북이나 구글을 창조한 젊은 리더들은 단 한 사람도 죽이지 않고 혁명을 일으켰다. 세계화된 경제는 모든 국가에 영향을 미친다. 하지만 어느 한 국가가 단독으로 결과를 결정할 수 있을 만큼 강력해지지는 못한다. 결과적으로 우리 모두가 새로운 세상의 탄생에 참여하고 있는 것이다.

과학의 힘은 도처에서 증명되고 있다. 예를 들어 내 할아버지께서 한창 젊었던 시절에는, 아무리 왕족이라 해도 치아에 감염이 발생하면 죽을지도 모른다는 두려움에 떨며 끔찍한 고통을 고스란히 견뎌야 했다. 하지만 오늘날 우리는 항생제 덕분에 과거의 왕족들보다 더 나은 삶을 살고 있다. 마찬가지로 다른 최첨단 기술들도 우리의 삶에 더욱 깊숙이 들어와 더 나은 삶을 살게 해주고 있다.

또한 우리는 이미 가장 악랄한 독재자조차 무너뜨리는 모바일

기술의 힘을 목격했다. 정부가 아무리 표현의 자유를 제한한다 해도 이는 필연적으로 실패할 수밖에 없다. 점점 더 그렇게 될 수밖에 없다. 중동에는 거의 1억 3,000만 명의 소년소녀들이 스마트폰을 가지고 있다. 정부가 이 청소년들을 물리적으로는 구속하거나 통제할 수도 있겠지만, 정신적으로는 그렇게 할 수 없다. 이들은 새로운 지식을 접함으로써 과거의 이념으로부터 해방될 수 있기 때문이다.

평화는 협상이 아니라 혁신을 통해서 이루어진다. 기술의 진보는 국경, 언어, 문화의 장벽을 뛰어넘는 다리를 만들어냈다. 상호 연결성은 끊임없이 변화하며 계속해서 기회를 만들어내고, 우리는 이 기회들을 아직 완전히 이해하지 못한다. 하지만 이 가치 있는 변화는 명확한 경로를 따르지 않는다.

격차가 전혀 없어도 관계를 구축할 수 없지만 격차가 너무 커도 불가능하다. 현재는 세대 간의 격차가 국가 간의 격차보다 더 크고, 청년들이 정치인이나 장군보다 국제적으로 더 큰 영향력을 만들어 낼 것이다. 과거에 깊이 뿌리 내리고 있는 사람들은 미래로 나아가는 데 주저할 것이 분명하다.

중동은 병들어 있다. 이 병폐는 만연하는 폭력, 음식과 물과 교육기회의 부족, 여성에 대한 차별과 자유의 결박으로부터 시작되었다. 이 지역의 많은 나라들은 아직도 영토가 힘이라는 구시대적 발상에서 벗어나지 못하고 있다. 우리는 '꿈꾸기'보다 '회상하기'를 택한 옛 체제의 정부가 자행한 끔찍한 전쟁의 영원한 증인이다. 그렇더라도 변화의 추세는 명백하다. 전쟁은 점차 헛된 역사로 기록될 것이다. 그들은 이미 합리적인 동기와 도덕적 정당성을 잃었다. 그리고 폭군은 수천 명의 사람들을 죽일 힘을 가지고 있더라도 상상력을 죽일 수 있는 힘을 가지고 있지는 않다. 젊은 세대가 반드시 해야 하는 일은 바로 이 변화의 완성을 돕는 것이다. 리더십을 숭고한 대의로 여기고, 개인적인 야심을 충족시키기보다는 도덕성과 헌신이라는 부름에 응답하는 세대가 필요하다.

우리에게는 세상이 살인과 총질이 아닌 창조와 경쟁으로 변화될 수 있음을 믿는 지도자가 필요하다. 그는 잘못된 이유로 인기를 얻기보다 옳은 이유로 논란이 되는 것을 선호하며, 자신의 과거 기억보다 미래를 향한 상상력을 활용하는 진정한 리더십을 갖춘 사람이다. 나는 분명히 이러한 사람들이 가까이에 있고, 이들이 바로 이 순간 지구 위를 걷고 있다고 믿는다. 그래서 낙관하는 것이다.

전 세계의 청년들에게 부탁할 것이 있다. 벤구리온이 내게 가르쳐준 다음의 4가지를 마음에 새기길 바란다. 첫째, 미래에 대한 비전은 현재의 계획이 투영되어야 한다. 둘째, 사람은 믿음의 힘으로 그 어떤 장애물도 극복할 수 있다. 셋째, 내일의 기회를 위해 오늘의 위험을 감수하는 것보다 더 책임감 있는 행동은 없다. 넷째, 산통 없이는 출산할 수 없는 것처럼, 성공하려면 실패의 아픔도 감수해야 한다.

물론 독자들이 이 늙은이의 말을 곧이곧대로 받아들일 것이라고 생각하지는 않는다. 만약 내가 '전문가'라는 이름을 얻었다면, 그것은 단지 과거에 기반한 것이다. 앞으로 다가올 일에 '전문가'는 없다. 하지만 미래를 알지 못함에도 불구하고 나는 여전히 희망으로 가득 차 있다. 평화에 대한 희망, '약속된 땅Promised Land'을 '약속의 땅Land of Promise'으로 만들 것이라는 희망, 이스라엘이 도덕적 국가로서 사회적 정의를 지켜나갈 것이라는 희망, 자유는 유대인이 물려받은 영혼의 유산이라는 것을 보여준 선지자들이 이뤄낸 꿈을 우러러볼 것이라는 희망이다. 그중에서도 나의 가장 큰 희망은 이스라엘의 어린이들이 선조들처럼 인간 정신의 밭에 역사적인 유대인의 밭고랑을 계속해서 갈아나갈 것과, 이스라엘이 유대인들이 물려받은 유산의 중심이 되는 것, 유대인들이 다른 사람들에게 영감을 받는 동시에 지속적인 영감의 근원이 되는 것이다.

내가 살아온 시기가 2,000년에 이르는 시련의 끝에 이스라엘이 탄생하고 건설되는 시기와 맞닿았다는 것은 정말로 감사한 일이다. 이스라엘 건국을 위해 일할 수 있게 나를 불러주고, 조국을 위해 봉사할 영광스러운 기회를 준 벤구리온에게 평생 은혜를 입어왔다. 그의 지도력에 감명 받아서 나는 거의 70년 가까이 이스라엘의 힘을 모으고 터전을 확보하기 위해 노력했으며, 유대인들이 가진 가장 진실한 소망인 평화를 좇았다. 그 과정에서 만난 봄날의 오렌지 꽃향기, 요르단강의 흥얼거림, 네게브 밤의 고요한 평화, 그리고 용맹함과 충직함, 너그러움, 역동성을 증명했던 이스라엘과 이스라엘 사람들을 사랑한다.

나는 바쁜 척하지 않는다. 내 삶에 이미 25억 초가 주어졌다는 것을 계산해보았고, 세상에 변화를 가져올 수 있도록 이 아까운 시간들을 어떻게든 잘 사용해보려고 노력했다. 나는 내 결정이 옳은 것이었다고 생각한다. 나는 내 모든 꿈을 후회하지 않는다. 내게 남은 유일한 후회라면, 더 큰 꿈을 꾸지 않았던 것이다. 나는 내 삶을 선물로 받았다. 그러니 나는 내 삶을 연장시키지 않고 내게 주어진 그대로 마감할 것이다.

종종 친구들이 내게 정치생활 중 가장 자랑스러운 업적이 무엇이었냐고 묻곤 한다. 나는 그들에게 어느 화가가 내게 했던 이야기로 대답을 대신하곤 했다.

"지금까지 당신이 그린 그림 중에 가장 대단한 작품은 무엇입니까?"

화가는 화실 구석의 이젤 위에 놓여 있는, 아무것도 그려지지 않은 하얀 캔버스를 향해 시선을 옮기며 대답했다.

"나의 걸작은 아직 나오지 않았소. 어쩌면 내일 그릴 그림에서 나오겠지요."

내 대답도 이와 같다.

2016년 9월

시몬 페레스

후기

2016년 9월 13일, 시몬 페레스는 전 세계에서 온 수백 명의 기업가들과 만나서 그들에게 이스라엘 기술산업에 투자할 것을 권했습니다. 그의 아들인 헤미가 함께했으며, 무대 위에서 페레스를 인터뷰했습니다. 또한 페레스는 당일 이스라엘 산업을 북돋우기 위한 소셜 미디어 캠페인을 시작했습니다. 그리고 그날 그는 병원으로 급히 이송되었습니다. 그리고 불과 보름 뒤, 시몬 페레스는 2016년 9월 28일에 세상을 떠났습니다. 수십 개국의 지도자들을 포함한 수천 명의 사람들이 모여서 애도했습니다. 그날 아침 시몬을 기리기 위한 임시 국무회의에서, 네타냐후 국무총리는 "시몬 페레스가 없는 이스라엘의 첫 날"이라 말했습니다.

이스라엘 이노베이션센터는 2018년에 문을 열 예정입니다. 페레스평화센터 안에 설치될 이노베이션센터는 페레스가 만들었으나 더욱 평화롭고 번영하는 세계를 염원하는 모든 사람들을 대표하여 계속해서 노력할 것입니다.

저자 시몬 페레스

시몬 페레스는 이스라엘의 건국의 아버지 중 1명이었으며, 60년 넘게 이스라엘을 약소국에서 강대국으로 이끌어 올린 창업국가 이스라엘의 증인이다. 1994년 이스라엘과 팔레스타인 사이의 평화를 이루기 위해 오슬로 협정을 맺은 공로로 노벨평화상을 받았다. 1996년에는 전 세계에서 상상력이 넘치는 평화구축 프로그램을 개발하고 시행하기 위해 '페레스평화센터'를 설립했다. 페레스 전 대통령은 이 책의 집필을 마친 후, 2016년 9월 28일에 세상을 떠났다. 향년 93세였다.

역자 윤종록

미래창조과학부 차관으로 봉직했으며 1980년 기술고등고시에 합격하여 정부와 KT에서 우리나라 통신망 현대화를 직접 기획하고 집행했다. KT의 마케팅·연구개발·성장사업 사장과 이사회 상임이사를 역임했다. 세계 최초로 인터넷을 통한 ASP서비스인 '비즈메카'를 출시했으며 통신망의 지능화 프로젝트를 통해 한국을 세계 최고의 통신강국으로 만드는 일을 주도했다. 미국 '벨연구소'의 특임연구원으로 활동했고 스페인에 본부를 둔 세계미래트렌드포럼Future Trend Forum 회원이며 가천대학교 석좌교수로 재임 중이다. 저서로는 《후츠파로 일어서라》, 《호모디지쿠스로 진화하라》 등이 있고, 역서로는 《창업국가》, 《이스라엘 탈피오트의 비밀》이 있다. 강연과 기고를 통해 유대인 창의력의 원천인 '후츠파 정신'을 전파하고 있다.

작은 꿈을 위한 방은 없다

2018년 9월 28일 초판 1쇄 | 2023년 4월 13일 13쇄 발행

지은이 시몬 페레스 **옮긴이** 윤종록
펴낸이 박시형, 최세현

책임편집 최세현
마케팅 양봉호, 양근모, 권금숙, 이주형 **온라인홍보팀** 신하은, 현나래
디지털콘텐츠 김명래, 최은정, 김혜정 **해외기획** 우정민, 배혜림
경영지원 홍성택, 김현우, 강신우 **제작** 이진영
펴낸곳 (주)쌤앤파커스 **출판신고** 2006년 9월 25일 제406-2006-000210호
주소 서울시 마포구 월드컵북로 396 누리꿈스퀘어 비즈니스타워 18층
전화 02-6712-9800 **팩스** 02-6712-9810 **이메일** info@smpk.kr

ISBN 978-89-6570-685-4(03340)

• 이 책의 국립중앙도서관 출판시도서목록은 서지정보유통지원시스템 홈페이지(http://seoji.nl.go.kr)와 국가자료공동목록시스템(http://www.nl.go.kr/kolisnet)에서 이용하실 수 있습니다.
(CIP제어번호 : 2018027228)

• 잘못된 책은 구입하신 서점에서 바꿔드립니다.
• 책값은 뒤표지에 있습니다.